ABC
des Runes

Collection ABC

ABC de l'Astrologie, D. de Caumon-Paoli
ABC de la Cartomancie, G. Sciuto
ABC de la Graphologie, M. Moracchini
ABC de l'Hypnose, E. Barone et J. Mandorla
ABC de l'Astrologie chinoise, D. de Caumon-Paoli
ABC des Rêves, C. Genest
ABC du Yoga, M.-F. Lemoine
ABC des Tarots, C.H. Silvestre
ABC des Couleurs, D. Béresniak
ABC du Yi-King, B. Ducourant
ABC de la Géomancie, A.-M. Cacciaguerra
ABC de la Morphopsychologie, C. Binet
ABC du Magnétisme, J. Mandorla
ABC des Sciences Occultes, L. Maar et C.H. Silvestre
ABC de la Numérologie, J.-D. Fermier
ABC des Prévisions Astrologiques, D. de Caumon
ABC de la Morphochirologie, M. Bouillon et P. Rouillier
ABC de la Radiesthésie, J.-L. Crozier et J. Mandorla
ABC de la Géobiologie, D. Semelle
ABC des Expressions du visage, Dr L. Corman
ABC de la Chance, G. Schwinn
ABC de la Symbolique du tarot, C. Silvestre-Haéberlé
ABC des Runes, J.-P. Ronecker
ABC de la Numérologie chinoise, J.-D. Fermier
ABC de l'Astrographologie, S. Chermet-Carroy
ABC de la Médecine chinoise, N. Raphaël
ABC de la Relaxation, J. Choque
ABC de Généalogie, V. Gautier
ABC de la Psychologie, C. Morel
ABC des Chakras, D. Lecroq
ABC du Qi Gong, Liu Dong
ABC de L'Encromancie, U. Mukanda
ABC de la Magie blanche, P. Guérin
ABC des Coïncidences mystérieuses, Jean Moisset
ABC de l'Énergie pyramidale, Jacques Warin

Collection AUTREMENT

La Numérologie Autrement, M.-L. Roth
L'Astrologie Autrement, M. Duquesne
La Couleur Autrement, Brigitte Gautier
La Dynamique Mentale Autrement, M.-L. Roth
La Voyance Autrement, Corinne Morel
Le Magnétisme Autrement, A. Van Eiszner
La Sophrologie Autrement, A. Payen de la Garenderie
La Graphologie Autrement, S. Chermet-Carroy
La Chirologie Autrement, C. Peyron

Jean-Paul RONECKER

ABC des runes

Directeur de Collection
Michel Grancher

JACQUES GRANCHER
98 RUE DE VAUGIRARD
75006 · PARIS

AVANT-PROPOS

Le jeu de pierres runiques dont il est question dans ce livre étant très difficile à se procurer dans le commerce, nous vous conseillons de fabriquer vous-même le vôtre. Le plus simple est de peindre les signes runiques sur des petites pierres plates aux bords arrondis (des galets feront très bien l'affaire), ou de les graver si vous disposez du matériel adéquat (petite foreuse à maquettes avec la mèche adaptée, par exemple). Vous pouvez aussi confectionner vos runes dans du bois, ou utiliser les runes et les cartes runiques que nous vous proposons dans ce livre. Les conseils et la méthode pour confectionner vos runes en bois vous seront fournis en fin d'ouvrage, dans le texte d'introduction de l'appendice.

CHAPITRE I

RÉVÉLATION DES RUNES

En mémoire des dieux anciens, toujours vivants.
En souvenir du vieil Odin qui nous légua les runes.

"Dans la poussière de Tolède
Guyot, le maître de haut renom,
Trouva, en écriture païenne enchevêtrée
La légende qui atteint la source première des légendes."
(Wolfram von Eschenbach, *Parzifal*.)

"Telles sont les runes tracées sur le bois de hêtre
Les runes d'accouchement
Et toutes les runes de la bière
Et les runes fameuses qui donnent la puissance
A celui qui sait les employer
Non altérées et non corrompues
Pour arriver au bonheur.
Profites-en si tu les as apprises
Avant que les dieux ne s'évanouissent !"
(Conseils de la Valkyrie Brynild à Sigurd, saga des *Völsung*.)

"Le pressentiment, c'est l'ombre du Destin qui s'avance."
(Shakespeare)

RÉVÉLATION DES RUNES

A l'aube des temps...

Le monde n'était alors qu'un gigantesque abîme, insondable gouffre glacé où régnait une nuit éternelle. Cet abîme contenait en son sein un autre gouffre : le Niflheim, monde fait de brumes, de ténèbres et de glace ; et à l'autre extrémité un gouffre appelé Muspelheim, fait de feu et de chaleur.

Puis, dans une convulsion, jaillit au centre du premier gouffre une source bouillonnante, immense maelström qui se répandit dans l'espace stérile pour donner naissance à trente-six fleuves. Les étincelles crachées par le gouffre ardent formèrent peu à peu, au contact des glaces, une tiède écume d'où émergea, par condensation, le premier dieu : Bor, l'Ancêtre. De ce dieu de brume issu du feu et de la glace naquirent ensuite Odin, Vili et Vé, qui tuèrent Ymir, le géant de l'aurore des temps, et formèrent l'Univers avec son corps. Les convulsions de la naissance apaisées, le monde put enfin se structurer. L'abîme primordial se referma et fit place à la matière ordonnée. Aussi la voyante dit-elle dans le *Voluspa :*

> "Je me souviens des géants nés à l'aurore des temps,
> De ceux qui jadis m'ont donné naissance.
> Je connais neuf mondes, neuf domaines recouverts par l'Arbre du monde,
> Cet Arbre sagement édifié qui plonge jusqu'au sein de la terre.
> C'était au commencement des temps où Ymir vivait.
> Il n'y avait ni terre, ni ondes rafraîchissantes,
> On ne voyait ni terre, ni voûte céleste.
> C'était un abîme béant, sans végétation nulle part."

(*Les Poèmes héroïques de l'Edda ;*
trad. de F. Wagner, Paris, 1929)

Ymir fut l'ancêtre d'une longue lignée de géants, les premiers habitant de la Terre, selon la mythologie nordique. Refoulés par les dieux dans le Jotumheim, à l'écart du ciel et de la Terre, ils durent céder la place aux hommes. Mais leur exil n'est pas définitif. Patients, ils attendent Ragnarok, le Crépuscule des Dieux, pour revenir et détruire l'humanité.

Le monde enfin ordonné trouva une assise : l'if Ygdrasil (1). Axe et centre du monde, cet arbre gigantesque symbolise à lui seul l'Univers. Dans ses branches vivaient d'étranges créatures : la chèvre Heidrun, dont les mamelles fournissaient l'hydromel, nourriture des dieux ; le cerf Eikthymir; dont les andouillers donnaient des filets d'eau qui allaient alimenter tous les fleuves du monde ; un aigle, un écureuil allant et et venant sans cesse entre l'aigle et le sommet ; et la vipère-dragon Niddhog, l'Amer-Rongeur, qui rongeait les racines de l'Arbre. Cet if immense, emplissant le monde et, abritant à la fois les morts et les dieux, avait quatre racines. La première, continuellement rongée par la vipère-dragon, se reformait grâce à sa merveilleuse sève inépuisable. Mais le lutte était impitoyable. A chaque éclipse de lune, la vipère-dragon pouvait vaincre : le monde alors prendrait fin et retournerait au chaos dont il était issu. La seconde racine, la plus noueuse, s'allongeait vers les brumes de l'extrême Nord et se perdait dans le Jotunheim, le monde des géants. La troisième racine allait jusqu'au royaume de Mirmir, le premier homme qui mourut et régnait dans le sombre empire. Sur la quatrième racine étaient assises les Nornes, qui présidaient à la naissance et à la mort des êtres humains, mais qui ne pouvaient intervenir sur leur libre arbitre.

Sous chacune des trois premières racines coulait une source. La racine gonflée de sève vivante, résistant encore et toujours aux crocs et au venin du dragon, abritait la fontaine nommée Hvergelmir. Sous la racine s'étendant vers le royaume des géants coulait la fontaine appelée Mimir ; elle donnait à ceux qui s'y abreuvaient avec la corne Gjallar, l'intelligence et la sagesse. La troisième fontaine se trouvant sous la racine s'étendant vers Asaheim, le séjour des dieux, se nommait Urdar. Autour d'elle, les

(1) : On considère habituellement Ygdragil comme un frêne, mais il semblerait qu'il s'agisse en réalité d'un if.

maîtres d'Asaheim se réunissaient chaque jour en franchissant le pont Bifrost, "chemin-tremblant", l'arc-en-ciel menant vers Asgard, la cité des dieux ases. Autour de la fontaine d'Urdar habitaient les Nornes, maîtresses absolues du temps : Urd, c'est-à-dire le Passé ; Vervandi, le Présent, et Skuld, le Futur. Et les trois filles silencieuses, avec leurs longs cheveux sombres et leurs yeux transparents, étaient aimées et craintes, elles qui connaissaient le plus redoutable des secrets et dévidaient éternellement le fil de l'histoire.

Un jour, dans ce monde où régnait la guerre, Ygdrasil étendit un rameau vers l'est, et créa un frêne. Les hommes considérèrent cet arbre comme sacré, au même titre que son père. Ils lui donnèrent une servante-prêtresse. De leur union naquit Rafnagud, le Dieu-aux-Corbeaux, le dieu borgne que l'on appelle aussi Odin.

L'arbre garda l'enfant dans son écorce neuf mois durant, le nourrissant de sa sève. Puis le frêne s'ouvrit, et Odin en sortit adulte. Ygdrasil lui offrit deux corbeaux qui vivaient dans ses branches, et qui connaissaient l'avenir.

Il lui donna aussi les vents d'ouest et du nord comme compagnons. La déesse de l'amour et de la fertilité Freya, lui fit cadeau de son cheval noir. Jour et nuit, l'infatigable voyageur chevaucha. Un matin d'hiver qu'il faisait halte à l'orée d'un bois, Odin vit deux loups affamés qui lui demandèrent secours. Le cheval d'Odin les conduisit là où se trouvait un cadavre d'animal sous la neige. Dès lors, les deux loups ne quittèrent plus le dieu. Mais Odin voulait plus, il voulait connaître les runes et les révéler. Les runes, ces signes mystérieux, écriture secrète et magique, symboles d'une connaissance interdite, auxquelles les dieux n'avaient pas accès. Neuf jours et neuf nuits, il médita dans l'ombre protectrice d'Ygdrasil. Puis il demanda aux autres dieux de réaliser son désir. C'était un véritable sacrilège que de réclamer ce pouvoir interdit aux dieux, aussi refusèrent-ils. Alors, Odin demanda l'arbitrage des Nornes. Les gardiennes des portes sombres, après réflexion, lui furent favorables ; mais elles lui imposèrent de terribles conditions. Odin accepta le sacrifice, en toute connaissance de cause. Il

Le dieu Odin, armé de sa lance Gungnir et surmonté de l'un de ses corbeaux ; avalé par le loup Fenrir. (D'après un motif scandinave sculpté sur une croix de saint-André dans l'île de Man).

se pencha sur la fontaine de Mimir. Comme il ne voyait rien, il sacrifia son œil droit, qui tomba dans la source sacrée. Alors il vit. Il vit les temps infinis, la profondeur de la mémoire, le passé et le futur des hommes. Puis, il se perça le flanc de sa lance, et les dieux le pendirent, la tête en bas, par un pied, sur l'if sacré dont il était né. Tous les bourgeons de l'arbre se mirent à saigner. Pendant neuf terribles nuits de souffrance, le dieu borgne resta suspendu à Ygdrasil. Neuf nuits, comme il faut neuf mois pour faire un homme. Ses seuls compagnons étaient ses corbeaux, Hugin et Munin, et ses deux loups, Freki et Geri. Ils accompagnaient de leur chant de désespoir son horrible supplice. Odin lutta pour surpasser sa douleur, s'appliquant à percer le secret des runes. Il finit par les découvrir et les retint dans une indicible souffrance, à la fin de la neuvième nuit. Alors que les ténèbres cédaient la place au soleil, le dieu fut illuminé par la lumière des runes enfin révélées. En découvrant les runes, Odin revint “le prince du pouvoir gravé”.

Ces runes, secrètes et magiques, il les donna aux hommes, leur demandant d’entrer dans le mystère qu’il venait de créer. Le père des dieux s’adressa à chacun d’eux :

“Sais-tu comment il faut les graver?
Sais-tu comment il faut les expliquer ?
Sais-tu comment il faut les dépeindre ?
Sais-tu comment il faut les prouver ?
Sais-tu comment il faut prier ?
Sais-tu comment il faut offrir ?
Sais-tu comment il faut envoyer ?
Sais-tu comment il faut consumer ?”

Odin enseigna qu’il faut utiliser les runes dans toutes les circonstances de la vie, car elles sont un guide, une aide ; elles sont l’espoir des désespérés, les fidèles compagnes du cœur brisé par la solitude.

La Valkyrie Sigrdrifa enseigna au héros Sigurd toutes les runes qu’il devait graver :

“Il faut graver les runes de joie sur la corne à boire, pour goûter la bonne bière. Il faut graver les runes de victoire sur la garde et le pommeau de l’épée, pour obtenir la victoire. Il faut graver les runes du désir pour conquérir la fille aimée. Il faut graver les runes de délivrance, pour soulager la femme en couches. Il faut graver les runes du feu sur l’étrave du navire, sur la lame du gouvernail, et sur les avirons, pour sauver le coursier de la mer du péril des brisants et des vagues. Il faut graver les runes de la médecine, pour reconnaître les maladies et soigner les blessures. Il faut graver les runes de l’éloquence, pour gagner tous ses procès au Thing (1). Enfin, il faut graver les runes de l’esprit pour comprendre ce qu’a conçu, gravé et traduit Odin lui-même.”

Toutes les runes qu’Odin avait gravées sur des bâtons magiques, il les gratta à l’aide d’une lame bien acérée, pour obtenir de fins copeaux de bois. Il mélangea ensuite ces copeaux à l’hydromel

(1) Thing : assemblée d’hommes libres qui rendaient la justice dans l’ancien monde nordique. C’est également le Conseil des dieux.

qu'il offrit à ses fidèles. Ainsi, les runes, invisibles, se chargèrent de tout leur pouvoir magique. Odin put alors les envoyer dans tous les mondes sur lesquels s'étendait sa puissance. On les retrouvera chez les dieux ases et les dieux vanes, chez les elfes et chez les humains. Ces runes, les sages pourront plus tard les retrouver et les déchiffrer, les utiliser et les transmettre. Voilà comment elles sont parvenues jusqu'à nous.

Instruments divınatoires et magiques, les runes restent avant tout les signes de la puissance et de la présence d'Odin. Elles sont le vibrant souvenii du sacrifice du Grand Voyageur. Mais les runes sacrées ne se dévoilent pas à ceux qui n'ont pas le droit de boire la coupe d'Hydromel sacré. Leur connaissance réclame une initiation qui peut seulement s'accomplir dans le temple intérieur, c'est-à-dire le cœur de l'homme.

Pour célébrer le pouvoir des runes, Odin, contemplant le monde du haut d'Ygdrasil, chantera les chants les plus secrets.

- Le premier aide à triompher des luttes et des ennuis.
- Le second sait ce que demande le cœur des hommes.
- Le troisième brise le tranchant des armes des ennemis.
- Le quatrième permet de marcher droit malgré les entraves.
- Le cinquième permet d'arrêter les flèches.
- Le sixième fait se retourner les malédictions contre leur auteur.
- Le septième permet d'éteindre l'incendie d'une demeure.
- Le huitième apaise la haine et la colère entre les fils des hommes.
- Le neuvième calme le vent sur l'eau et apaise la fureur de l'océan.
- Le dixième change la forme et l'esprit des femmes de trolls.
- Le onzième mène les guerriers sains et saufs au combat.
- Le douzième rend vie et force aux cadavres pendus.
- Le treizième rend invulnérable par l'aspersion de l'eau sacrée.

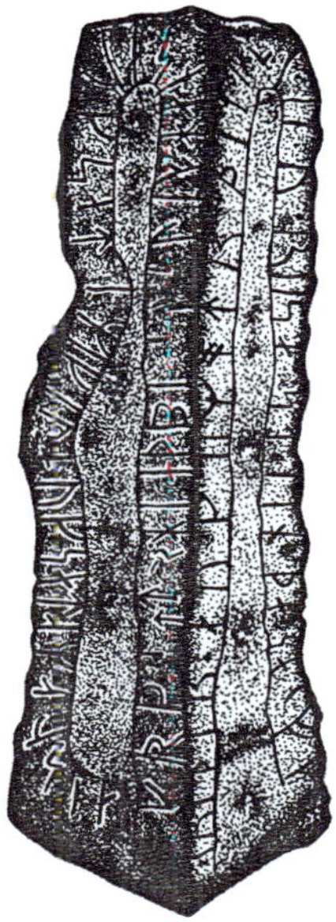

Pierre runique scandinave.

- La quatorzième permet d'énumérer les caractères des dieux.
- Le quinzième chante la force des dieux et la fortune des nains.
- Le seizième permet de séduire la vierge aux blancs bras.
- Le dix-septième enchaîne la fidélité de la femme aimée.
- Le dix-huitième, enfin, chante ce qu'Odin n'enseigne pas.

Les chants d'Odin se terminent par un mystère, car les runes ne livrent pas leur secret à tous. Ils sont peu nombreux ceux qui peuvent comprendre toutes les paroles du dieu borgne, et déchiffrer toutes les runes sacrées.

Après avoir donné les runes aux hommes, Odin reprit sa chevauchée. Se rendant compte de sa solitude, il épousa une émanation de la déesse lunaire, Dana, la lune dans son dernier quartier. Depuis, il poursuit inlassablement l'image de son aimée dans tous les lacs et les étangs pour la posséder très vite avant qu'elle disparaisse.

Car Odin doit encore lutter pour conquérir et conserver ses amours. Il enseigne ainsi la patience et l'opiniâtreté, car on n'obtient rien sans rien. La pensée scandinave enseignait que l'homme est en perpétuelle lutte dans le monde ici-bas. Il lui faut avoir le courage de combattre l'adversité sans jamais renoncer. Les runes sont une aide précieuse dans ce combat de tous les jours. Celui qui sait percer leur secret accède à la connaissance d'Odin, elle représentent en effet un pouvoir enviable, mais il doit être utilisé en harmonie avec les lois de la nature. Celui qui veut pénétrer le mystère des runes doit se souvenir du précepte :

Honorer les dieux,
pratiquer la bravoure,
fuir le mal.

C'est-à-dire que nous devons toujours nous souvenir que l'Esprit Divin souffle partout et qu'il est en nous. Les dieux anciens ne sont pas morts. Odin ne peut pas disparaître puisque les runes existent. Chaque jeteur ou jeteuse de runes devient le dépositaire de l'esprit d'Odin. Il doit se souvenir que le dieu borgne s'est soumis au terrible sacrifice pour léguer la connaissance runique aux hommes. Les runes doivent donc être utilisées en toute connaissance de cause, en instruments sacrés du destin et non en jeu mondain de “divination”. En reniant l'Esprit Divin qui est en nous, cette parcelle de divinité qui nous assure l'immortalité, nous nous renions nous-même. Il faut avoir le courage de la lutte, ne jamais baisser les bras. Il faut user de la force de l'adversité pour la faire sienne. Il faut ne faire que ce qui est juste, en accord avec les lois universelles. En faisant le mal, c'est avant tout à nous-même que nous portons préjudice.

La voie de l'accomplissement est semée d'embûches. Il faut bien prendre garde de ne pas couper la voie qui amènera à réveiller la parcelle de divinité qui est en nous.

Les nuits de tempête, on peut encore voir Odin passer dans le ciel, sur Sleipnir, son fabuleux cheval à huit pattes, accompagné des Valkyries. Car Odin est la tempête. Les éclairs sont la lumière sacrée qui brille dans son œil unique, et le tonnerre est le martèle-

Partie supérieure d'une pierre runique trouvée à Ledberg, en Suède.

ment des sabots de son cheval. Comme le plus humble des mortels, Odin parcourt le monde à la poursuite de sa destinée. Et le présent qu'il a fait aux hommes, les runes, ne doit pas être gaspillé, car il est là justement pour aider à museler les sursauts de ce destin capricieux qui peut nous réserver le meilleur comme le pire.

CHAPITRE II

ORIGINES DES RUNES

ORIGINES DES RUNES

Le terme de "rune" véhicule une aura d'étrangeté, voire de sorcellerie. Pourtant, si l'alphabet runique est lié intimement à la magie, il est avant tout sacré ; même quand il est utilisé à des fins divinatoires profanes.

En effet, la pratique des runes ne peut pas aller sans une approche religieuse ou spirituelle. Cette religion dont il est question est l'ancien paganisme nordique.

La mauvaise réputation des runes vient de ce que le christianisme a rejeté les anciennes religions et spiritualités au Diable. Tout ce qui n'était pas chrétien devint le mal. Les religions anciennes (essentiellement celtique et germanique pour la France et l'Europe du nord-est) sont ainsi devenues sorcellerie. La divination fut interdite, car elle concurrençait le pouvoir du dieu des chrétiens. Les augures païens furent considérés comme nécessairement erronés et porteurs de mensonges. "Païen" vient du latin *paganus,* qui signifie "campagnard". Le mot date de la christianisation du Bas Empire romain, qui fut tout d'abord urbaine. Il faut savoir que les populations rurales restèrent longtemps fidèles au panthéon païen ; il fallut plusieurs siècles d'évangélisation pour que le christianisme s'impose. Et encore fut-ce d'une façon apparente, puisque jusqu'à la fin du XIXe siècle au moins, le paganisme resta vivace dans les campagnes. Toutes les traditions populaires sont, sinon directement païennes, en tout cas un subtil mélange de christianisme et de paganisme. Le renouveau du paganisme, ou néo-paganisme, depuis quelques décennies ne fait que confirmer un retour aux sources spirituelles de l'Occident, ou du moins de l'Europe. La culture celtique, dont la renaissance a provoqué une quête spirituelle massive, a ouvert la voie au néo-paganisme. Il a fallu attendre les années 1980 pour trouver des signes d'un nouvel intérêt en matière de spiritualité et de religions païennes autres que celtiques, nordiques en particulier. Les runes sont ainsi sorties des brumes de l'oubli pour être exposées de nouveau à la vue de tous. Le vieil Odin doit être heureux, lui qui souffrit pour léguer les runes à l'humanité. Bien heureusement, les anciennes divinités ne meurent pas, elles s'endorment, simplement.

Le terme de "rune" lui-même a dégénéré au Moyen Age, au point que sa signification se rapporta à n'importe quelle incantation ou formule magique.

En vieux nordique *run* signifie "mystère" ou "secret". Dans l'épopée anglo-saxonne *Beowulf* (VIIIe siècle), le conseiller royal est nommé *Run-Wita,* c'est-à-dire "initié aux secrets". *Rune* dérive sans doute d'un radical indo-européen dont Georges Dumézil *(Mythes et dieux des Germains)* fait aussi venir *Ouranos* et *Varuna*. On rapproche le mot "rune" du vieil allemand *runa* ou *rûnen* ("chuchoter"), du vieil anglo-saxon *reonian* ("murmurer"), du vieil irlandais *rûn* ("mystère"), du vieil anglais *runian* ("parler bas"), ou encore du pluriel islandais *rûnar* ("secrets"). La racine indo-européenne *ru* évoque également une chose mystérieuse, secrète, comme ce que l'on chuchote à l'oreille ; ce qui implique la transmission orale d'un enseignement secret. Certains étymologistes soutiennent que le terme *runa* renvoie également à la notion de "celui qui sait", c'est-à-dire le sage ou l'initié. Il est vrai que l'alphabet runique est originellement porteur d'une profonde signification spirituelle. Celui ou celle qui "chuchotait" les runes était un(e) initié(e) aux mystères runiques : un prêtre, une prêtresse ou un chaman officiant à l'écart des institutions. La pratique des runes implique une approche religieuse et spirituelle ; cela suppose que l'on croit possible une transformation subtile de la "réalité" en mettant en action les énergies incluses dans tout être vivant, ou objet inanimé. D'un point de vue magique ou religieux, la rune agit sur l'environnement car elle est dépositaire d'une énergie subtile. Plus prosaïquement, nous dirons que la pratique des runes modifie ou influe sur le comportement psychologique, pour aller de l'avant et mieux agir. Qu'importe l'explication (et celle-ci est-elle seulement accessible à la compréhension humaine ?), l'essen-

Stèle runique (Suède).

tiel est que les runes répondent et assument leur rôle d'aide et de protection. Les préoccupations des Anciens n'étaient pas différentes des nôtres - l'être humain change peu -, ils interrogeaient les runes pour les mêmes raisons que nous. Que leur spiritualité fut plus grande que celle de notre monde moderne matérialiste leur permettait sans doute de mieux comprendre les significations et messages de ces symboles porteurs d'une sagesse ancienne. Cela ne signifie pas que nous ne puissions percer le secret des runes, simplement cela demande beaucoup de temps et d'efforts. Il faut se baigner dans l'aura des runes, en saisir le sens et l'appliquer au problème qui nous préoccupe. Cela n'est pas toujours chose aisée, mais la patience peut venir à bout de maints obstacles.

L'origine des runes reste énigmatique. Deux écoles principales s'opposent à ce sujet : l'une donne une origine purement germanique aux runes ; l'autre les fait venir du monde méditerranéen. Certains linguistes ont émis l'hypothèse que l'alphabet runique est dérivé de l'alphabet latin, argumentant sur le fait que plusieurs caractères runiques ressemblent aux lettres latines. Un chercheur germanique les croit datées du début de notre ère, tandis qu'un autre pense que l'alphabet fut constitué pendant l'occupation romaine en Germanie. Il aurait ensuite été transporté vers le nord par des voyageurs, jusqu'en Scandinavie. Selon un troisième expert, les runes auraient été adaptées par les Goths à partir d'un mélange des alphabets romain et grec. Elles seraient alors originaires de la région de la mer Noire, aux environs du IIIe siècle de notre ère. Pourtant, selon R.W. Eliott, ces hypothèses sont très discutables. Il pense, pour sa part, que les caractères runiques ont très bien pu se développer dans la région des Alpes du nord de l'Italie. Mais, malgré leur parenté évidente avec l'alphabet latin, leur apparition serait beaucoup plus ancienne. A l'appui de cette thèse, il souligne l'emploi de signes magiques gravés sur des bâtons par les anciennes tribus du Tyrol italien. Cette pratique rappelle bien sûr la gravure des runes sur des bâtonnets utilisés à des fins divinatoires, et ce aussi bien en Germanie qu'en Scandinavie. En effet, l'écriture runique est restée épigraphique ; son utilisation s'est le plus souvent bornée à des inscriptions sur des matières dures. La plus grande partie des inscriptions runiques relevées sur le passage des Germains, de la Norvège à la Bourgogne, et du Groenland à la Mer Noire, sont gravées sur des objets de mobilier, des fers de lance, des boucliers, des surfaces de bois ou d'os, des ornements, et surtout sur des stèles funéraires.

La définition technique de l'écriture runique la présente comme celle qui servit, antérieurement, à l'alphabet latin, puis en concurrence avec lui, pour transcrire les diverses langues germaniques. C'est une écriture alphabétique. La liste de ses caractères est nommée *futhark,* d'après les lettres initiales des six premiers signes. Elle a suivi deux variantes principales : l'ancien *futhark,* composé de 24 runes et utilisé dans la totalité du monde germanique à l'époque des grandes invasions ; et le nouveau *futhark,* à 16 runes, qui apparut au IXe siècle dans le monde scandinave.

Leur origine reste toujours un mystère. Deux écoles s'affrontent, comme nous l'avons vu, situées ainsi pas Musset : *"Celle qui considère le futhark comme une création autonome et spontanée du seul génie germanique, ou même indo-européen, et celle qui le fait dériver d'un alphabet antérieur au monde méditerranéen."* Nord-étrusque, précisa Carl Marstrander à propos de l'inscription dite "du casque de Negau". Pourtant, les runes scandinaves ressemblent bien davantage au très ancien alphabet grec, déjà utilisé en 900 avant notre ère. L'UNESCO a beau estimer l'écriture *"parvenue en Scandinavie trois siècles avant J.-C."*, rien n'est moins sûr. A ce propos, Henri Herout remarque : *" Aucune raison ne nous porte à croire que les runes n'existaient pas bien avant. Leur caractère religieux, en effet, n'autorisait leur emploi que dans un nombre limité de circonstances. Liées aux croyances des Germains, les runes n'étaient pas un système ordinaire d'écriture, mais plutôt une sorte de code sacré, non utilisé dans la vie courante, sauf dans les derniers siècles du paganisme ou chez les Islandais du Groenland... S'imaginer que les runes puissent être d'origine étrangère nous semble une erreur d'optique."*

En fait, tout porte à croire que l'alphabet runique est très ancien. Ainsi, ce n'est pas dans les régions méridionales du foyer d'expansion germanique que l'on trouve les premières traces des runes, mais au Danemark. Sur vingt inscriptions antérieures à 300, les plus proches de la Méditerranée apparaissent en Brandebourg ou en Schleswig. Le matériel archéologique montre, dès l'an 200, un ensemble de caractères bien dessinés, qui ne révèlent aucun emprunt : ils renvoient à des notions religieuses archaïques où les éléments rituels et pastoraux prédominent. Cela dénote clairement un état préhistorique de la culture indo-européenne. Mieux encore : il y a une continuité symbolique entre les runes et les gravures rupestres de la préhistoire scandinave. De plus, les "urnes vandales" découvertes en 1931 dans les tombes de haute Silésie présentent des signes de type prérunique : ces *sinnbilder* précèdent historiquement l'apparition du *futhark.* Les chercheurs ont montré que les runes ont peut-être une origine commune avec les pétroglyphes préhistoriques connus sous le nom d'"écriture de Hallristinger", qui furent diffusés par les peuples du néolithique et

CORRESPONDANCE ENTRE DIVERS SIGNES LAPIDAIRES

Glozel	Ibérie	Stèle de Hiram	Alphabet phénicien	Pendule à Salomon	Grec	Romain	Roman	Gothique	Runique

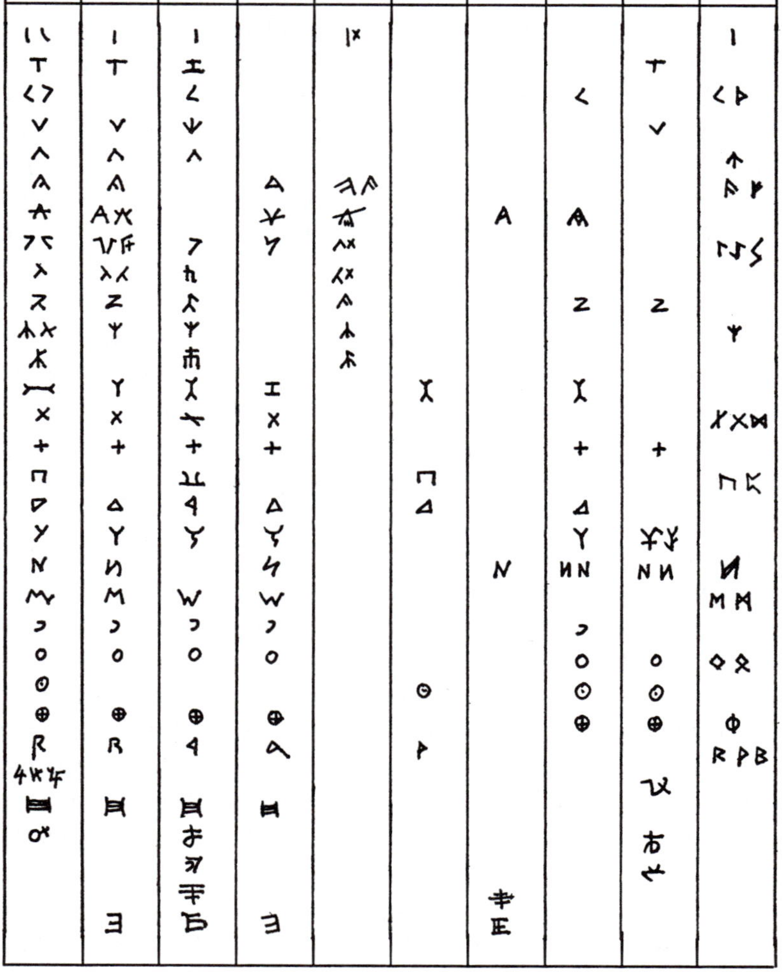

de l'âge du bronze. Lettres anguleuses faites pour être tracées dans le bois et teintes de sang ou de peinture, les runes doivent sans doute leurs traits à angle aigu au fait qu'elles étaient originellement gravées sur la pierre. Ce type d'inscription se prête en effet mal à l'écriture curviligne. L'écriture de Hallristinger, utilisée primitivement par les peuples de l'âge du bronze, plus d'un millénaire avant notre ère, est aujourd'hui considérée comme l'ancêtre de l'alphabet runique. Ces signes hiéroglyphiques étaient dotés d'une signification religieuse. Les diverses variations sur le cercle qu'on y trouve suggèrent un culte solaire. D'autres signes, spirales, lignes brisées et triangles inversés étaient sans doute associés à la sexualité féminine et au culte de la Déesse-Mère. La fréquence du *svastika* est assez remarquable dans l'écriture de Hallristinger. Ce très ancien symbole a été malheureusement dévalorisé par son utilisation faite par les nazis. Symbole solaire, le svastika provient d'une très ancienne décomposition du mouvement solaire en trois ou quatre moments : lever - zénith - couchant - nuit. Ses origines sont fort anciennes : il figure sur une pierre gravée de la préhistoire, près d'Ikley, dans le Yorkshire. Il se retrouve aussi chez les Indiens d'Amérique du Nord et chez les Aztèques, dans les cultures hindouiste, taoïste et bouddhiste, chez les Saxons et les Nordiques, voire chez les Celtes.

En sanscrit, *svastika* signifie littéralement : “tout est bien”. Le svastika exprime le mouvement du soleil dans le ciel et les cycles des saisons. Il est associé aux runes dans l'écriture de Hallristinger, et on le trouve assez souvent avec les caractères runiques, comme par exemple, sur la stèle de Hogby, en Suède.

Les 24 runes de l'ancien *futhark* sont classées dans un ordre qui est sans aucun rapport avec les alphabets méditerranéens. Elles sont réparties en trois oettir (“familles” de huit lettres). Chaque groupe de lettres est rattaché à une divinité : l'*oett* (ou *aett*) de Freyr, celle de Hagal, celle de Tyr.

Gravées sur la pierre, sur des bijoux, des armes, elles sont attestées au IIIe siècle. Au siècle suivant, ces inscriptions prolifèrent : on les grave sur de nombreux supports, sur les armes, les meubles, les

L'ÉCRITURE DE HALLRISTINGER

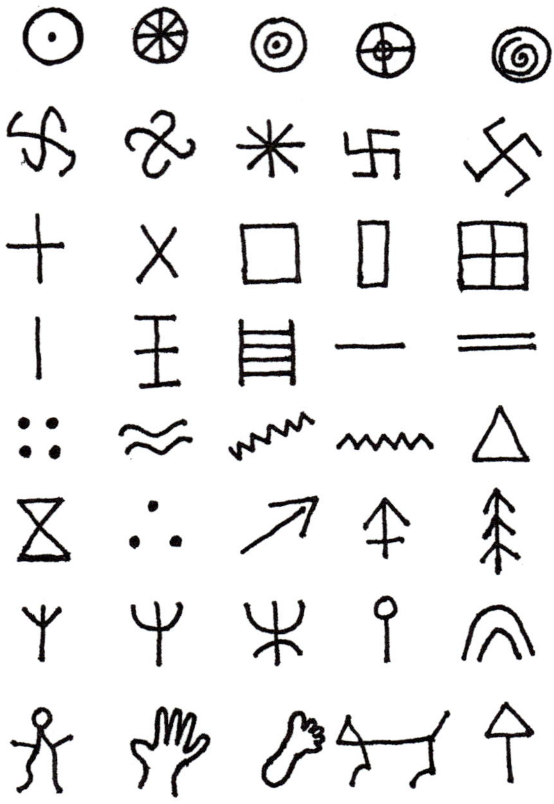

Ces pétroglyphes, considérés comme les ancêtres des caractères runiques, sont l'une des plus anciennes formes d'écriture européenne. Chaque pictogramme est porteur de significations religieuses chamanistiques.

vases, les coffres et les calendriers. Poèmes et textes funéraires apparaissent en grand nombre sur les stèles. En Grande-Bretagne, le *futhark* s'adapte aux sons du vieil anglais. Puis, sans doute sous l'influence de l'écriture celtique dite "ogamique", et plus particulièrement irlandaise, des voyelles supplémentaires et des "runes d'inflexion" s'ajoutèrent aux caractères existants. Le système atteindra son apogée au IXe siècle. C'est aussi à cette époque que l'ancien *futhark* disparaît pour laisser place au nouveau système runique composé de seulement 16 lettres, en usage dans les pays scandinaves. Certaines runes sont redessinées, et c'est la structure même de l'alphabet qui se trouve transformée. La raison de ce changement nous échappe. Peut-être était-ce une volonté de clarifier les inscriptions, ou, à l'inverse, pour en accentuer l'ésotérisme. L'apparition du christianisme en Scandinavie à cette époque n'est peut-être pas étrangère à ce changement, non plus que le danger représenté par les armées de Charlemagne arrivées aux frontières du Danemark. Contrairement à la légende, Charlemagne ne fut pas un empereur débonnaire et généreux. Voulant à tout prix imposer le christianisme, par la force, sa répression envers ceux qui refusaient de se convertir fut particulièrement sanglante.

Au cours de cette même période, une fraction de la moyenne Scandinavie (de l'île de Gotland à la Norvège occidentale) poussa la réforme encore plus loin, en épurant et simplifiant le *futhark* "jeune-danois" : témoin, la pierre de Rök qui est, avec ses 725 runes, la plus longue inscription jamais déchiffrée. Sur sa stèle de 2,50 mètres de haut et 1,40 mètre de large, elle répertorie des récits épiques consacrés à Théodoric d'Italie et au Mérovingien Thierry Ier.

Le *Runenlied,* ou Chant des runes, islandais, en donne l'exemple, sur les six premières lettres composant le *futhark :*

1. *Fé,* la richesse, c'est la discorde entre les proches, le feu de la mer et le chemin du serpent.

2. *Ur,* l'ondée, c'est les larmes des nuages, l'adversaire de la fenaison et la haine du berger.

Fontaine de
Ste-Brigitte (Irlande)

Urnes funéraires saxonnes

Ile de Man

Allemagne médiévale

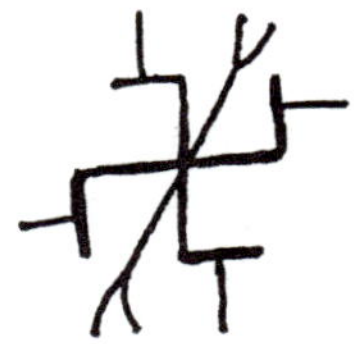

Ancienne Allemagne

Hongrie

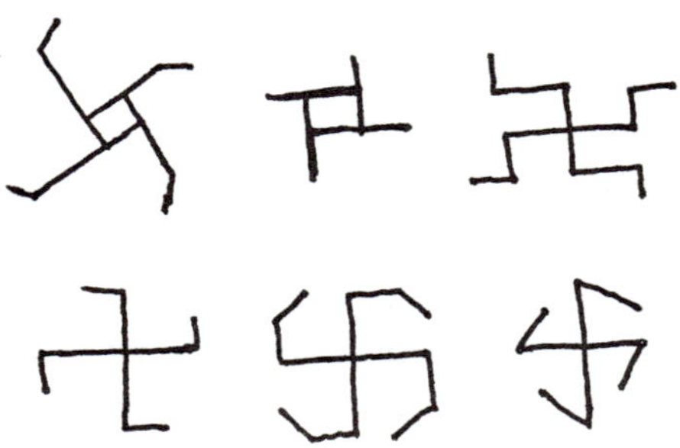

Schémas d'entrelacs celtiques

EXEMPLES DE SVASTIKAS

Le Svastika se rapporte au mouvement cosmique. Il provient sans doute de l'observation de la giration des astres autour du centre polaire. La croix tournante, dans le ciel, est marquée par quatre étoiles très brillantes :

Aldébaran / Oeil du Taureau / Printemps
Régulus / Cœur du Lion / Eté
Antarès / Cœur du Scorpion / Automne
Fomalhaut / Tête du Poisson austral / Hiver

C'est sans doute ce quaternaire sidéral qui donna au Svastika son sens primitif, emblème religieux présent en Europe, en Asie et en Amérique.

3. *Thurs,* le géant, c'est la torture des femmes, l'habitant des falaises et le mari de Vardrun.

4. *Ass,* le dieu, c'est le vieux Gautr (1), le prince d'Asgard et le seigneur de la Valhöll (2).

5. *Reid,* la chevauchée, c'est le plaisir du cavalier, le rapide voyage et la fatigue du cheval.

6. *Kaun,* le furoncle, c'est le malheur des enfants, l'endroit douloureux et la demeure de la purulence."

On remarquera que tous ces noms font référence à des éléments de la vie pastorale, ce qui est une preuve supplémentaire de l'ancienneté des runes.

(1) Odin.

(2) Le walhalla, Hall-des-Occis, demeure de Gladsheim (salle d'Asgard où se réunissent les dieux) où Odin entouré des Valkyries reçoit les guerriers tombés au combat.

CHAPITRE III

L'ESPRIT DES RUNES

L'ESPRIT DES RUNES

Avant d'aborder la spiritualité des runes, il nous faut présenter quelque peu cette société germanique qui les a vu naître. Depuis longtemps, des images fausses circulent sur la société germanique. Les Germains et les Vikings n'étaient pas ces "barbares" sanguinaires que l'on se plaît à dépeindre trop souvent, et le cinéma hollywoodien n'est sans doute pas étranger à cette dévalorisation. S'il est vrai que les Germains et les Vikings furent des peuples guerriers, il serait pourtant erroné de croire qu'ils ne furent que cela. Des idées préconçues courent sur les Germains : ce sont les mêmes que celles qui existaient il y a encore peu de temps sur les Celtes et les Gaulois. L'origine de ces idées fausses vient en grande partie des écrits de César et des auteurs latins. Pour eux, tous les autres peuples étaient des "barbares" (en grec ancien, *barbaros* signifie "étranger"), et il est amusant de constater que, pour les Grecs, les Romains étaient eux aussi des barbares.

Jusqu'il y a peu de temps, nos manuels scolaires nous apprenaient à admirer les Romains, ces conquérants avides de butins. Bien heureusement, il s'est trouvé des esprits éclairés pour dénoncer cette barbarie qui était avant tout romaine. Albert Camus parlait des *"conquérants romains que nos auteurs de manuels, par une incomparable bassesse d'âme, nous apprennent à admirer."* Ecoutons Simone Weil, dans *L'Enracinement : "Les Romains, poignée d'aventuriers réunis par le besoin... Les Romains ne pouvaient rien tolérer qui fut riche en contenu spirituel. L'amour de Dieu est un feu dangereux dont le contact pouvait être funeste à leur misérable divinisation de l'esclavage. Aussi ont-ils impitoyablement détruit la vie spirituelle sous toutes ses formes. Ils ont très cruellement persécuté les Pythagoriciens... Ils ont exterminé tous les Druides de Gaule, anéanti les cultes égyptiens, noyé dans le sang et déshonoré par d'ingénieuses calomnies l'adoration de*

Dyonisos."

Ironie du sort, le premier à exalter les vertus germaines et à dénoncer la barbarie sera justement un Romain. Soldat, sénateur et historien qui vécut au Ier siècle, Tacite décrivit les coutumes des tribus germaines dans son livre *Germania* (La Germanie). Pour mieux dénoncer la décadence de ses compatriotes, il exalta les vertus des peuples germains. Pour lui, les véritables barbares se trouvaient dans les murs de Rome.

Mais qui étaient-ils au juste ces Germains?

Probablement des proches parents des Celtes, avec de communes racines indo-européennes. Au IIe siècle avant notre ère, des tribus germaines et gauloises ne s'unirent-elles pas pour combattre l'envahisseur romain ?

Il est vrai pourtant que ce furent les Gaulois qui firent appel aux Romains pour tenter de contenir les incursions de plus en plus nombreuses et fréquentes des Germains sur le sol gaulois. Ce sera une cruelle erreur, car César en profitera pour entreprendre la conquête de la Gaule. Ce fut d'ailleurs grâce à ses cavaliers germains mercenaires qu'il remporta plusieurs batailles décisives contre les Gaulois. Mais, à part ces guerriers, de quoi se composait la grande majorité du peuple germain ? Essentiellement de paysans et d'artisans, tout comme les Gaulois. Le peuple germain, loin d'être composé de barbares sanguinaires et incultes, s'était au contraire doté d'une organisation sociale sophistiquée et complexe. Les Germains vivaient dans des villages ou des grandes fermes, voire dans des villes comme leurs voisins celtes. Comme eux, ils avaient des prêtres, équivalents des druides, et les pratiques chamanistiques existaient toujours. A l'inverse des Celtes, par contre, certaines tribus pratiquaient encore les sacrifices humains, comme l'ont montré les cadavres découverts dans des tourbières.

Les maisons des Germains étaient solidement bâties et charpentées, rien à voir avec des huttes. Les travaux archéologiques ont permis de mettre à jour des petits bâtiments attenant aux demeures, qui servaient d'ateliers de tissage, de boulangeries, de remises, de

Représentation d'un Barbare armé sur un bas-relief antique. Il se touche les cheveux, symbole de la force virile.

magasins ou d'étables. Habiles potiers, orfèvres et forgerons, les Germains exportaient leurs produits : bijoux, poteries et armes, ainsi que des métaux précieux, avec les Romains en particulier. On trouvait des marchands germains jusqu'en Orient.

La tradition spirituelle de la royauté divine était bien établie en Europe païenne, et les Germains ne faillirent pas à la coutume, eux qui choisissaient leurs souverains pour leurs origines nobles. La religion baignait la société dans la vie de tous les jours. Pour protéger leurs troupes parties au combat, les Germains portaient des emblèmes religieux, des totems et des symboles de leurs bois sacrés. Les runes protectrices étaient gravées sur les armes, et particulièrement certaines épées "magiques" à qui l'on prêtait quasiment une vie propre qui était entretenue par l'énergie vitale des ennemis tués. Héritière du chamanisme néolithique, la religion germanique avait su garder ce souffle archaïque qui l'animait. Lors de leurs expéditions guerrières, ils se faisaient accompagner de leurs familles. Plus d'une fois, les armées au bord de la défaite furent galvanisées par les cris d'encouragement des femmes, dénudant théâtralement leur poitrine. Nous sommes pourtant loin ici de l'attitude des guerrières celtes qui combattaient en ayant la partie inférieure de leur corps nu pour troubler l'ennemi.

Andocratique et paternaliste, la société germaine véhiculait un puissant idéal masculin. Pourtant, Tacite affirme que les femmes y jouaient un rôle important et jouissaient d'une position élevée qui, si elle n'atteignait pas celle des femmes celtes, était en tout cas supérieure à celle des Romaines. Les Germains croyaient que leurs femmes possédaient une sorte de "sainteté" inhérente et avaient un don naturel de prophétie. Aussi leur avis était-il requis en toute matière importante. Cela est probablement un reliquat des anciennes sociétés matriarcales et du culte de la Déesse-Mère. C'est sans doute aussi pour cette raison que l'assemblée des chefs, dans chaque clan, se réunissait pour trancher les questions importantes à la nouvelle lune ou à la pleine lune : l'astre des nuits véhiculait un culte féminin très important. Comme les Gaulois, les Germains calculaient la durée en nuits et non en jours. Pourquoi ? Parce que l'être est issu de non-être, c'est donc le jour qui naît de la nuit et non l'inverse.

La monogamie était en usage dans la société germaine, hormis les multiples mariages politiques de personnages de haut rang à des fins d'alliance. Aussi, par contraste avec la liberté sexuelle prévalant à Rome, Tacite considérait-il les Germains comme un peuple moral, voire puritain. On sait pourtant que les peuples germanique et scandinave considéraient l'acte sexuel comme un culte rendu à la force vitale. Lors d'une des fêtes les plus importantes, qui avait lieu au printemps, un homme et une femme faisaient l'amour rituellement : ils représentaient alors le dieu et la déesse de la fertilité. Une semblable fête existait chez les Celtes. Les fêtes du 1er mai sont directement une survivance de ce culte de la régénération du monde au printemps. Ces fêtes étaient l'occasion de rites d'initiation sexuelle. L'Eglise tenta d'éliminer ces fêtes de mai (arbre de mai, rose de mai, mais...), sans jamais vraiment y parvenir. Au Xe siècle, Ahmed ibn Fadlan, envoyé du calife, fut témoin d'un enterrement selon la tradition nordique, sur les bords de la Volga. Ce témoignage est précieux car il décrit avec minutie ce rite de la force vitale : le navire funéraire sur ses étais, les *"grandes statues de bois à forme humaine"* disposées en cercle autour de lui, le somptueux costume du mort couché sous une tente, dans le drakkar, avec des aliments et des boissons. *"Ensuite, ils mirent à côté du mort toutes ses armes, lui amenèrent deux chevaux en sueur, les tuèrent à coups d'épée et les jetèrent sur le bateau."* Ensuite, dans une *"débauche de sang, de sueur et de semence humaine"*, une esclave du défunt s'offrit de l'accompagner dans l'au-delà. Après une scène de voyance et des rapports sexuels avec six hommes sous la tente funèbre, elle fut étranglée ; et le plus proche parent du mort mit le feu au navire funéraire. Cette scène est une apothéose du culte nordique de la force vitale. Nulles lamentations dans l'incinération d'un chef mort, mais au contraire des chants, des libations et des orgasmes. Bien sûr ce type d'enterrement était sans doute assez rare, les navires étaient des choses précieuses que l'on ne pouvait sacrifier que rarement, probablement pour des personnages exceptionnels. (1)

Les Germains avaient une vie sociale très saine, et bien développée. Tacite rapporte qu'aucune nation n'avait tant plaisir à festoyer. L'hospitalité était un devoir sacré, et les voyageurs étaient traités comme des amis de passage.

Parmi les grandes tribus germaniques, citons :

- Les Angles et les Saxons, installés le long des côtes de la mer du Nord jusqu'aux îles.

- Les Jutes et les Frisons, sur la péninsule danoise et les bouches de l'Elbe.

- Les Francs, c'est-à-dire les "hommes libres ", installés aux bouches du Rhin, et qui absorbèrent les anciennes tribus occidentales des Sicambres (qui sont les ancêtres directs des Mérovingiens), Chattes, Chamaves, Bructères...

- Les Alamans (*alle männer :* "tous les hommes"), installés entre

(1) Cette tradition se perpétue de nos jours, sous forme de fête populaire, à Lerwick, dans les îles Shetland, où on l'appelle la célébration d'Up-Helly-Aa.

le Rhin et le Danube.

- Les Burgondes, les Vandales et les Lombards, sur l'Elbe.
- Les Marcomans et les Quades, vivant sur le moyen Danube ; ils formeront un peuple appelés Bavarois.
- Les Goths, divisés en Ostrogoths (Goths "brillants") et Wisigoths (Goths "sages"), qui étaient sur les plaines russes et roumaines.
- Les Gépides, c'est-à-dire les "traînards", installés sur les plaines hongroises.
- Les Sarmates et les Alains, vivant dans les steppes.

Avec le déclin du pouvoir impérial romain, l'expansion des peuples germaniques commença. Car ce ne sont pas ces invasions qui détruisirent l'Empire romain, comme on le croit trop souvent ; celui-ci disparut de sa propre décadence. C'est cette chute qui favorisa les invasions, invasions qui ressemblent d'ailleurs souvent plutôt à des migrations.

Aux IVe et Ve siècles, l'installation pacifique des Barbares était plus fréquente que la conquête militaire. Les effectifs des envahisseurs étaient en effet très restreints. Les peuples les plus forts (Vandales, Wisigoths, Ostrogoths) n'alignaient jamais plus de 15 à 30 000 guerriers. Les chiffres sont inférieurs à 5 000 pour les Suèves, les Burgondes, les Alains et les Francs avant Clovis. Lors de l'invasion de l'Afrique, la totalité de la population vandale n'atteignait pas les 80 000 personnes, dont 16 000 guerriers seulement. S'il y eut bien invasions, faire de celles-ci le principal élément de la transformation de l'Occident paraît donc excessif. N'oublions pas que lorsque les Francs s'installèrent définitivement en Gaule, ils se considérèrent comme les successeurs des Romains et perpétuèrent la langue latine. N'oublions pas non plus que quatre siècles passèrent entre la fin de la *Pax romana* et la chute de l'Empire d'Occident. C'est alliés aux Burgondes, aux Wisigoths et aux Francs de Mérovée (qui donna son nom à la dynastie mérovingienne) que les Romains défirent les Huns d'Attila aux Champs Catalauniques en 451. Ces Francs, qui avait été bloqués en 241 par l'empereur Gordien II le Jeune, prirent alors le pas sur l'Empire romain décadent. Se considérant comme successeurs des Romains, ils occupèrent la Gaule.

En Grande-Bretagne, l'occupation germaine commença en fait par une invitation. En effet, les Romano-celtes appelèrent ces mercenaires saxons pour lutter contre les pirates nordiques, ainsi que les Pictes et les Gaëls qui faisaient des incursions sur les côtes occidentales de l'île de Bretagne. Même s'il y avait déjà eu des raids venus du continent, l'établissement définitif des Saxons ne commença qu'au début du Ve siècle. Bede, un moine du VIIIe siècle, établit que les premiers immigrants arrivés en Angleterre furent les Saxons, les Jutes et les Angles (qui ont donné leur nom à l'Angleterre : Terre des Angles). Déjà en 367, les Saxons, alliés aux Pictes et aux Scotts (tribus celtes d'Ecosse) avaient envahi le nord de l'Angleterre. En 428, Hengist et Horsa, seigneurs de la guerre qui étaient aussi, semble-t-il, les prêtres d'un culte du cheval sacré, furent invités en Angleterre pour aider les Bretons à repousser les attaques d'envahisseurs. Mais, lorsque par la suite, les Bretons demandèrent aux Saxons de repartir, cela devint ouvertement une situation de guerre. En 495, le célèbre “roi” Arthur (qui était en réalité chef de guerre) remporta plusieurs victoires contre les Saxons, mais il fut finalement tué au combat. Avec lui prit fin la dernière résistance sérieuse contre l'établissement saxon dans le sud de l'Angleterre.

Après les Germains, ce fut le tour de l'autre peuple détenteur des runes d'envahir l'Angleterre : les Vikings.

L'époque viking s'étend précisément de l'an 750 à l'an 1050. Au cours de ces trois siècles, les Vikings, ces infatigables navigateurs, entretinrent des liens commerciaux avec le Moyen-Orient lointain, jusqu'aux Indes. Ils furent, bien avant Christophe Colomb, les découvreurs du continent nord-américain (même si certains les avaient précédés). Ils possédaient une structure sociale bien établie, et la qualité de leur art n'est pas à mettre en doute, leur vie culturelle était bien développée. D'où vient leur sinistre réputation ? De l'époque où le marché commercial international s'effondra à cause des guerres de Russie et du Moyen-Orient ; car à cette époque, les incursions isolées des pirates nordiques firent place à des opérations de plus grande envergure. Migrations à la force de l'épée ou véritables invasions ? Il est difficile de répondre. Quoi qu'il en soit, un nombre important de guerriers débarquèrent sur les côtes européennes. La plus célèbre de ces attaques dans l'histoire anglaise fut le raid contre le monastère de Lindisfarne, dans le Northumberland, en l'an 795. De là provient l'image populaire du Viking violeur, sanguinaire, chevelu et casqué, que le cinéma d'Hollywood a continué de répandre. Si l'on en croit la *Chronique anglo-saxonne,* cette invasion aurait été précédée par des signes funestes. Il y aurait eu d'étranges tourbillons de vent, d'effroyables orages, ainsi que des apparitions de dragons dans le ciel avant l'attaque viking. En 839, l'Irlande connut à son tour les assauts des "seigneurs de la mer", lorsqu'une armée de pillards norvégiens débarqua et tenta de remplacer le christianisme celtique par le culte du dieu Thor. Mais, en 844, le chef de ces Vikings fut capturé par les Irlandais, qui le noyèrent. A la fin du IXe siècle, une bonne partie du nord de l'Angleterre et du sud-ouest de l'Ecosse était sous domination de ces hommes du nord. Au Xe siècle, les Vikings se virent accorder des terres dans le nord du royaume de France, en échange de la promesse de cesser leurs raids (n'avaient-ils pas menacé Paris elle-même ?) : de là vient la Normandie.

Que ces peuples guerriers, Germains et Vikings, aient eu une spiritualité développée peut paraître étrange. Pourtant, tel était le cas.

Si l'on en croit Tacite, les Germains avaient une vue très naturelle de la religion. "*Enfermer les dieux entre des murs ou les représenter sous quelque apparence humaine leur semble peu convenable à la grandeur des habitants du ciel ; ils leur consacrent des bois et des bocages et donnent le nom des dieux à cette réalité mystérieuse que leur seule piété leur fait voir.*" Pourtant, il rapporte aussi plus loin que les *Naharvales* représentent leurs divinités sous forme de frènes, et il souligne : "*Ce peuple ne connaît aucune statue*". César, pour sa part, avait un jugement tout différent, mais le

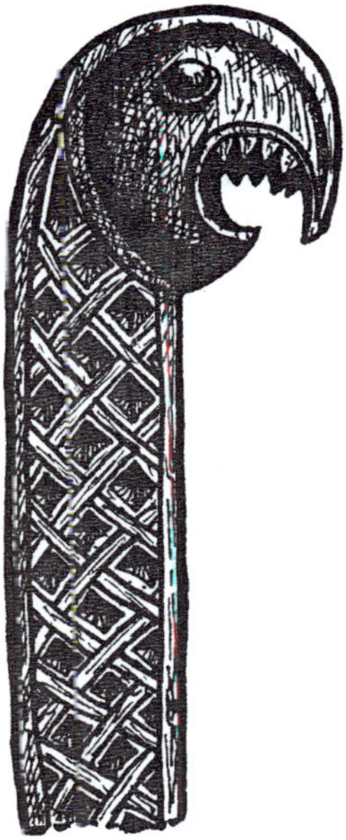

Figure de proue d'un drakkar ("dragon"), navire de haute mer des Vikings.

manque de spiritualité du dictateur romain, et le caractère très douteux de ses textes, ne nous fait accorder que peu de crédit à son opinion. Il discernait trois divinités principales : Luna (la lune), Vulcanus (le feu) et Sol (le soleil). Pourtant, cent cinquante ans plus tard, Tacite, s'il trouve des équivalents avec les dieux romains Mercure et Mars, et avec le demi-dieu Hercule, ne mentionne pas de dieu solaire. Pour Dumézil, la description de César est préférable car elle ouvre la voie vers l'origine indo-européenne : *"Les trois grands dieux qu'il appelle Sol, Vulcanus et Luna rejoignent, par-delà Tacite qui a vu moins clair, une grande triade qui, avec des variantes aisément explicables, domine les religions nordiques et qui a dû dominer la vieille religion germanique : un dieu souverain et magicien, puis un dieu batailleur, et enfin un dieu ou une déesse (ou un groupe de dieux) garantissant la fécondité..."*

Ces dieux et déesses, nous les retrouvons à chaque détour du difficile chemin qui mène au mystère des runes.

Quoique les symboles runiques se soient sans doute développés à partir de signes préhistoriques gravés dans la pierre, leur histoire mythique en fait un don des dieux à Odin. Le nom d'Odin (Wotan, Wodan ou encore Woden en allemand) a une étymologie obscure. Il viendrait du vieux nordique *od* signifiant soit "vent", soit "esprit". Une appellation en vieux nordique est *Voden* (qui a donné Woden ou Wotan en haut allemand). Ce nom fut associé à celui d'un dieu du ciel indo-européen : *Wodenaz.* A son tour, ce mot a été comparé au sanscrit *vata* et au latin *ventus,* signifiant "vent". Au vu de ces étymologies, on peut donc considérer Odin ou Woden comme un dieu du vent ou de l'orage. Ce n'est pas par harsard si la Chasse sauvage, connue dans l'Europe entière sous divers noms, est associée au dieu et est parfois appelée la Chasse de Wotan ou encore le Char de Wotan. Cette Chasse sauvage, qui parcourt le ciel nocturne à grand fracas, incarne la tempête. Voilà qui convient parfaitement au vieil Odin. Chef des dieux, dieu spécifique lui-même des rois humains, il est le Voyant ; ce don lui ayant été conféré par la perte volontaire d'un œil dans la fontaine de Mirmir, comme nous l'avons vu au début de cet ouvrage. Il est le haut Magicien, initié par son sacrifice qui en a fait le *dieu aux pendus.* Son agonie volontaire lui a fait entrouvrir les portes de l'au-delà, la mort l'a frôlé de son souffle glacé. Les runes sont sa création depuis qu'il les a conquises dans l'épreuve ; tout le génie poétique dépend de lui. Ses multiples talents, énumérés dans l'*Edda* de Snorri, éclatent sur les champs de bataille. Il rend l'ennemi aveugle et sourd (à l'aide de "liens"), jette sur lui ses terribles Berserkers, arbitre aussi les combats suivant sa volonté (arbitrage souvent contesté, en particulier par le dieu Loki, qui lui reproche : *"Maintes fois, tu as donné la victoire à qui tu n'aurais pas dû !"*). Ses nombreux talents le font comparer, toutes proportions gardées, au dieu pan-celtique Lug (Lugos en gaulois), le multi-artisan. Ce n'est pas sans raison que les Romains le compareront à Mercure.

La saga des Völsung rapporte comment il apparut au milieu de la dernière bataille du vieux roi Sigmund : son large chapeau enfoncé sur la tête, dont un bord dissimule l'orbite béante de son œil manquant, un manteau bleu jeté sur les épaules, borgne, bien sûr, brandissant son javelot Gungnir. C'est là l'image traditionnelle du dieu. Vaincu par Odin, Sigmund perd le combat, et meurt en disant : *"Plus d'un a survécu, bien qu'il n'ait subsisté qu'un faible espoir à un moment donné ; mais de moi, le bonheur s'est détourné : aussi je ne veux pas me laisser soigner. Odin ne veut pas que je manie encore le glaive. Il l'a brisé. J'ai livré bataille aussi longtemps qu'il me l'a permis."*

Odin, le Grand Homme d'Armée, *hermadhr mikill,* prend donc part aux combats ; *Berserkers* et héros sont ses inspirés. Les attributs d'Odin marquent ses affinités avec la guerre et les champs de bataille. Son javelot, Gungnir, entre autres, est présent dès les dessins préhistoriques. Ses deux corbeaux, Hugin et Munin, planent lugubrement sur les champs de bataille. Nous avons évoqué sa relation avec les *Berserkers,* ces terribles guerriers scandinaves, dont les transes combatives sont éloquentes, et dont les "chemises d'ours" rappellent un animal lié à Odin. Ses animaux fétiches, le loup et le corbeau, sont aussi des charognards. Cette fureur odinique se retrouve dans une autre étymologie de son nom. Il dériverait alors du vieux scandinave *odhr* (allemand *wut,* "fureur", et gothique *wôds,* "possédé") : *"Wodan id est furor",* commentait le chrétien Adam de Brême. Selon la racine indo-européenne, il serait l'inspiration violente (*vates* en latin, et *faith* en vieil irlandais). Par une *"hypertrophie du souci guerrier";* selon l'expression de Georges Dumézil, c'est le dieu-père qui finit par être invoqué avant le combat, comme le font les *Hermunduri* dans Tacite.

Dans la *Gesta Hammaburgensis* de Adam de Brême, le "Wotan" du Vieil-Uppsala insuffle aux guerriers *"le courage contre leurs ennemis"*. Mais Odin n'est pas seulement un dieu guerrier, comme le dit le *Chant de Hyndla :*

> *"Implorons la faveur du Père des Armées !*
> *Il répand à profusion l'or parmi les siens ;*
> *Il a donné à Hermod un casque et une cuirasse,*
> *Et à Sigmund il a fait cadeau d'une épée.*
> *Aux uns, il donne la victoire, aux autres la richesse ;*

A beaucoup, l'éloquence et l'intelligence ;
Aux héros de la mer, un vent favorable ;
Aux sclades, le don de poésie ;
A maints guerriers, il confère énergie et bravoure..."

A la différence des autres dieux, Odin visite fréquemment le monde humain. Il peut apparaître sous diverses formes et apparences, mais s'il est croisé par un voyageur sur les chemins solitaires ou aux croisements où s'élevaient les potences, c'est sous sa forme humaine. Il était toutefois dangereux de lui faire confiance, car il est un dieu rusé et fourbe qui rompt souvent les promesses faites à ses partisans. Certaines légendes médiévales de personnes dupées par le Diable proviennent sans doute de la réputation d'Odin. On sait en effet que le christianisme a assimilé au Diable et à son armée infernale tout le panthéon païen. Les dieux anciens devinrent ainsi des démons, et les déesses des sorcières ou des diablesses.

Odin était souvent associé à la mort, et particulièrement aux guerriers tués sur les champs de bataille. Nous avons vu son caractère guerrier. C'est lui qui, en tant que seigneur du Walhalla, séjour des héros morts aux combats, y accueille leurs esprits. Dans les poèmes nordiques, Odin est décrit en train de choisir les guerriers défunts qu'il conduira à la bataille finale des dieux lors du Ragnarok, à la fin des temps. En tant que dieu de la guerre et gardien des âmes, Odin est accompagné des Valkyries, esprits féminins apparaissant sous la forme de guerrières grandes et fortes, à la longue chevelure, et revêtues d'armures. A cheval, elles sillonnent le ciel durant les batailles, et emmènent les héros morts vers le Walhalla.

Le terme "valkyrie" est en réalité un titre qui signifie : "personne qui choisit le mort". En anglo-saxon, le mot *walkyrie* est traduit par *waelcyrge*. Dans la mythologie saxonne, ces *waelcyrge* sont représentées par trois déesses qui ressemblent aux Erinnyes ou Furies (1) de la mythologie gréco-romaine. Sous l'influence chré-

(1) Divinités infernales chargées d'exécuter les coupables. Elles doivent leur nom à la fureur qu'elles inspirent. Ministres de la vengeance des dieux, elles sont vieilles comme le crime qu'elles persécutent, comme l'innocence qu'elles s'efforcent de venger.

Odin, d'après une gravure de l'Edda de Olafur Brynjulfssons (1760).

tienne, les Valkyries devinrent d'affreuses sorcières nocturnes, ou des ensorceleuses chevauchant la nuit et répandant le mal sur leur passage. Les Valkyries ont de nombreux points communs avec les Nornes, qui présidaient au destin humain. Souvent, les apparitions des Valkyries avaient lieu à l'aube des combats. Au XIe siècle, en Irlande, juste avant une bataille, des guerriers rapportèrent avoir vu un groupe de femmes au visage sombre, enveloppées dans des manteaux gris, et tissant sur un métier fait d'entrailles humaines. Une saga relate cette apparition et rapporte le chant de ces femmes :

“ Nous tissons, nous tissons
La toile de la lance,
Là où s'avance l'étendard
Des virils combattants.
Ne laissons pas
Sa vie nous échapper.

Les Valkyries ont droit
De choisir les morts.
[...]
Voici qu'alentour
Affreux à voir,
Nuages sanguinolents.
Dérivent au ciel.
L'air va se teinter
Du sang des trépassés,
Comme savent le chanter
Les vierges du combat." (1)

Les Valkyries, conduites par Odin dans le ciel nocturne, sont sans doute à la source de nombreuses légendes se référant à la Chasse sauvage. Traditionnellement, on évoque une chevauchée fantastique et infernale conduite par un chasseur (ou une chasseresse) maudit(e), accompagné(e) par une meute hurlante de chiens fantomatiques. On la connaît sous de nombreuses variantes : horde de démons, de sorcières, de créatures fantastiques. Elle porte aussi de nombreux noms à travers l'Europe. Dans le nord et l'est de la France, on l'appelle souvent la *Mesnie Hellequin* (avec variations d'orthographe). *Hellequin,* c'est exactement dans les termes : "train d'enfer", et quand le mot primitif a cessé d'être compris, on l'a fait précéder de *mesnie,* ce qui veut dire "ménage", avec évolution ultérieure du sens en "menée". Elle s'apparente aux enfers, évoque l'anglais *hell* qui provient du germanique et désigne les enfers. Cette racine a d'ailleurs toute chance de provenir d'un fond indo-européen, puisqu'il semble qu'on la retrouve aussi en celtique.

Le thème primitif est toujours le même : la poursuite d'une bête de l'autre monde, d'une souveraineté inaccessible ou, en mode expiatoire, une course sans fin qui n'est pas sans rappeler celle du Juif errant.

Cette chevauchée fantastique est, au Pays de Galles, la Chasse-Arthur, où le roi mythique poursuit sans cesse, et sans espoir de la

(1) Lai de la Lance, Saga de Njáll (XIe siècle) ; traduction de Régis Boyer.

rattraper *Twrch Trwyth,* la laie monstrueuse (qu'on appelle aussi *Henwen,* la Vieille Blanche, ou le Blanc Porc en Armorique). Or, cette laie est un aspect de la Déesse-Mère primitive. Chez les Nordiques, la Mesnie Hellequin évoque la déesse Hel qui la conduit. Elle est aussi la "Cavale de nuit", le *Night Mare* anglais (qui correspond au français "cauchemar", d'après le *Cauque Mare,* l'oppressant fantôme nocturne). C'est, à l'origine, l'une des plus pénibles manifestations de la Triple déesse ou Déesse Blanche, c'est-à-dire la Déesse-Mère dans son aspect le plus terrible (1). L'androcratisation des mythes l'a remplacée par un personnage masculin ; la christianisation en a fait une sorcière ou un démon.

La cavale de nuit est à craindre, comme la Chasse sauvage. Venue de l'autre monde, elle est en réalité immatérielle (elle peut aussi symboliser l'aspect le plus noir du subconscient) ; et la seule façon de lui échapper est de s'accrocher à un arbre, une pierre... quelque chose de matériel.

Shakespeare l'a évoquée, bien qu'il substituât Saint Swithold à Odin, héros originel de la ballade :

"Swithold courut trois fois de la plaine,
Trouva aux neuf apsects la cavale de nuit,
Lui fit ployer genou et lui jurer sa foi
Et arrière, sorcière, arrière !"

La christianisation prend ici le tour de l'androcratisation. Dans les deux cas, il est question de soumettre la Déesse c'est-à-dire la femme. Le culte du héros, homme ou dieu, rejoint celui du dieu-père et rappelle l'abandon de la société matriarcale pour celle patriarcale.

Une œuvre nordique, datant sans doute du XIVe siècle, *Charme contre la cavale de nuit,* relate ainsi le combat d'Odin :

"L'homme de gloire courait de nuit,
Sans glaive, cheval ni lumière,
Il cherchait, trouva la cavale ;
La lia comme il l'eût fait d'un lièvre

(1) Les mots "mer" et "mère" trouvent aussi leur origine dans cette racine "mar" qui évoque aussi la jument (la déesse-jument irlandaise Macha et la gauloise Solimara).

Et lui fit jurer, à merci,
Qu'elle ne courrait plus de nuit
Là où il chevaucherait, lui,
L'homme de gloire."

On connaît d'autres visions, relatives aux Valkyries.

L'un des guerriers du roi Harold de Norvège rapporta avoir fait un rêve prémonitoire à la veille du départ de l'armée vers l'Angleterre, en 1066. Sur une grande île (l'Angleterre), il vit une sorcière, debout, tenant une fourche dans une main, et une auge dans l'autre. Il interpréta ce rêve comme un signe annonciateur de défaite pour son armée. La sorcière utiliserait sa fourche pour ramasser les dépouilles des guerriers morts, et remplirait son auge de sang. Un autre guerrier fit un rêve similaire, prédisant la défaite des troupes norvégiennes face à l'armée anglaise. Il vit une sorcière chevauchant un énorme loup qui portait entre ses mâchoires le corps d'un homme ensanglanté. Tandis que le loup dévorait l'homme, la sorcière lui en donnait un autre à manger. Effectivement, les Norvégiens se firent massacrer par l'armée du roi Harold d'Angleterre, à Stamford Bridge en cette année 1066. Harold marcha ensuite vers le sud, contre les Normands, descendants des Nordiques, et fut tué à la célèbre bataille de Hastings.

La Chasse sauvage, conduite par Odin et les Valkyries, représente, comme nous l'avons dit, la tempête. Mais elle est plus que cela. C'est la chevauchée des âmes, âmes des damnés à l'époque chrétienne.

Les Celtes disaient que cette sarabande aérienne était conduite par Gwyn-ap-Nudd, le dieu magicien du monde inférieur qui sortit de Glastonbury Tor, dans le Sommerset. Tor était une colline sacrée, une voie de passage vers l'autre monde. La Chasse sauvage n'est pas sans rappeler la meute des Chiens (chiens blancs à l'oreille rouge) de l'autre monde, dont le maître est Arawn, au Pays de Galles. On le voit vêtu de gris, chevaucher un grand cheval gris-fer (notons au passage que le cheval à huit pattes d'Odin, Sleipnir, est lui aussi de couleur grise). Arawn, c'est l'abîme, le royaume des trépassés. Et cette meute des Chiens de l'autre monde, ce sont les âmes.

Au début du Moyen Age, on croyait que la Chasse sauvage était conduite par Odin lui-même, accompagné des Valkyries, des esprits des bois, des guerriers morts du Walhalla, et des elfes. D'origines germanique et nordique, les elfes étaient des sortes d'esprits de très petite taille ; lutins pervers qui volaient le bétail et les enfants (une croyance très répandue veut que les elfes et les fées enlèvent des enfants et les remplacent par des "enfants-fées"). En Angleterre, on donnait le nom de elf-lock (boucle d'elfe) aux cheveux emmêlés, car on y voyait l'œuvre des elfes. Cette habitude d'emmêler les cheveux, des enfants en particulier, est attribuée à de nombreux lutins. Un exorcisme anglo-saxon leur attribue le pouvoir maléfique de lancer au loin des flèches minuscules de fer (que l'on appelle aussi "dards-fées"), qui pénètrent dans les chairs sans laisser de trace et s'enfoncent peu à peu en causant des douleurs névralgiques et des blessures qui, si elles ne sont pas soignées à temps, s'infectent et peuvent causer la mort. Il est intéressant de constater que certaines étymologies font dériver le mot allemand *alp* (cauchemar) du mot *elf,* car on croyait au Moyen Age que les elfes s'asseyaient sur la poitrine des gens endormis pour les étouffer ou leur inspirer des rêves oppressants. Cela a donné le *Cauque Mare* français, et nous avons vu plus avant où se trouvait l'origine de ce fantôme nocturne. La malignité des elfes n'était pourtant pas générale, puisqu'on discernait les elfes de la lumière et les elfes des ténèbres (ou elfes noirs).

Dans certaines régions d'Allemagne, la Chasse sauvage est conduite par la mystérieuse figure féminine d'une ancienne déesse, connue sous le nom de Frau Wode (Madame Wode). C'est bien sûr une version féminine de Woden, qui monte un cheval blanc. Mais ce blanc n'est pas un blanc lumineux, c'est un blanc "nocturne", lunaire. L'ombre de la Triple Déesse se profile derrrière cette apparition, considérée comme un signe de chance et de prospérité, ce qui est à l'opposé du caractère funeste et morbide de la

Chasse sauvage.

La rencontre de la Chasse sauvage est chose très dangereuse. Dans certains cas, Woden montre de la pitié envers celui qui se tient debout au milieu de la route ou à un carrefour. Or, les croisées des chemins étaient consacrées à Odin et aux déesses de la mort dans le paganisme. Elles constituaient un refuge sûr contre l'épouvante de la Chasse sauvage, sans doute parce qu'elles étaient considérées comme un lieu d'intersection entre le monde des vivants et l'au-delà. Les croisements étaient souvent associés à la chasseresse sauvage Holden. Celle-ci avertissait le voyageur que son cheval boitait, et elle récompensait le fidèle à l'aide d'un menu présent sans valeur apparente. Celui qui le conservait le trouvait changé en or une fois rentré chez lui (c'est aussi une habitude des fées de payer en feuilles sèches ou en charbons ardents qui se changent en or). Le thème du chasseur sauvage est primordial dans la mythologie païenne, tout particulièrement chez les Germains et les Celtes. Il traduit le caractère mythologique de la mort et de l'au-delà dans le paganisme européen. Et cet état d'esprit particulier baigne la spiritualité des runes. Celles-ci ne peuvent être consultées efficacement que par la compréhension de leur valeur mythologique, car elle est la clef de la compréhension du savoir runique. Jeter les runes n'est pas un jeu de salon. C'est un art divinatoire (et cet adjectif vient de "divin") qui doit répondre à une motivation réelle, et non à un simple désir d'amusement ou une curiosité gratuite dénuée de tout fondement sérieux. C'est - ce doit être - un acte religieux (au sens du paganisme et non du christianisme), un élan spirituel qui engage l'être tout entier et non seulement le corps. La main jette, le cerveau analyse, mais c'est l'esprit qui répond, intermédiaire entre l'humain et les Nornes par l'entremise d'Odin. Les runes sont un trait d'union entre l'être humain et les dieux, entre le spirituel humain et le spirituel cosmique. Le "hasard", qui intervient dans le "choix" des runes, n'est pas autre chose que le reflet des forces universelles ; car l'Univers n'est pas une immense machinerie, c'est un Esprit, c'est une formidable force spirituelle. Se couper de cette force, c'est renier la part divine de notre être, c'est se couper de la vie véritable qui n'a rien à voir avec une vulgaire machinerie biologique. Interroger les runes, c'est vouloir percer le secret des dieux. Cela nécessite une initiation, un sacrifice. Non un sacrifice comme celui d'Odin, mais le sacrifice de notre esprit rationnel et borné pour s'ouvrir des horizons insoupçonnés. C'est cheminer vers l'infini, renoncer à nos vues étroites imposées par le matérialisme outrancier de notre monde "moderne" et de plus en plus handicapé spirituellement. C'est en quelque sorte le sacrifice de notre orgueilleuse tête qui croit tout savoir, au profit de l'intelligence du cœur qui est amour et intuition. Il ne faut jamais oublier que ce que nous savons n'est rien en comparaison de ce que nous ignorons.

Comme le disait si justement Oswald Wirth, "deviner, c'est imaginer juste". L'imagination est en effet une part importante de la divination, mais cette imagination doit être contrôlée pour ne pas s'égarer. Nous devons la museler juste ce qu'il faut (mais en aucun cas l'étouffer), pour qu'elle nous fournisse des renseignements issus de notre esprit (ou subconscient) que nous puissions analyser et interpréter à leur juste valeur. Il faut bien comprendre que ce ne sont pas les runes qui répondent, les runes ne sont que des intermédiaires : la réponse est en nous, en notre esprit. Là est le sens de la mystérieuse rune Wyrd.

On ne doit pas interroger le Destin à la légère ; et l'esprit de l'être humain ne peut que s'enrichir d'un permanent contact avec le spirituel. L'esprit des runes est baigné de mythologie, avons-nous dit. Pour comprendre et interpréter les runes, il faut donc comprendre la pensée mythologique. Voilà pourquoi nous insistons sur ce sujet.

Revenons donc encore un peu sur ce chasseur sauvage, avec un de ses plus célèbres représentants. L'exemple le plus fameux, en Angleterre, de chasseur sauvage est sans doute celui de Herne le Chasseur, qui hantait le parc de Windsor, dans le Berkshire. D'après la légende, au cours du règne du roi Henry VIII, un garde nommé Richard Herne fut accusé de chasser le cerf sur les terres royales. Plutôt que d'être condamné et de subir la peine encourue pour ce crime, Herne se pendit à un chêne foudroyé dans la forêt de Windsor.

Depuis, son fantôme hante les alentours du chêne. Herne le Chasseur apparaissait au crépuscule, son heure favorite pour la chasse. Effrayante apparition que ce fantôme coiffé d'un casque fait d'un crâne de cerf et décoré d'andouillers. Son poignet gauche était ceint d'un bracelet de fer irradiant une étrange lumière. Une chouette volait au-dessus de lui tandis qu'il conduisait sa meute de vampires dans les bois. Curieuse similitude, dans une légende allemande sur la Chasse sauvage, une chouette appelée Tutosel vole devant l'armée fantôme, en avertissant les voyageurs de son arrivée. Certains ont prétendu que Tutosel est une déformation de Tut Ursel ou Tooting Ursela, une nonne qui se joignit à la Chasse sauvage après sa mort.

Herne le Chasseur a été identifié à la fois à Woden et au dieu cerf celtique Kernunnos. On peut aussi le rapprocher d'un autre conducteur de la Chasse sauvage : Amadan-na-Briona, chef du Peuple Noir. Lui aussi porte un casque orné de ramures de cerf. Il est à la tête de ce que les Ecossais appellent la Cour Maudite, qui rassemble les *sidhe* (êtres surnaturels) maléfiques. On l'appelle aussi le Fou.

Dans un numéro récent de la revue *Quest,* Sid Birchby, qui a effectué une étude approfondie des runes, émet l'hypothèse selon laquelle Herne le Chasseur peut être associé à la rune Kern (ou encore Cern, Cen ou Kaun). Le sens de cette rune est "flambeau", et spécifiquement "torche en pin". Elle évoque bien sûr le feu, aussi matériel que spirituel, la force vitale. Birchby montre le lien étroit existant entre cette rune et le symbolisme de Herne le Chasseur comme dieu des bois. Il fait remarquer que les mots "torche" et "torque" ont une racine commune signifiant : "quelque chose qui est tordu". Les torques, colliers métalliques généralement en bronze ou en or, étaient portés par les Celtes, mais aussi par les Saxons. Symboles d'un rang élevé, on les a surtout trouvés dans les tombes de guerriers (mais pas uniquement ; voir par exemple le splendide torque torsadé dans la Tombe de la Princesse de Reinheim, en Allemagne). Sur le célèbre chaudron de Gundestrup, exhumé dans le bassin du même nom au Danemark, figure un dieu pourvu de bois de cerf, identifié à Kernunnos. Il est représenté aussi “à la gauloise”, c’est-à-dire les jambes croisées, en tailleur, entouré d’animaux. Ce dieu de la métamorphose animale est le mari d’une déesse qui, à chaque printemps, se transforme en grue pour aller rejoindre son amant le dieu Lug. A la main, il brandit une torche, symbole de la connaissance et du pouvoir. Kernunnos est le maître de la forêt et le seigneur des animaux. Il brandit sa torche comme emblème de sa maîtrise des forces de la nature (nous retrouvons le même symbolisme avec le Diable du Tarot, Arcane XV). S’il n’est Kernunnos lui-même, le dieu aux bois de cerf du chaudron de Gundestrup est en tout cas le prototype indo-européen de Herne/Woden/Kernunnos.

Dans cette optique, les “participants” de la Chasse sauvage seraient à l’origine non les âmes, mais les esprits de la forêt, c’est-à-dire les forces actives de la nature.

Une ancienne tradition a perpétué ce symbolisme. Au cours des fêtes du mois de mai, la jeune fille la plus jolie du village, ou celle qui devait devenir pubère en cette année, couronnée d’aubépine, épousait l’arbre. Elle l’enserrait de ses bras, tandis qu’une ronde commençait autour d’elle. Le bûcheron accrochait à ses vêtements des branches d’arbre, se transformant ainsi en “Homme-vert”, symbolisant l’esprit de la nature ou de la forêt, c’est-à-dire Herne/Woden/Kernunnos. Il incarnait alors l’archétype d’Odin que nous avons vu naître de l’if Igdrasil. Le symbolisme de Herne et de Kernunnos n’est donc autre, car le cerf, par sa haute ramure qui se renouvelle périodiquement, est souvent comparé à l’arbre de vie. Il symbolise la fécondité et la force vitale.

Nous voyons que la mythologie emprunte des chemins tortueux pour revenir à sa source. Partis de l’arbre, nous retournons à l’arbre. Cette connaissance exprimée par la torche, c’est aussi la sagesse. Le savoir n’a de valeur que s’il est partagé ; et ce n’est pas un hasard si Odin ou Woden fut assimilé par les Romains à Mercure. Mercure (Hermès chez les Grecs) était le messager des dieux, ainsi que le dieu du commerce, des affaires et de la communication, du voyage et de l’éducation. Portant des sandales et un casque ailés, il volait lui-même, et était également le guide des âmes vers l'au-delà. Il fut assimilé aux dieux gardiens des portes de l'autre monde, comme Thot, Anubis, Mithra, ou encore le Gaulois Belenos, gardien du sanctuaire de Tombelaine, le Mont Saint-Michel de Normandie, détrôné par Saint Michel, chef des Milices célestes du christianisme.

Ceci doit nous rappeler que le savoir des runes est sacré. Répétons-le, il faut pratiquer les runes de façon spirituelle. Nul n'est besoin bien sûr de croire en l'existence des dieux, mais pour comprendre et interpréter les runes, il faut aussi comprendre leur pouvoir. Cela demande du temps et des efforts, mais songez qu'Odin resta pendu neuf nuits à une branche de l'if Igdrasdil avant d'en percer le secret. Il faut comprendre que les vieux mythes ne meurent pas. Ils survivent dans le folklore. Comme les Gaulois, les Germains vaincus par les armes se réfugièrent dans le mythe. Un bel exemple nous est donné par le célèbre conte *Blanche Neige*, recueilli par les frères Grimm et sans cesse réédité depuis sa première parution en 1812. Qui se douterait en effet que ce conte, en plus de sa signification mythologique, reflète aussi l'un des épisodes les plus importants et les plus tragiques de l'histoire germanique ?

Rappelons brièvement les grandes lignes de cette histoire. Blanche Neige (*Schneewittchen* en allemand), fille d'un roi, doit supporter la jalousie de sa belle-mère. Poursuivie par la haine de la nouvelle reine, la jeune princesse devra s'enfuir dans la forêt où elle sera recueillie et protégée par sept nains. Après quelques péripéties d'usage, tout finit par rentrer dans l'ordre à la mort de la mauvaise reine victime de ses propres manigances.

L'épisode clef du conte est sans doute celui où la mauvaise reine ne cesse d'interroger son miroir magique pour lui demander qui est la plus belle du pays. Et le miroir de répondre : *"Madame la Reine, vous êtes la plus belle, mais Blanche Neige est mille fois plus belle que vous !"*

L'explication de cette scène est davantage historique que mythique. En effet, en allemand, "miroir" se dit *spiegel*. Or, ce

Le dieu aux bois de cerf du chaudron de Gundestrup.

mot désigne aussi les anciens recueils de droit germanique. Le Sachsenspiegel (miroir de Saxe) est un recueil de préceptes juridiques compilés en 1222 par Eike von Repgow, et le *Schwabenspiegel* (miroir de Souabe) est un recueil similaire composé dans le sud de l'Allemagne au XIIIe siècle.

Dans l'introduction du *Sachsenspiegel* on peut lire ceci : *"Ce livre dans lequel on rend compte du droit des Saxons portera le nom de "miroir des Saxons". J'invite tout le monde à utiliser ce livre à la façon des femmes contemplant dans un miroir leur clair visage."*

L'explication est donc claire : le miroir magique de la mauvaise reine symbolise un livre de droit. Mais il s'agit d'un droit plus ancien que celui qu'elle représente elle-même en tant que seconde épouse du roi. L'ancien droit est représenté par Blanche Neige, princesse légitime dépositaire du pouvoir de ses ancêtres. On sait en effet que chez la plupart des peuples indo-européens, le Droit et la Justice étaient incarnés sous des traits féminins. La mythologie germanique fait état d'une déesse appelée Syn qui personnifie la Justice et la Vérité. Cette déesse était protectrice des accusés, fille de la déesse Sif (épouse du dieu Thor, personnifiant la Beauté et la Paix). Thor, dieu guerrier du tonnerre, porteur du marteau (*Mjollnir*, "concasseur"), se servait de celui-ci pour protéger les paysans réunis en *Thing* (ou *Ding*), assemblée judiciaire et législative. Le mot Ding se retrouve dans la dénomination germanique du troisième jour de la semaine, le mardi (*Dienstag* en allemand, *Dindsdag* en néerlandais). Le nom de Thor se retrouve dans la dénomination du jeudi (*Donnerstag* en allemand, *Thursday* en anglais, *Thunsresday* en anglo-saxon, *Thorsdag* en danois et en suédois) (1).

Le conte de Blanche Neige met en scène des personnages qui pourraient bien être des représentations de l'ancienne religion germanique. Blanche Neige serait la transposition populaire de la déesse Syn, la reine défunte (sa mère) celle de Sif, et le roi celle de Thor.

La nouvelle reine ne semble pas renvoyer à une figure mythologique, mais elle symbolise l'arrivée du nouveau pouvoir. Ce nouveau pouvoir, le droit romain, se substitua à l'ancien droit coutumier germanique. A l'origine de cette substitution se trouvent les capitulaires de Charlemagne, recueils de lois des Carolingiens (rappelons à ce propos que le nom de la dynastie carolingienne ne provient pas, comme on le croit souvent, de Charlemagne, mais de Charles Martel).

Avec l'appui de l'Eglise romaine, ces capitulaires réglementèrent et modifèrent peu à peu la vie sociale des Germains. L'aboutissement de cette transformation de la société germaine fut l'introduction du droit canon, ou droit ecclésiastique. L'établissement du christianisme et du nouveau droit ne se fit pas sans mal et provoqua des réactions violentes de la part de ces peuples très attachés à

(1) Pour sa part, Odin/Woden a donné son nom au mercredi. Wednesday, en anglais, est en fait une corruption du jour de Woden. Les Romains appelèrent ce jour d'après Mercure, ce qui a donné "mercredi" en français. Lorsque les Saxons adoptèrent le calendrier romain, ils traduisirent le jour de Mercure directement en jour de Woden.

leur indépendance, à leur liberté, à leur ancienne religion et à leur droit coutumier. Cette résistance fut particulièrement active chez les Saxons. Ceux-ci, sous la conduite de leur chef Widuking, infligèrent de sévères défaites aux armées de Charlemagne, particulièrement au pied des Süntelgebirde en 782.

L'imagerie populaire et scolaire a trop souvent présenté Charlemagne comme un souverain juste et débonnaire. En réalité, la répression du futur Empereur d'Occident fut particulièrement sanguinaire. Ceux qui refusaient le christianisme étaient impitoyablement passés au fil de l'épée ! Après la défaite de Widuking, plusieurs milliers de guerriers saxons furent exterminés à Verden (1). On comprend donc que les transformations forcées et violentes qui furent imposées par le christianisme et le droit nouveau aient marqué les esprits de façon durable.

Dans cette optique, le conte de *Blanche Neige* pourrait donc bien traduire métaphoriquement l'opposition entre l'ancien paganisme et le christianisme d'une part, et entre le droit coutumier et le droit romain d'autre part.

La mort de la mère de Blanche Neige symbolise donc la disparition de l'ancien droit, dont le miroir magique est le témoin. Il déclare clairement à la nouvelle reine que le pouvoir et le droit qu'elle représente est illégitime ; et que la légitimité est détenue par Blanche Neige, héritière de l'ancien droit coutumier et du paganisme. Blanche Neige incarne donc à la fois la prêtresse de l'ancien culte et la Déesse-Mère, par rapport au culte androcratique des chrétiens. Elle est l'esprit du monde ancien. Pour conserver son pouvoir, la nouvelle reine doit donc faire disparaître la princesse qui cristallise autour d'elle l'ancien culte, et extirper ainsi les dernières racines de l'ancien monde et l'âme populaire

(1) A ce propos, notons que les Histoires de Richer (fin du Xᵉ siècle) nous apprennent que le comte d'Anjou Robert le Fort (mort à la bataille de Brissarthe en 866 après avoir vaincu les Normands) descendait directement de Widukind, déporté en France par Charlemagne après le massacre de Verden, et où il mourut en 807. Or, Robert le Fort est l'ancêtre de la dynastie capétienne, ce qui établit une troublante filiation entre l'ancienne Germanie et la monarchie française. De plus, la fleur de lys des rois de France viendrait de l'Irminsul, symbole germain de l'Arbre du Monde (équivalent d'Ygdrasil), ou la colonne supportant les cieux, et que l'Eglise détruisit après la victoire de Charlemagne.

qui lui est restée fidèle.

Le thème de l'arbre et de la forêt que nous avons vu avec Herne/Woden/Kernunnos occupe une place très importante dans le conte. C'est là que Blanche Neige trouve refuge et échappe ainsi à la mort. La forêt est un lieu sacré par excellence, c'est le Temple des Dieux : le seul endroit resté invaincu et toujours fidèle à l'ancien culte.

La princesse y est protégée par les sept nains, qui sont des avatars des génies familiers et rustiques de la mythologie germanique, équivalents des Trolls nordiques. Dans les pays scandinaves, les géants qui habitaient jadis en Jotunheim (Terre des géants) et guerroyaient aux côtés du dieu Thor, devinrent des Trolls, génies rustiques, sortes de gnomes ou de nains vivant sous la terre. Dans la cosmogonie se trouvant au début de l'*Edda majeure,* on peut lire que, lorsque viendra le Ragnarok, la bataille finale des dieux, les géants escaladeront et détruiront Bifrost, le pont-arc-en-ciel reliant Asgard, la cité des dieux, au milieu du monde, et détruiront ainsi les hommes qui ont pris leur place sur la Terre. Ils seront secondés par le loup Fenrir et Jörmungandr, le Serpent de Midgard. Dans la mythologie populaire, les Trolls sont des Alfes maléfiques et stupides qui vivent dans les grottes des montagnes ou dans les huttes. Les plus effroyables sont dotés de deux ou trois têtes. Ils ont donné les Nains des contes. (1)

Dans le conte, les nains n'incarnent pas seulement les gardiens de l'ancienne religion (ce rôle est souvent assumé par les Fées dans la mythologie populaire) ; ils sont aussi un symbolisme historique.

En effet, l'histoire de la diffusion du droit romain dans l'ancienne Germanie nous apprend qu'il existait une seule région où le droit coutumier ne put être totalement éliminé : la Frise.

L'historien K.F. Eichhorn écrivit à ce propos :

"On constate en Frise l'existence de bases juridiques essentielle-

(1) La malignité des Trolls n'est pas absolue, elle vient essentiellement de leur nature chtonienne. On les appelle parfois Alfes noirs par opposition aux Alfes lumineux.

ment différentes de celles qui ont cours dans le reste de l'Allemagne. Les principes de souveraineté (romaine) n'y ont pas pénétré partout. Chez les Frisons ayant échappé à cette souveraineté, l'ancienne constitution, fondée sur les communautés populaires, demeure en vigueur durant toute la période allant de 888 à 1272. Ces communautés populaires formaient sept provinces ou districts maritimes... lesquels subirent néanmoins des dommages considérables et de nombreuses attaques en voulant sauvegarder leur liberté..."

Les sept nains de *Blanche Neige* ont donc toute chance de symboliser les sept districts de la Frise où perdurait l'ancien code des lois. C'est donc tout naturellement que la princesse vient trouver refuge chez eux pour échapper aux persécutions de la nouvelle reine qui représente à la fois le christianisme et le droit romain.

Poussant le rêve jusqu'au bout, l'âme populaire restée profondément païenne assure par le mythe le retour illusoire à l'ancien droit et à l'ancienne religion. Le prince qui libère Blanche Neige de son cercueil de verre (ou de glace) représente bien sûr le dieu jeune de la renaissance, à la fois le dieu solaire et le soleil lui-même (l'amant de la Déesse-Mère), qui réveille un printemps hors du temps où rien ne meurt, reflet de la beauté des anciens jours. Le symbolisme du conte est similaire à celui de la *Belle au Bois Dormant.* Ce prince "charmant" est le détenteur et l'instrument du pouvoir légitime incarné par Blanche Neige (puisque c'est la reine qui détient en réalité le pouvoir), à l'instar du mythe celtique du Retour du Roi... car si le roi représente le pouvoir temporel et politique, le véritable pouvoir "mythique" est détenu par la reine, instrument sur terre de la volonté des dieux (et plus anciennement de la Déesse-Mère).

Après avoir esquissé la spiritualité des runes dans leurs rapports avec la mythologie, voyons leur utilisation, c'est-à-dire la mise en pratique de leur pouvoir.

CHAPITRE IV

LE POUVOIR DES RUNES

LE POUVOIR DES RUNES

Les runes furent longtemps utilisées comme talismans magiques afin d'accroître leur pouvoir. Leur utilisation magique est certainement antérieure à leur finalité divinatoire, cette dernière s'étant surtout développée, sans doute, à partir du haut Moyen Age. Il est vrai cependant que l'on a retrouvé relativement peu d'inscriptions magiques en rune. Cela est dû au fait que ces inscriptions étaient souvent gravées sur le bois, et celui-ci résiste mal au passage des siècles.

Les sagas nordiques nous ont raconté comment les runes pouvaient protéger les navires lorsqu'elles étaient gravées sur les rames et le gouvernail. Elles favorisaient la diminution des adultères et possédaient un pouvoir curatif lorsqu'elles étaient utilisées à des fins médicales.

Les guerriers saxons et vikings portaient des bagues et des amulettes sur lesquelles étaient gravées des inscriptions runiques visant à les protéger durant la bataille. Les épées en possédaient aussi, pour accroître les pouvoirs de leurs propriétaires. Un fourreau d'épée anglo-saxon du VIe siècle porte l'inscription : *"Augmente la souffrance"*.

Une saga nordique dresse un catalogue assez complet de l'utilisation magique des runes. En voici un extrait :

"Il te faut graver les runes de victoire,
Si tu veux victoire remporter,
Graver sur les gardes du glaive,
Certaines sur la poignée,
Certaines sur le croisillon,
Et nommer deux fois Tyr.

Il te faut connaître les runes de la bière
Si tu veux de la femme d'un autre

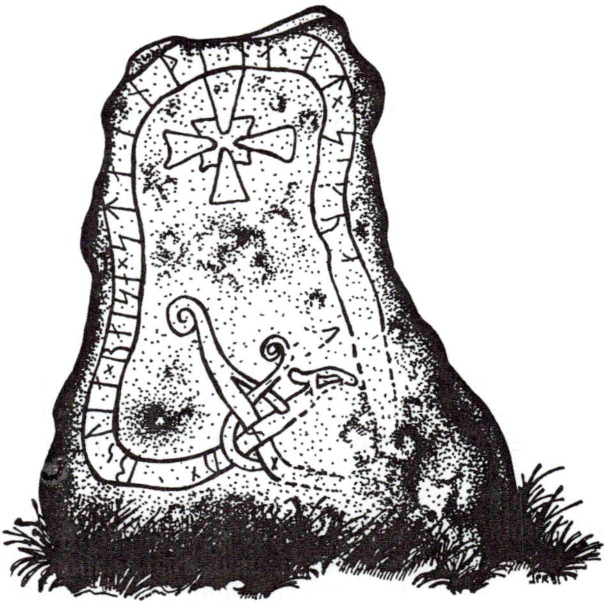

Pierre runique de Sigtun (Suède).

Trahir la foi, et te sens assuré ;
Sur une corne il faut graver,
Et sur le dos de la main
Et marquer sur un ongle Naud.

[...]

Il te faut connaître les runes de délivrance,
Si tu veux aider la femme en travail
Et la délivrer de l'être vivant qu'elle porte ;
Sur les paumes il les faut graver,
Les jointures, serrer,
Et demander l'assistance des Dises.

Il te faut graver les runes du feu
Si tu veux sauver en mer
Le coursier à voiles ;
Sur l'étrave, il faut les graver

Et sur la lame du gouvernail,
Par le feu les marquer sur la rame ;
Il n'est brisant si abrupt
Ni vagues si bleues
Que tu ne sortes sain et sauf de la mer.

[...]

Il les dit gravées sur l'écu
Qui se tient devant le dieu brillant,
Sur l'oreille d'Arvakr
Et sur le sabot d'Alsvinnr,
Sur la roue qui tournoie
Sous le char de Rungnir,
Sur les dents de Sleipnir
Et sur les chaînes du traîneau,
Sur la patte de l'ours
Et sur la langue de Bragi,
Sur la griffe du loup
Et sur le bec de l'aigle,
Sur les ailes sanglantes
Et sur la tête des ponts,
Sur la paume de délivrance
Et sur les traces du réconfort,
Sur le verre et sur l'or,
Dans les halles des hommes,
Dans le vin, le moût de bière
Et les lits de repos,
Sur la pointe du Gungnir
Et sur le poitrail de Grani,
Sur l'ongle de la Norne
Et sur le bec du hibou.

[...]

Toutes furent grattées
De celles qui étaient gravées,
A l'hydromel sacré mêlées
Et largement diffusées ;

Elles se trouvent chez les Ases,
Elles se trouvent chez les Alfes,
Certaines parmi les sages Vanes,
Certaines chez les humains.
Ce sont les runes gravées sur le bouleau,
Ce sont les runes de délivrance
Et toutes les runes de bière,
Et les suprêmes runes de puissance,
Pour qui sait sans erreur
Et sans adultération
S'en servir comme de talismans ;
Jouis-en, si tu les appris,
Jusqu'à ce que les Puissances s'entre-déchirent !" (1)

Les runes étaient employées à des fins magiques diverses. Il y avait des runes de naissance, de santé, de mort, de combat, de protection, de fertilité, de climat, d'amour, de malédiction...

Elles étaient souvent employées pour protéger les tertres funéraires : gravées sur des pierres érigées dans la tombe, ou à l'entrée de celle-ci. De telles runes devaient être gravées de nuit, et sans recourir à des outils en fer. Les enseignements magiques veulent en effet qu'un tel rituel nécromantique doit être effectué de nuit, car c'est durant les heures nocturnes que culminent les forces divines qui règnent sur le monde chthonien. C'est aussi parce que la nuit, reflet de l'abîme originel, du chaos, est le creuset des forces primitives du début du monde. Selon une croyance toujours persistante, le fer est le seul métal qui dissout les conglomérats de matière astrale ou éthérique. C'est pour cette raison que le magicien porte une épée en fer lors des évocations. L'usage du fer était interdit dans les bois sacrés utilisés dans les cultes païens, ou près des tertres funéraires.

Les runes avaient aussi le pouvoir de libérer les prisonniers de leurs chaînes. Ainsi, à la fin du VIIe siècle, Bede rapportait l'histoire d'un prisonnier du Northumberland qui parvint à se défaire de ses chaînes et à s'enfuir. Lorsqu'il fut par la suite rattrapé par

(1) Sigrdrifumál, Dit de Sigrdrifa (XIe siècle), 6-13,15-19 ; traduction de Régis Boyer (in Les Religions de l'Europe du Nord, éditions Fayard/Denoël.)

ses geôliers, ceux-ci lui demandèrent comment il avait réussi à s'échapper :

"Que savez-vous du pouvoir libérateur des runes, et avez-vous les lettres magiques écrites à votre propos ?"

Il est fait allusion à ce pouvoir dans un poème à propos d'Odin et de son utilisation des signes runiques :

"J'en sais un quatrième :
Si les guerriers me mettent
Liens à jambes et bras,
J'incante de telle sorte
Que je vais où je veux,
Fers me tombent des pieds
Et liens des bras." (1)

Les guerriers gravaient ou peignaient des runes sur leurs épées. Ils peignaient aussi la rune du dieu de la guerre, Tyr ou Tiw, sur leurs boucliers. Cela était particulièrement vrai pour les *Berserkers,* qui pratiquaient le culte d'Odin. Leur nom dérive du vieux nordique signifiant "chemise d'ours" ou encore "peau de loup", à cause des fourrures portées par ces terribles guerriers. Hormis ces peaux de bêtes, les *Berserkers* étaient nus et livraient combat en hurlant comme des bêtes sauvages. C'est sans doute pour cette raison qu'on les croyait capables, comme Odin, de se changer en animaux.

Certains soutiennent qu'ils sont à l'origine de la croyance aux loups-garous, mais cela est faux : les légendes relatives aux loups-garous sont beaucoup plus anciennes (elles proviennent sans doute de confréries initiatiques où l'initiateur portait une peau de loup sur les épaules, la tête de l'animal lui faisant comme un masque).

Les runes avaient aussi le pouvoir de ressusciter les morts :

"J'en sais un douzième :
Si je vois sur la potence
Osciller un cadavre de pendu,

(1) Hávamál, Dits du Très-Haut, VI, 149 ; traduction de Régis Boyer.

Je sais graver de telle sorte
Et peindre les runes
Que cet homme revient à soi
Et m'adresse la parole." (1)

Maîtriser le pouvoir des runes demandait de longues études. Le pouvoir des runes est en effet dangereux. Bien utilisé il peut nous ouvrir les portes de l'infini ; mais mal utilisé, ou à des fins négatives, il peut déchaîner les forces mauvaises du Destin, ou libérer le monstre qui est tapi au plus profond de nous-même. Ces praticiens étaient appelés Maîtres et Maîtresses des Runes.

(1) Hávamál, Dits du Très-Haut, VI, 157 ; traduc. Régis Boyer.

CHAPITRE V

MAÎTRES ET MAÎTRESSES DES RUNES

MAÎTRES ET MAÎTRESSES DES RUNES

Odin était l'archétype du chaman. Nombre de ses fidèles croyaient que ses multiples pouvoirs (voler, prédire l'avenir, ressusciter les morts, se métamorphoser en une forme animale...) étaient le résultat de son expérience mystique sur l'Arbre du Monde, visant à acquérir le savoir mystérieux et sacré des runes. En conséquence, beaucoup d'odinistes pensaient obtenir les mêmes pouvoir à travers l'étude des signes runiques. Il y a bien sûr une part de vérité dans cette "croyance", mais en fait Odin avertissait ses fidèles de ce qu'ils pouvaient espérer apprendre en suivant le chemin du chamanisne :

"Tu découvriras les runes
Et les tables interprétées,
Très importantes tables,
Très puissantes tables,
Que colora le sage suprême
Et que firent les Puissances
Et que grava le Crieur des Dieux." (1)

Devenir maître ou maîtresse des runes n'était pas chose aisée. Le plus souvent, les candidats étaient sélectionnés parmi le clergé. Le savoir runique était malheureusement trop souvent l'apanage d'une élite religieuse, voire sociale ; ce qui est en contradiction avec l'esprit même des runes enseigné par la rune *Feoh.*

En Suède, les prêtres étaient nommés les *atibba.* Au Danemark, ils étaient appelés *thuls,* c'est-à-dire "les réciteurs d'incantations" ; ce qui était une allusion à leur habileté runique (nous avons vu plus avant l'importance de la transmission orale des "charmes"). En Scandinavie, les Finnois (terme général désignant les Lapons installés dans la région durant l'époque préhistorique) étaient tout

(1) Hávamál, Dits du Très-Haut, V, 142-144 ; traduc. Régis Boyer.

Pierre scandinave portant une inscription runique.

particulièrement considérés comme des chamanes expérimentés, versés dans l'usage magique des runes. Ces chamanes, à la fois prêtres et sorciers, étaient les héritiers des prêtres-magiciens de l'âge de pierre et de l'âge du bronze. Les traces du chamanisme néolithique sont restées vivaces dans la religion germaine et dans le druidisme (le culte de la Déesse-Mère, particulièrement chez les Celtes, en est un bel exemple).

Maîtres et maîtresses des runes portaient un costume distinctif. La *Saga d'Erik le Rouge* (XIIIe siècle) rapporte qu'une personne devinant les runes portait, lorsqu'elle exerçait, un manteau enchâssé de pierres sur les bords. Autour du cou et couvrant la tête se voyait un bonnet doublé de peau de chat blanche. Dans une main, un bâton sommé par un pommeau, et à la ceinture une bourse à charmes. Elle portait aux pieds des chaussures en peau de chat, ainsi que des mitaines aux mains. Certains maîtres des runes portaient un couvre-chef fait de fourrure d'animaux des bois, comme le renard, le loup ou le blaireau ; ou encore des chapeaux de chasse ornés de bois de cerf. D'autres se vêtaient de manteaux bleus (couleur traditionnelle consacrée à Odin). De plus, le maître ou la maîtresse des runes portait un bâton de frêne, d'if, de noisetier ou de chêne, gravé de caractères runiques et magiques.

Une ancienne chanson islandaise composée par une voyante fait allusion à une maîtresse des runes :

"Les hommes m'appellent Hedi quand je leur rends visite,
Sorcière, voyante, experte en talismans,
Lançeuse de sorts, rompue à la magie,
Toujours accueillante aux femmes habiles.

Odin, tu m'as donné bracelets et colliers,
Pour m'apprendre mon art,
Pour apprendre toutes les magies,
Je vois au-delà de tous les mondes.

Je me suis assise dehors quand tu es venu,
Terreur des dieux, tu as plongé ton regard dans le mien.
Que veux-tu de moi ?
Pourquoi me tenter ?
Odin, je sais pourquoi tu as perdu ton œil,
Caché dans le puits de Mimir.
Chaque matin Mimir boit son hydromel.
Eh bien, veux-tu en savoir plus ?" (1)

Les études et l'entraînement pour devenir maître ou maîtresse des runes étaient longs et rigoureux. Le système runique comporte en effet beaucoup de dangers lorsqu'il est utilisé à des fins magiques. On croyait que chaque caractère runique est associé à un esprit élémentaire qui, une fois évoqué par l'usage de cette rune, devait être traité avec respect et parfaitement maîtrisé. La pratique magique nous apprend en effet que rien n'est plus dangereux que d'appeler un esprit que l'on est incapable de contrôler. Si l'une de ces entités échappait au contrôle du magicien, elle pouvait nuire à quiconque entrant en contact avec elle. Les maîtres runiques croyaient que

(1) Cité par Michael Howard, Runes (éditions Albin Michel)

Pierre runique anglo-saxonne.

certains de ces esprits élémentaires évoqués étaient de nature incube et succube (1), c'est-à-dire des entités de l'Ailleurs capables d'avoir des rapports sexuels avec les humains. Quiconque était possédé par un tel esprit devenait enflammé d'un désir sexuel qu'il était incapable de contrôler. L'évocation des incubes et des succubes était chose assez courante en magie.

L'entraînement du maître des runes devait donc être rigoureux car il devait parfaitement connaître les secrets des lettres runiques pour les utiliser à bon escient. Cela était particulièrement vrai pour l'utilisation médicale des runes. Il fallait connaître parfaitement le pouvoir des runes pour ne pas faire d'erreur de diagnostic, pour

(1) En démonologie, les incubes sont des anges déchus par la luxure et qui, devenus démons, cherchent à posséder charnellement les femmes quand elles rêvent ou somnolent. Leurs pendants féminins, les succubes, s'unissent aux hommes pour leur prendre leur semence ; puis deviennent incubes pour la transmettre à une femme qui enfantera d'une créature monstrueuse. Ils sont aussi les agents des rêves érotiques, à l'instar de certains lutins du folklore populaire.

guérir blessures et maladies. Cela reste vrai de même pour l'utilisation divinatoire des runes. Il faut connaître parfaitement leur signification et leur enseignement pour obtenir des réponses claires et précises. Plus que tout autre art divinatoire, les runes nécessitent une question clairement définie, pour que l'on puisse espérer obtenir une réponse.

Malgré les persécutions de l'Eglise chrétienne (encore au XVIIe siècle, des habitants de l'Islande qui utilisaient les runes pour la magie et la divination furent brûlés vifs), une bonne partie du savoir runique a survécu et s'est transmis jusqu'à nous.

Après avoir esquissé la spiritualité des runes dans ses rapports avec la mythologie, et avoir précisé un peu cette civilisation germanique qui les utilisait, nous pouvons aborder plus spécifiquement la pratique des runes et donner les indications nécessaires à leur utilisation.

CHAPITRE VI

LA PRATIQUE DES RUNES

LA PRATIQUE DES RUNES

La pratique des runes divinatoires était répandue parmi les anciens peuples du nord de l'Italie et de l'Allemagne.

Les écrits de Plutarque et de César mentionnent déjà l'oracle runique. Il en est aussi fait mention dans *Germania* de Tacite. Il y décrivit précisément l'usage des runes de divination au Ier siècle de notre ère. Il rapporte ainsi que les Germains apportaient beaucoup de soin à la préparation de l'oracle. Ils coupaient une branche de noisetier qui était soigneusement débitée en plaques de dimensions égales, et qui étaient ensuite marquées des caractères runiques. Ensuite, les runes étaient lancées au hasard sur une toile blanche. Pour un oracle public, un prêtre ou une prêtresse accomplissait le rite ; pour une consultation privée, le chef de famille lisait les runes. La procédure était toutefois la même dans les deux cas. Après une prière dédiée à Odin, la personne jetant les runes regardait vers le ciel et prenait au hasard trois plaquettes de bois gravées de runes. Puis elle lisait le sens des runes et dévoilait l'oracle, offrant des conseils selon les indications données par les runes. Cette interprétation permettait de prédire l'avenir en fonction de la question posée. Le tirage des runes était généralement réservé à un groupe particulier de la classe sacerdotale qui se considérait comme apparenté par le sang à Odin. Mais il existait sans doute des “sorciers” ne faisant pas partie du clergé et pratiquant l'oracle runique. Prêtres et prêtresses étaient les héritiers spirituels des chamanes du néolithique. Le chamanisme est en effet la plus ancienne expression religieuse de l'humanité.

Le jeteur de runes devait être un expert dans son domaine. Cela était particulièrement vrai dans l'utilisation magique des runes. Il est rapporté qu'un célèbre maître des runes, nommé Egill, fut consulté par les parents d'une femme mourant d'une fièvre. Un

L'ALPHABET RUNIQUE

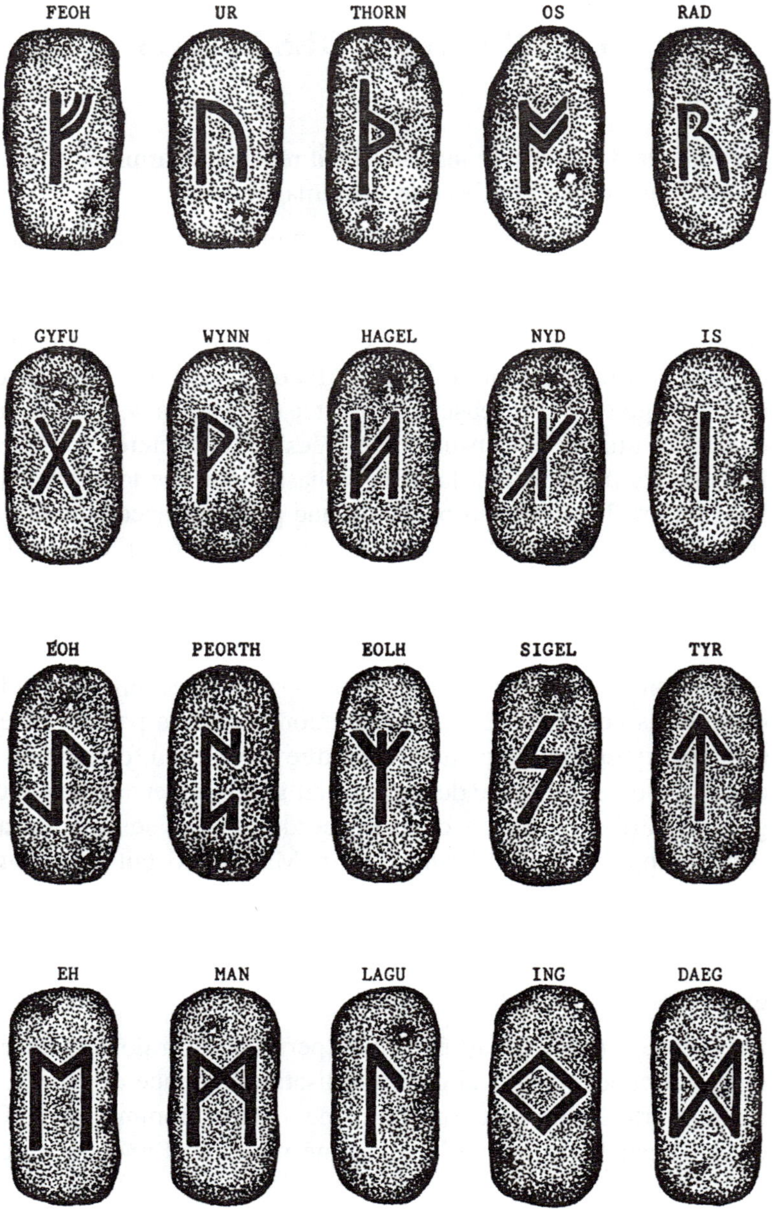

autre magicien dans l'art des runes avait déjà été consulté par la famille, mais il n'avait pu guérir la jeune femme. Appelé au chevet de la malade, Egill découvrit que le magicien avait gravé des runes incorrectes sur le fanon de baleine qu'il avait accroché au-dessus de la couche de la jeune femme. En colère, Egill condamna ce maître des runes qui manipulait dangereusement des forces qu'il ne pouvait contrôler et ne comprenait pas vraiment.

"Un homme ne devrait pas graver les runes
S'il ne sait les lire correctement.
Il est arrivé à plus d'un
De chanceler sur un tracé défaillant.
Ainsi ai-je vu sur un os de baleine
Dix traits sombres gravés,
Par ton inexactitude
Longue maladie tu as provoqué."

Cet avertissement reste valable pour la pratique divinatoire des runes, surtout lorsqu'on propose ses services à d'autres que soi-même. Jeter les runes pour autrui est une responsabilité que l'on ne doit pas prendre à la légère. Il ne faut jamais tenter de répondre à des questions sur un sujet important ou grave avant de bien maîtriser le sens des runes et leurs relations entre elles dans un oracle. Mieux vaut suivre l'enseignement d'Egill et renoncer à exercer lorsque l'on n'est pas sûr de soi. Le savoir runique d'Egill était très important. Il raya les runes incorrectes et grava les runes correctes sur le fanon de baleine, qu'il plaça ensuite sous l'oreiller de la malade. Peu de temps après, celle-ci se réveilla de son sommeil fiévreux et guérit. Coïncidence ? Superstition ? Peut-être bien, mais l'esprit éclairé se garde de crier à l'impossible. Rien n'est plus néfaste pour la connaissance que le présomptueux qui croit tout savoir.

Dans un autre épisode, Egill utilisa son savoir runique, suspectant que sa boisson était empoisonnée par un assassin envoyé par un magicien rival. Egill grava une suite de signes runiques autour du bord de la coupe qu'il soupçonnait être remplie de poison. Puis il rougit ces runes avec le sang d'une coupure faite à son bras.

Aussitôt, la coupe se brisa et le contenu se répandit sur le sol. Selon Egill, les runes n'auraient eu aucun effet si le breuvage n'avait pas été empoisonné.

Quelle que soit votre opinion sur le savoir runique, vous devez comprendre que les runes ne possèdent aucun pouvoir propre et indépendant. Ce pouvoir se trouve en vous, et le seul pouvoir des runes (si l'on excepte leur activité dans le domaine des émissions d'ondes de forme lorsqu'elles sont utilisées comme "talismans") est de révéler les capacités psychiques du jeteur ou de la jeteuse de runes. La lecture de ce livre, si assidue soit-elle, ne fera pas de vous un maître ou une maîtresse des runes. Apprendre "comme un perroquet" n'est pas apprendre. Il faut pour saisir ce pouvoir des runes s'imprégner de leur spiritualité. Il faut aussi renoncer à la séparation entre l'esprit et la matière que profère trop souvent notre monde matérialiste. La pratique des runes s'accompagnait autrefois de rites particuliers : danses, chants, prise de narcotiques... (1)

Ceux-ci étaient intimement liés à la spiritualité religieuse. Point n'est besoin d'y recourir. (Nous déconseillons formellement la prise de narcotiques qui est dangereuse et ne fait qu'embuer l'esprit. Un esprit éclairé n'en a pas besoin, et un esprit qui cherche l'Eveil se doit d'y renoncer, car pour percer les ténèbres, l'esprit doit être clair et en alerte.) Il est toutefois important d'aborder la pratique des runes dans une optique spirituelle : les esprits bornés et matérialistes sont incapables de pratiquer la divination par les runes (et quelle que divination que ce soit !).

Deviner les runes peut vous ouvrir la voie vers l'esprit cosmique ou universel, la divinité primordiale, ou quel que soit le nom que l'on veuille lui donner. Ne vous coupez pas le chemin qui réveillera la part divine de votre être.

Dans le chapitre suivant, nous allons aborder la signification de chaque rune et son sens divinatoire. Au fil des lettres runiques, nous parcourerons, modestement, la voie initiatique qui, d'*oett* en

(1) Particulièrement l'amanite tue-mouches (Amanita muscaria), ce champignon sacré qui était utilisé comme narcotique naturel dans le culte d'Odin et dans le lancement des runes.

oett (c'est-à-dire les trois "familles" de huit runes, chacune placée sous l'auspice d'une divinité), nous mènera à la vingt-cinquième rune, *Wyrd,* la mystérieuse rune blanche. Les significations divinatoires données ici le sont à titre indicatif, ce sont des repères pour vous aider. Il vous faudra lire attentivement chaque paragraphe pour en comprendre et en assimiler le sens. N'appliquez pas automatiquement les significations données, efforcez-vous au contraire de vous imprégner de l'ambiance mystique de chaque rune, pour en percer intuitivement le sens profond sans la compréhension duquel nulle divination sérieuse n'est possible.

Vous trouverez en fin de paragraphe une synthèse de la signification divinatoire de chaque rune. Certains jeteurs de runes prennent en compte le fait qu'une rune sorte droite ou renversée (c'est-à-dire à l'envers, la "tête" en bas). Cela n'est pas une obligation, vous pouvez très bien ne considérer que le sens droit de sortie des runes (c'est-à-dire faire comme si toutes les runes étaient sorties droites). C'est une affaire de jugement personnel. Il faut pourtant savoir qu'il est plus facile, au début, de tenir compte des runes droites et renversées. A vous de choisir ce qui vous convient le mieux.

CHAPITRE VII

LES RUNES

LES 25 RUNES

OETT DE FREY

Avec les runes de Frey, nous abordons le premier pas de l'initiation vers le but ultime. Ces huit premières runes apportent à celui ou à celle ayant décidé de parcourir le chemin de la quête sacrée, des indications précieuses sur les différentes étapes de sa traversée intérieure. Une fois parvenu au bout de ce premier tronçon de chemin, l'initiable doit être prêt à quitter les habitudes (commodités et servitudes du monde matériel symbolisé par le domicile dans l'oett de Frey) pour voler de ses propres ailes et aborder les forces naturelles sous leur vrai visage.

Les runes de l'oett de Frey se rapportent au monde matériel. Leur symbolisme englobe la richesse, la force, la protection, la sagesse, le voyage, l'illumination, le don et la joie.

Bien qu'elles aient un sens plus profond, chacune d'elles est associée à un niveau terrestre aux joies et agréments de la vie quotidienne.

FEOH

Cette rune est consacrée au dieu scandinave de la fertilité, Frey (fils de Njord, dieu de la mer et du rivage, et frère de Freya, déesse de l'amour). Traduit littéralement, *Frey* signifie "seigneur". Il est le dieu phallique de la paix, du bonheur et de l'abondance. C'est lui qui apporte la pluie nécessaire à la croissance des récoltes, et ramène le soleil pour les faire mûrir. Dieu paysan, il fait pousser l'herbe et les blés. Les éleveurs tout autant que les moissonneurs le révéraient. Il est aussi le dieu de la richesse, et rend riches ceux qui l'honorent. Il possède et habite un merveilleux palais qui lui fut donné, alors qu'il était enfant, à Alfaheim, le monde des lutins de la lumière, les Elfes. Frey était l'un des dieux les plus aimés, car il apporte la paix et le bonheur, et non la guerre. Aucune arme n'était tolérée dans ses temples, car la guerre et la violence sont l'antithèse de son message à l'humanité. Nul ne peut haïr Frey, car c'est la consolation qu'obtint son père Njord pour avoir été envoyé en otage parmi les dieux ases. La seule armes de Frey est la charrue. Son unique désir est de soulager les malheureux, de délier les mains de celui qui est enchaîné.

On dit qu'un jour, les Nains lui offrirent un étrange verrat aux soies d'or, ainsi qu'un merveilleux navire. Sans cesse, Frey reçoit et donne des cadeaux. A l'origine, aucun sacrifice n'était fait à Frey, car il était considéré comme moralement répréhensible de lui rendre un culte en versant le sang. Frey et sa sœur Freya ont fourni avec Njord autant de toponymes scandinaves que tous les autres dieux ensemble. Ils étaient l'objet d'un culte très populaire. Frey était particulièrement fêté pendant le cycle de douze jours du *Jul* au solstice d'hiver. Selon la *Saga de Hervör, "le roi Heidrek offrit un sacrifice à Frey ; il voulut offrir à Frey le plus gros verrat qu'on puisse trou-*

Frey, dieu phallique de la fertilité.

ver. Cet animal était tenu pour si sacré qu'en toutes circonstances importantes, on devait jurer sur ses soies. Ce porc devait donc être offert comme victime propitiatoire. Le soir du Jul, il dut être amené dans la grande salle devant le roi ; c'est là que les hommes avaient coutume de poser leurs mains sur ses soies et d'exprimer leurs promesses sacrées."

L'attribut de Frey est en effet le porc "Soie d'or" (*Gullinborsti* ou *Gullinbursti*). Les chevaux étaient également consacrés à Frey, tel l'étalon *Freyfaxi* du prêtre islandais de Frey, Hrafnkel. C'est encore pendant le *Jul* qu'avait lieu, tous les neuf ans, le *Fröblot* ("sacrifice de Frey") au milieu des chants orgiaques. Dans la halle du grand temple, Frey pointait un phallus énorme, à côté de Thor et d'Odin. La statue de Frey exhumée par des archéologues montre d'ailleurs un Troll (gnome ou nain), assis jambes croisées en tailleur, portant un capuchon pointu et pourvu d'un gros pénis érigé (il présente ainsi des similitudes certaines avec de nombreux lutins de nos légendes).

Une survivance des rites sexuels de Frey a été rapportée dans les contes de saint Olaf. Celui-ci, visitant une ferme aux confins de la Norvège, fut horrifié en surprenant la femme du fermier qui était en train d'adorer le pénis d'un étalon, qu'elle conservait préservé dans des herbes et enveloppé dans un fin tissu de toile. Chaque soir, la famille se passait le pénis sacré de main en main et récitait des incantations païennes. Choqué, Olaf confisqua le phallus et le donna au chien de la famille !

La première fête principale de Frey était la fête des moissons qui avait lieu au mois d'août, durant laquelle se tenaient des courses de chevaux et ce que l'on appelle "combats de chevaux". L'autre fête principale en l'honneur de Frey avait lieu au printemps. Durant cette cérémonie se produisait l'accouplement rituel d'un prêtre et d'une prêtresse qui étaient considérés comme le Seigneur (Frey) et la Dame (Freya). Ce rite sexuel, dont il existait une équivalence chez les Celtes, a survécu sous la forme, très édulcorée, de la coutume de couronner un roi et une reine de Mai (particulièrement en Angleterre ; en France, seule la reine de Mai existe encore). Le culte de Frey comportait des actes sexuels rituels, la prostitution sacrée, des danses, des mariages sacrés, des rites d'initiation sexuelle et des hommes travestis en femmes. Dans la Suède antique, le roi était considéré comme l'incarnation humaine de Frey, et il épousait symboliquement une prêtresse de la Déesse-Mère.

Freya, sœur et épouse symbolique de Frey (les mariages consanguins sont fréquents dans la mythologie), n'est pas seulement la déesse de l'amour et des plaisirs sexuels, elle est aussi associée aux rites de la fertilité, ainsi qu'à l'enfantement... mais aussi à la mort et au monde des esprits (dans la pensée païenne, la vie et la mort sont les deux faces d'une seule réalité, elles sont intimement liées). Elle est avant tout un aspect de la Triple Déesse, la Déesse Blanche ; c'est-à-dire un aspect tardif de la Déesse-Mère (la mère de Freya et de Frey est d'ailleurs Nerthus, Terre-Mère du mythe indo-européen). La Triple Déesse (1), particulièrement vénérée chez les

(1) Voir à ce sujet l'excellent ouvrage de Robert Graves : La Déesse Blanche (éditions du Rocher).

Celtes, se montre sous trois aspects :

• *La femme jeune ou la Fée ;* associée aux rites magiques, à la clairvoyance et à l'enchantement, elle est l'amante, l'initiatrice sexuelle qui intronise le héros dans la vie sociale.

• *La femme mûre ;* liée à la sexualité et à l'enfantement, elle est la mère, génétrice et détentrice de la vie individuelle, la grande pourvoyeuse du devenir cosmique.

• *La vieille femme ou la sorcière ;* liée à la mort, à l'au-delà et à la renaissance, elle est la révélatrice des forces obscures refoulées dans le subconscient.

Freya est la maîtresse des *Disirs,* groupe de mystérieuses divinités féminines attachées aux Valkyries.

Frey et Freya gouvernent le peuple des Elfes, des Fées et des Trolls.

Freya est aussi la maîtresse de la magie, des enchantements ; son char est tiré par deux chats blancs.

Frey est l'époux de Gerd, la fille du géant Gymir ; ils ont un fils appelé Fjolnir. Pour sa part, Freya est l'épouse d'Od, le Furieux.

La rune *Feoh* implique un pouvoir phallique, exprimé aussi bien à travers le symbole du bétail (signe d'abondance pour les tribus indo-européennes) qu'à travers les représentations de Frey. La strophe du *Poème runique anglo-saxon* qui lui est associée enseigne que l'argent ou les possessions matérielles ne doivent pas être considérés comme des moyens en vue d'une fin :

> "*La fortune est une consolation pour chacun,*
> *Mais il doit la partager, celui qui espère*
> *Tirer au sort son jugement devant les dieux.*" *(1)*

Trop nombreux sont ceux qui, dans notre société matérialiste,veulent à tout prix accumuler les richesses matérielles et négligent, ou ignorent, l'or de l'âme. Le bonheur devient un simulacre, un trompe-l'œil exprimé par l'insatiable soif de gain et de profit où nous entraîne la "société de consommation".

(1) Traduction de Michael Howard.

Feoh implique en quelque sorte l'idée d'un "prêté pour un rendu", car si Frey reçoit de nombreux cadeaux, il donne et partage aussi facilement. Pour que l'argent ne devienne un fardeau, il doit être partagé avec ceux qui sont moins fortunés. Dans le cas contraire, le Destin ne sera pas favorablement disposé envers l'usage avare, ici et dans l'au-delà. N'oublions pas que nous sommes des morts en sursis, et le jugement des dieux est à craindre. Devenir l'esclave de l'argent et des possessions matérielles, substituts trompeurs du bonheur, c'est renier sa propre individualité, c'est abandonner sa liberté individuelle.

Au niveau spirituel, *Feoh* enseigne que les richesses de l'esprit doivent aussi être partagées. Le savoir ne doit pas être réservé à une élite. La connaissance doit être dispensée à tous ceux qui en ont soif. Individuellement, le savoir doit aussi être partagé, on ne doit pas garder le savoir pour soi mais au contraire en faire profiter les autres. La rune *Feoh* indique au chercheur qu'il est parvenu au point où les richesses vulgaires ou les compensations faciles offertes par la société de consommation n'ont plus de sens. Elle implique un premier pas vers des idéaux plus élevés, le début de la quête spirituelle.

Signification divinatoire

Droite : Feoh indique la richesse potentielle, matérielle ou symbolique (morale). Celle-ci doit être partagée et utilisée à bon escient si l'on veut éviter les conflits. Argent, succès, grande richesse. Des changements, premier pas vers l'amélioration. Eventuellement une naissance, en tout cas un projet ou une entreprise, un début sous de bons auspices. Energie créatrice.

Renversée : Faillite, perte de l'estime personnelle. Avarice, dilapidation. Stérilité, apparences trompeuses. Une situation qui se présente mal et n'offre guère d'avenir. Tentatives vaines, stérilité des efforts. *Feoh* incite à la réflexion et à la méditation. S'interroger sur ses véritables motivations et sur les possibilités réelles devrait permettre de repartir sur de meilleures bases.

Affectif

Droite : Les relations sont au beau fixe, en amitié aussi bien qu'en amour. Si un retard ou des contrariétés subsistaient, un changement favorable et un premier pas vers l'amélioration sont à prévoir. La fécondité étant exacerbée par cette rune, dans certains cas, une naissance peut éventuellement être envisagée. Les amours naissantes sont particulièrement favorisées.

Renversée : Malheur conjugal. Si une amour est naissante, mieux vaut ne pas trop en attendre, car elle risque d'être de courte durée. Des désagréments avec les proches ou l'être aimé sont à prévoir car le "courant" passe mal. Stérilité. Des apparences trompeuses risquent de vous induire en erreur. Toute tentative de conciliation sera mal venue, mieux vaut attendre que l'orage passe.

Santé

Droite : Ce domaine est protégé et aucun ennui n'est à craindre. Les énergies vitales sont à leur maximum et la santé est florissante.

Renversée : Des problèmes de santé pourraient survenir, mais ils devraient être mineurs et sans gravité. Baisse de forme passagère.

Matériel

Droite : Richesse potentielle, aussi bien matérielle que morale. Une rentrée d'argent est à prévoir, peut-être importante. Les finances sont au beau fixe ; bien gérées elles peuvent même fructifier au-delà des espérances. Toutefois, cette richesse doit être partagée et utilisée à bon escient si l'on veut éviter les conflits.

Renversée : Risque de faillite, perte d'argent. L'avarice aussi bien que la dilapidation sont à craindre. Un budget mal géré risque de provoquer des pertes financières. Mieux vaut ne pas investir en ce moment, car le risque d'échec ou de ruine est important. Les soucis financiers ne devraient pourtant pas durer (dépend des autres runes du tirage).

Professionnel

Droite : Toutes les entreprises naissantes sont favorisées. Le moment est très favorable pour démarrer un projet. Croissance exceptionnelle des projets et entreprises déjà en cours. Un avancement ou une mutation favorable dans la carrière sont aussi possibles.

Renversée : Routine désagréable et retard dans le travail. Le manque d'inspiration et de motivation se fait durement sentir. Des problèmes professionnels risquent de prendre un tour défavorable pour le consultant et la situation pourrait s'envenimer, repoussant d'autant plus une possible conciliation. Ne surtout rien entreprendre en ce moment. Toute tentative d'arrangement serait vouée à l'échec et les efforts resteraient vains. Une perte de situation est éventuellement à craindre (voir les autres runes du tirage).

Spirituel

Droite : Une grande richesse morale anime le consultant. Un éveil à la spiritualité permet au chercheur d'élargir son horizon. Le moment est particulièrement favorable pour entreprendre une quête spirituelle et faire un premier pas vers des idéaux plus élevés. Mais les richesses de l'esprit doivent être partagées pour pouvoir évoluer vraiment : le moment est venu de dispenser la connaissance acquise à tous ceux qui en ont soif. Le consultant doit ouvrir son esprit pour embrasser dans un élan généreux les richesses spirituelles de l'Univers.

Renversée : Le matérialisme glace le cœur et éteint le feu sacré de l'esprit. L'adoration des richesses vulgaires ou des compensations faciles offertes par la société de consommation mène à la ruine de l'âme. Le consultant se perd dans le marais du matériel et risque de s'y noyer s'il ne perçoit plus la lumière spirituelle qui seule peut lui faire retrouver son chemin vers l'élévation.

Psychologique

Droite : Le moral est au beau fixe et le consultant se sent baigné par un printemps éternel. L'enthousiasme et la joie de vivre sont de la partie pour rendre l'existence agréable et heureuse. L'énergie créatrice est aussi au rendez-vous et permet toutes les audaces, tous les espoirs.

Renversée : Le consultant se sent mal dans sa peau et la morosité obscurcit son jugement. Un voile de grisaille le recouvre et la perte de l'estime personnelle est à craindre s'il ne remédie pas au plus vite à cet état de chose. Plutôt que de sombrer dans le désespoir, *Feoh* incite à la réflexion et à la méditation. S'interroger sur ses véritables motivations et sur les possibilités réelles permettra de repartir sur de meilleures bases.

Synthèse

Droite : Feoh est particulièrement favorable à tout ce qui croît et se développe. Elle apporte richesse et prospérité (matérielles ou morales). Elle annonce des changements bénéfiques, une amélioration ou le succès.

Renversée : Feoh dénonce l'avarice et la dilapidation (aussi bien matérielles que morales). Elle annonce la discorde entre les proches et menace d'échec ou de ruine. Elle met en garde contre les apparences trompeuses et les erreurs de chemin, et prédit l'arrivée des difficultés. Elle met en lumière une situation qui se présente mal et n'offre guère d'avenir.

UR

Ur est associée au buffle sauvage et à ses cornes, symbole du pouvoir brut, de la force et de la virilité. Elle symbolise le dépassement personnel du consultant ou de la consultante, et sa force de motivation.

Spirituellement, elle évoque l'individualité et la recherche personnelle de la vérité et de l'éclaircissement en dehors des voies habituelles ou imposées par la société.

Ur gouverne les influences lointaines. Lorsqu'elle sort, le consultant peut avoir foi et confiance en ses propres possibilités et capacités. Elle indique que le moment est venu d'oser et d'agir.

La corne, associée à *Ur,* a toujours été un symbole important. Elle évoque l'inviolabilité, l'origine divine et spirituelle opposée au pouvoir temporel. Elle a le sens d'éminence, d'élévation. Son symbolisme est celui de la puissance et du pouvoir. Si la corne de bélier est de caractère solaire, la corne de taureau ou de buffle est de caractère lunaire (le croissant de lune est souvent comparé à une corne). Son symbolisme lunaire la pare de qualités féminines (notons que la Déesse-Mère est souvent associée au taureau). Dans les traditions celtiques, les textes épiques ou mythologiques évoquent à deux ou trois reprises un personnage, Conganchnes ("peau de corne"), qui est totalement invulnérable, sauf par la plante des pieds. Ici, la corne symbolise, par sa dureté propre, une force défensive, comme le bouclier. Les artistes du Moyen Age représentaient souvent les héros ou les personnages bibliques avec des cornes. Ceci n'était pas pour indiquer une quelconque nature diabolique, mais le signe de leur communication directe avec les forces divines. Parfois, Odin est représenté lui aussi avec des cornes, et nous avons vu ses rapports avec Herne le Chasseur et le dieu celtique Kernunnos. Notons à ce propos que certains costumes chamaniques sibériens sont ornés de ramures, le plus souvent en fer, imitant les ramures des cervidés. Dans les religions païennes, les cornes représentaient l'énergie vitale et sexuelle (1). Les dieux cornus étaient considérés comme des messagers entre le monde matériel (ou le Milieu du monde, Midgard) et le royaume des dieux. En portant des bois de cervidés, les chamanes symbolisaient le dieu cornu et participaient du même symbolisme en étant le lien entre les hommes (la tribu) et le monde spirituel. Les cornes sont un symbole de régénérescence et de croissance aussi bien physique que spirituel. Elles présentent un double symbolisme sexuel. Extérieurement, la corne représente le principe actif et masculin par sa forme et sa force de pénétration, le pénis prêt à éjaculer le sperme donnant la vie. Intérieurement, par son ouverture en forme de lyre et de réceptacle, la corne représente le principe passif et féminin, le vagin qui est le réceptacle de la force de vie et la transforme par l'acte de création à l'intérieur de la matrice. En réunissant ces deux principes dans la formation de sa personnalité (c'est-à-dire les parts masculine et féminine de chaque individu), l'être humain, en s'assumant intégralement, parvient à la maturité, à l'équilibre et à l'harmonie intérieure. Ceci n'est pas sans rapport avec l'ambivalence solaire-lunaire évoquée plus haut.

La rune *Ur* représente donc l'aptitude de l'être éveillé, l'initiable, à s'affirmer dans la vie et à faire bon usage du *wyrd* ou destin.

Signification divinatoire

Droite : Ur indique le pouvoir primitif, l'énergie essentielle, vitalité et virilité. Présage heureux pour ceux et celles qui cherchent à promouvoir leur carrière ou leur statut social, *Ur* annonce la bonne fortune et l'avancement dans une carrière ou un projet. L'orgueil est justifié et le consultant peut avoir foi et confiance en ses propres capacités. Le moment est venu d'oser et d'agir. Changement et expansion, courage et initiative.

Renversée : La malchance et les influences négatives contrarient les projets. Il faut réfléchir avant d'agir, car le moment de l'action n'est

(1) C'est pourquoi le Diable mythique est cornu, il participe à la fois du symbolisme du bouc et de celui du taureau.

Détail d'un corne d'or du Ve siècle découverte dans le Slesvig en 1734.

pas venu. Votre orgueil ou une erreur de jugement pourrait vous causer des ennuis. Il faut toutefois garder confiance car les ennuis devraient être mineurs. Maladie bénigne, contretemps, retard.

Affectif

Droite : La puissance de séduction permet d'espérer toutes les conquêtes, et l'attraction sexuelle joue un grand rôle. *Ur* favorise aussi bien les femmes que les hommes dans leurs amours car elle évoque autant la virilité que la féminité. C'est avant tout un puissant symbole sexuel. Les conquêtes risquent pourtant d'être nombreuses mais superficielles, car *Ur* favorise surtout les liaisons passagères, éventuellement basées sur des rapports de domination.

Renversée : Chasteté et morosité amoureuse risquent d'être au rendez-vous en ce moment. Le manque d'audace et de confiance en soi fait manquer les occasions. Une trahison peut être à craindre, ou une infidélité. Une mésentente sexuelle pourrait aussi être cause de pro-

TARVOS TRIGARANUS (le Taureau aux trois grues), symbole très lié à la Déesse-Mère, dont le taureau est un des attributs (les trois grues sont une représentation de la Triple-Déesse) - Pilier des Nautes Parisiens, musée de Cheny.

blèmes relationnels. Il faut être plus conciliant ou “reprendre du poil de la bête” selon les cas. Attention, un usage abusif de la force peut dégénérer en violence... or, la force véritable est toujours à l’opposé de la violence. Tous les projets amoureux sont contrariés.

Santé

Droite : Ur confère une bonne constitution, force et santé.

Renversée : La faiblesse de la constitution peut amener des maladies fréquentes ou des baisses de tonus. Maladie bénigne.

Matériel

Droite : Ur annonce prospérité et expansion financière à ceux qui entreprennent avec courage et audace. Bonne affaire financière pour qui prend l’initiative.

Renversée : L’orgueil ou une erreur de jugement pourrait être cause de difficultés. Si vous attendez de l’argent dû, le remboursement pourrait avoir du retard.

Professionnel

Droite : Présage heureux pour ceux et celles qui cherchent à promouvoir leur carrière ou leur statut social. *Ur* annonce la bonne fortune et l'avancement dans la carrière, ou un projet.

Renversée : La malchance et les influences négatives contrarient les projets. Mieux vaut attendre un meilleur moment pour entreprendre une action, quelle qu'elle soit.

Spirituel

Droite : Recherche de l'individualité et de la vérité personnelle pour trouver un éclaircissement, le plus souvent en dehors des voies habituelles ou imposées par la société. L'individualisme et le jugement personnel sont indispensables pour progresser. *Ur* représente l'aptitude de l'être éveillé à s'affirmer dans la vie et à faire bon usage du *wyrd.*

Renversée : Le dogmatisme et l'enseignement de masse sont néfastes à la réalisation personnelle de l'individu. Ne pas accepter les prétendues vérités imposées par des groupes dogmatiques (sectes, confréries, églises...), mais au contraire rechercher la vérité personnelle par l'expérience vécue intimement. Risque d'endoctrinement.

Psychologique

Droite : L'être est animé par le pouvoir primitif, l'énergie essentielle. *Ur* annonce chance et expansion, courage et initiative. Lorsqu'elle sort, le consultant peut avoir foi en ses propres possibilités et capacités. La confiance en soi est de mise et l'orgueil est justifié. Le moment est venu d'oser et d'agir.

Renversée : Il faut réfléchir avant d'agir car le moment n'est pas propice à l'action ou à l'initiative. L'orgueil peut être mauvais conseiller et une erreur de jugement vous ferait commettre une erreur. Il faut toutefois garder confiance car les ennuis ne devraient être que mineurs ou passagers.

Synthèse

Droite : Ur symbolise le dépassement personnel du consultant ou de la consultante et avertit que la force de motivation est indispensable à la réussite.

Renversée : Ur met en garde contre la soumission passive qui consiste à déléguer son pouvoir personnel ou son jugement à autrui. L'orgueil n'est pas meilleur conseiller. Tel le roseau, il faut ployer sous la tempête et se faire accommodant sans pour autant renoncer.

THORN

La rune *Thorn* est associée à Thor, dieu de la force guerrière qui s'annonce par le roulement du tonnerre et la lueur des éclairs. Thor est le bon colosse au grand cœur, plus simple que méchant. Fils d'Odin et de la déesse Jord, qui symbolise la terre sauvage, en friche, il est le plus important des dieux après son père. Il le surpasse même parfois dans la croyance populaire où il devient familier et presque vulgaire. Souvent, on parlait de lui avec plus d'enthousiasme que de respect. Thor est "brave" dans tous les sens du terme, mais malheur à qui ose le défier, car il combat comme le plus impitoyable des dieux guerriers. Il devient alors le plus brutal des dieux, colosse livré tout entier à ses instincts sauvages. Il peut être considéré comme l'archétype germain du colosse au grand cœur des contes populaires, un peu bête mais pas méchant, qui ne peut se sortir des situations les plus périlleuses qu'à l'aide de sa force, et non de son intelligence. Le plus souvent, on le représente comme un homme de grande taille aux épaules larges, les muscles noueux, la taille bien prise. Il porte la barbe fournie dont le blond tire sur un roux qui flamboie d'éclairs de feu (d'où son surnom de "Barbe-Rouge" ou "Barbe-Rousse"). Ses yeux lancent des flammes qui se reflètent à l'aurore et au crépuscule dans les nuages écarlates. Son front est ceint d'une couronne d'étoiles, car sa tête touche le ciel et ses pieds couvrent la terre. On l'appelle aussi *Akathor,* c'est-à-dire Thor-le-Cocher, car il est un grand voyageur à l'instar de son père Odin. Sur son char tiré par deux chèvres (*Tanngnjost,* "Dents-Grinçantes", et *Tanngrisnir,* "Dents-Etincelantes"), il parcourt l'Univers à la recherche d'adversaires à défier et à vaincre (surtout les Géants). Thor est un dieu de démesure. Il habite *Thrudvang,* le Champ-de-la-Force ; son domaine est un nuage gigantesque, sombre et compact. Sa demeure, *Bilskinir,* est la

Thor, dieu scandinave de la force guerrière.

plus grande jamais bâtie : elle ne comporte pas moins de cinq cent quarante salles qui sont illuminées par les éclairs accompagnant l'orage. Il est l'époux de la déesse Sif aux cheveux d'or qui apparaît comme une montagne couverte de blés mûrs et d'herbe verte. Sif symbolise la terre fertile ; la concubine de Thor, Jarnsaxa, règne dans un désert aride (elle lui a pourtant donné deux fils : Magni, la Force ; et Modi, la Colère, qui sont aussi braves et robustes que leur père).

Déjà, Tacite mentionnait chez les Germains du continent, un *Thunraz* assimilé à Hercule, qui n'était autre que le Thor nordique. Un jour, Thor reçut, forgé par les Nains, son arme redoutable : le marteau *Mjolnir* ("Concasseur"). Il doit le tenir avec des gantelets de fer, après s'être ceint les reins d'une ceinture de force en cuir tressé et clouté. A chaque coup de ce marteau, dans un roulement de tonnerre, la terre entière tremble. La force du dieu à barbe rouge gouverne le monde et triomphe dans l'éternelle violence. Ce marteau, symbole de pouvoir et de puissance, c'est la foudre indo-européenne. Thor est le détenteur de la force brute, à l'instar d'autres dieux et héros porteurs de marteaux, de maillets ou de massues. Sa fonction est de protéger la société divine : d'où sa place d'honneur dans le temple du Vieil-Uppsala. Adam de Brême, au XIe siècle, rapportait :

"Ces gens ont un sanctuaire célèbre nommé Uppsala. Dans ce temple entièrement recouvert d'or se trouvent trois idoles que le peuple célèbre. Le trône de Thor, le dieu le plus puissant, est situé au centre de la salle, et Odin et Frey sont de chaque côté. Thor gouverne l'air, le tonnerre, les éclairs, les orages, la pluie, le beau temps et les récoltes. (...) Attachés aux dieux sont les prêtres offrant des sacrifices humains. Si la maladie ou la famine menacent, ils présentent des offrandes à l'idole Thor, en cas de guerre, à Odin, et si un mariage doit être célébré, à Frey."

On peut être horrifié à l'évocation des sacrifices humains perpétrés en l'honneur des anciennes divinités germaniques (reste pourtant à voir si Adam de Brême n'a pas laissé son imagination l'emporter, dans son désir de propagande chrétienne ; car on peut douter que de tels sacrifices eussent encore cours au XIe siècle) ; mais il faut considérer ces rites sacrificiels dans leur contexte. Le sacrifice religieux est une élévation de l'homme vers le divin, à condition que le sacrifice soit consenti par la victime (ce qui n'était pas rare). Et si les chrétiens se sont élevés contre ces rites "barbares", il ne faudrait tout de même pas oublier qu'ils ont sur la conscience les milliers de victimes de leur intransigeance et de leur fanatisme (massacre des païens, des Albigeois, des Cathares, sans compter les innombrables victimes de l'Inquisition...).

C'est lorsque Thor est absent de l'Enclos divin que surviennent les grands périls. Il suffit pourtant que les dieux ases prononcent son nom pour qu'il surgisse, terrible et menaçant. Il est alors dans un état de fureur et d'excitation *(modhr)* qui le fait ressembler à ses monstrueux ennemis, les Géants :

(1) Un pari dont l'enjeu était la déesse Freya.
(2) Les nobles au sens large.

"Quand le maître ouvrier comprit qu'il ne pourrait achever sa tâche (1), il entra dans une fureur de géant. Alors les Ases, certains que c'était un Géant des Montagnes qui était venu, ne respectèrent plus leurs serments et appelèrent Thor. A l'instant, il apparut et aussitôt son marteau Mjolnir se leva dans l'air. Il paya ainsi le maître artisan, non pas avec le soleil et la lune, bien plutôt il le priva d'habiter au pays des géants, car du premier coup il lui mit le crâne en miettes et l'envoya en bas dans la Nifhel, l'enfer des brumes..." (*Gylfaginning*, XXV)

Thor était "l'ami des foules" ; à tel point que le roi des dieux prétendait, dans le *Harbardhsljodh : "Odin a les jarlar (2) qui tombent dans le combat, mais Thor a les valets."*

Injure certaine, mais qui contient pourtant une part de vérité : les grands héros de l'épopée scandinave, comme Sigurd ou Helgi, sont de type "odinique". Le seul qui appartienne à "l'école" de Thor est le Starkadhr que les *Gesta Danorum* de Saxo Grammaticus appellent Starcatherus, et que Dumézil (dans ses *Aspects de la fonction guerrière chez les Indo-Européens*) définit comme un *"vieillard prolongé, rébarbatif, brutal, errant, solitaire, sans amour et sans indulgence pour les faiblesses de l'amour, dur à la peine, austère et frugal, sans autre ambition que de se battre au service de maîtres d'ailleurs souvent renouvelés, pour lesquels - sauf incident - il professe un dévouement de grognard fondé sur une conviction solidement conservatrice"*.

Dans la dernière période préchrétienne (1), le marteau de Thor devint un symbole religieux porté en amulette, tête en bas.

La strophe du *Poème runique anglo-saxon* concernant *Thorn* peut sembler curieuse par rapport aux qualités du dieu :

"L'épine est très acérée et peut blesser
Quiconque vient sur ce buisson."

Pourtant tel n'est pas le cas. Bien que minuscule, l'épine peut néanmoins causer une gêne importante, surtout si elle se rencontre en grand nombre. Si la qualité principale de Thor est la force, son

(1) Le paganisme, en tant que religion, disparut vers la fin du Moyen Age, aux environs des XIIe-XIIIe siècles.

Mjolnir, le marteau de Thor, utilisé comme talisman, la tête en bas.

défaut est la colère et le manque de maîtrise de son instinct violent. L'épine, c'est le petit problème qui nous gêne et qui risque, si l'on n'y prend garde, de nous mettre en fureur. C'est aussi le petit caillou sur le chemin qui peut prendre des allures de gros rocher, voire de montagne infranchissable (les timides connaissent bien ce problème). C'est le grain de sable dans les rouages de la mécanique. *Thorn* nous avertit de prendre garde aux problèmes dès qu'ils se présentent et qui, non réglés à temps, risquent de prendre des proportions jusqu'à rendre le problème insoluble. Elle met en garde contre la colère et l'emportement, mauvais conseillers, et nous enjoint à la prudence et à la vigilance. L'épine de la strophe représente aussi les petites épreuves de la vie qui doivent être surmontées par le chercheur de vérité spirituelle. Si nous ne sommes pas capables de surmonter ces épreuves mineures, comment espérer atteindre au but ? *Thorn* implique l'ouverture d'esprit, une vue plus large du problème qui nous préoccupe ; il faut prendre garde que l'arbre ne cache pas la forêt.

A un niveau spirituel, *Thorn* symbolise les premières épreuves de la quête. La force morale autant que l'intelligence sont requises pour les surmonter, car des épreuves bien plus grandes risquent de nous attendre plus tard. Thorn gouverne les profits soit sous forme de bénédiction spirituelle soit de gain.

Signification divinatoire

Droite : Protection. Une importante décision à prendre. Profits, bénéfices. Bonne nouvelle. Problèmes mineurs ou irritations, mais qui peuvent néanmoins être surmontés avec un peu de bon sens, de tact et de patience. Vous pourriez avoir un choix à faire.

Renversée : Nécessité de se protéger des mauvaises influences (extérieures ou intérieures). Risque d'occasion ratée par manque d'audace. Ne laissez pas autrui influencer vos actes, vos décisions ou vos sentiments. La prudence est conseillée dans les affaires et les relations sentimentales, car il existe un danger de rivalité ou de jalousie. Attention à ne pas prendre de décision précipitée, réfléchissez avant d'agir. Mauvaise nouvelle. Colère stérile, manque de tact, violence.

Affectif

Droite : Un risque de dispute est à craindre dans le couple, mais la brouille ne devrait être que passagère. La patience aidant, le problème se résoudra aisément. Une bonne nouvelle pourrait vous parvenir et éclaircir une situation trouble.

Renversée : Ne laissez pas autrui influencer vos sentiments. La prudence est conseillée car il y a risque de jalousie ou de rivalité. Ne réglez jamais un problème sentimental (ou autre) par la colère ou la violence, cela ne résoudrait rien, bien au contraire. Prenez garde aux tentations. Un choix difficile pourrait être à faire. Risque d'occasion ratée par manque d'audace. Mauvaise nouvelle.

Santé

Droite : Attention aux piqûres (insectes, épines...) qui pourraient s'infecter. Risques liés à l'électricité. Problèmes de santé mineurs. Attention aux rhumes et aux coups de froid.

Renversée : Risques multiples liés aux tensions nerveuses ou émotionnelles (stress, dépression, "coup de sang", infarctus...), ou à l'électricité. Maladie subite et brutale ; accident. Risque d'intoxication (alimentaire ou autre).

Matériel

Droite : Protection. Des profits et des bénéfices devraient survenir et améliorer notablement votre situation financière.

Renversée ; Des mauvaises influences (aussi bien extérieures qu'intérieures) risquent de vous plonger dans l'embarras. La prudence est conseillée dans les affaires car il y a risque de rivalité ou de concurrence. Prudence et vigilance dans les investissements et la gestion des biens.

Professionnel

Droite : Vous aurez peut-être à prendre une décision importante qui pourrait engager votre avenir. Le courage est requis pour qui brigue un avancement ou une promotion ; mais avec un peu de bon sens, de tact et de patience, le résultat devrait être positif.

Renversée : Si vous avez une décision à prendre concernant votre carrière, réfléchissez bien avant d'agir, car une décision précipitée pourrait vous nuire si vous faites le mauvais choix. Un(e) rival(e) pourrait vous couper l'herbe sous le pied et obtenir la promotion que vous espériez.

Spirituel

Droite : Les premières épreuves de la quête peuvent être démoralisantes ou décourageantes, mais il faut les juger à leur juste valeur et ne pas les surestimer ni les sous-estimer. La force morale et l'intelligence sont requises pour les surmonter, car des épreuves plus grandes risquent d'attendre le chercheur spirituel plus loin sur le chemin de l'initiation.

Renversée : Lorsqu'un danger se présente, il faut l'affronter en choisissant ses moyens d'action. Parfois, la force morale doit être utilisée, mais d'autres fois l'intelligence ou l'intuition seront plus utiles. Le doute peut être légitime, mais il ne doit pas affecter la détermination. Si vous reculez devant les premières épreuves, vous n'irez pas loin.

Psychologique

Droite : La vie est une lutte de chaque instant. Nous devons souvent lutter contre nous-même, mais aussi contre les autres et les événements. Que cela ne nous fasse pas oublier le sens de la mesure. Dans de tels cas, la force morale, le courage et la détermination sont de précieux alliés ; de même que l'optimisme et le dynamisme.

Renversée : La colère est une force aussi dangereuse que stérile, et la violence ne mène à rien de bon. Lorsque le trouble règne à l'extérieur, à quoi bon y rajouter le trouble intérieur ? La crainte ou la timidité nous font perdre tous nos moyens et nous interdisent d'agir. Il faut y remédier.

Synthèse

Droite : Thorn annonce la protection. Il y a nécessité de se protéger des mauvaises influences et de tenir ferme dans ses résolutions, mais sans perdre le sens du tact et de la mesure en toute chose. La prudence, la vigilance et la clarté du jugement sont indispensables. La force doit être utilisée à bon escient et dans le respect des lois universelles. L'audace peut être payante. *Thorn* annonce une bonne nouvelle à venir.

Renversée : Thorn avertit qu'il faut régler les problèmes à temps, avant qu'ils ne prennent des proportions telles que toute solution positive serait interdite. Elle met en garde contre la colère et l'emportement. La prudence est requise en tout, il faut réfléchir avant d'agir ou de prendre toute décision. Elle vous enjoint à ne pas vous laisser influencer. Le manque d'audace risque de faire rater des occasions. *Thorn* annonce aussi de mauvaises nouvelles.

OS

La rune *Os* (ou *As*) est associée au concept d'être suprême dans la mythologie germano-scandinave. L'être suprême, à l'époque de la formulation des correspondances runiques était Odin (le patriarcat était déjà bien en place), comme le suggère son titre de *All Father* (père universel). Il était le principe masculin qui prit la suite du principe féminin incarné par la Déesse-Mère (mère universelle) : principe cosmique de la force vitale qui se diffuse à travers l'Univers et se manifeste au milieu du monde (Midgard, le monde humain). Odin était le vieil homme sage, le chamane et le magicien archétypal. Le nom originel de la rune *Os* était *Ansuz,* ce qui signifie : "prince d'Asgard et seigneur du Walhalla", titres employés pour définir Odin. Odin, le premier de tous les dieux ases, est avant tout le maître de la sagesse. S'il n'a pas créé le monde, il le gouverne (on l'appelle parfois Alfadir, le Père-de-Tout), et chacun doit lui obéir. Etant le dieu qui apporte à la fois la mort et la vie, il a créé, avec ses frères Hoenir et Lodur, les premiers humains : Ask et Embla. Un mythe scandinave rapporte qu'au moment de créer l'être humain, Odin hésita sur la façon de s'y prendre. Finalement, il décida de modeler le premier homme, Ask, à partir d'un frêne, et la première femme, Embla, à partir d'un aulne (1). La raison de ce choix est aisée à comprendre : c'est que pour faire du feu, on utilisa longtemps en Germanie un morceau de frêne (bois dur) que l'on faisait tourner dans un morceau d'aulne (bois tendre). L'étincelle qui en jaillit anima les deux morceaux du souffle vital, et ils devinrent le premier couple humain.

Odin reste donc avant tout celui qui insuffle l'esprit. Il connaît le secret des sciences et le mystère des runes. Alliant courage et sagesse, il est un voyant, un magicien et un arbitre. Nul ne possède plus de noms que lui, on lui en compte près de deux cents dans les neuf mondes où il surgit. Car Odin est le Grand Voyageur. Son nom viendrait de l'imparfait *(od)* du verbe *vada,* "marcher" (d'où la forme allemande de Wotan). Odin est donc le dieu qui marche, ou plutôt qui chevauche. Il évoque ainsi la puissance en mouvement. C'est donc essentiellement le dieu du "devenir". Il chevauche à la nuit sur son fabuleux coursier : Sleipnir, le cheval à huit pattes qui galope aussi bien sur la terre, dans l'air et sur l'eau. La saison allant de la nuit de l'hiver ou veille de la Toussaint (*Halloween,* le 31 octobre ; correspondant à la fête de *Samain* des Celtes ou au *Samonios* des Gaulois), au solstice d'hiver se situait traditionnellement au moment où la Chasse sauvage menée par Odin passait dans le ciel nocturne. Selon Bede, les païens anglo-saxons commençaient l'année le 25 décembre par une fête appelée la Nuit des Mères (pour les Celtes l'année commençait un peu plus tôt, lors de la fête de *Samain*). Cette Nuit des Mères faisait sans doute référence aux divers aspects de la grande déesse, la Déesse-Mère. La fête coïncidait avec *Yule* (vieux mot nordique *jul* ou *jol,* ou vieil anglais signifiant "roue") qui était célébrée durant le solstice d'hiver et qui a été récupérée par les chrétiens pour devenir la fête de Noël (pendant longtemps, la naissance du Christ fut fixée arbitrairement au 6 janvier, dans l'ignorance de la date réelle ; puis on la plaça au 25 décembre pour contrecarrer les fêtes païennes du solstice d'hiver). Comme son nom l'indique, c'était le moment de l'année où tourne la roue de la vie et où l'on marque une pause entre l'année mourante et l'année naissante. Dans les calendriers runiques, le 25 décembre était marqué d'une roue. Pendant cette période (les 12 jours allant du 25 décembre au 6 janvier), la tradition a longtemps voulu que l'on immobilise les roues, les chariots ne circulaient plus, les représentations du soleil devaient être immobiles. Tous les voyageurs s'arrêtaient pendant cette période ; le seul à circuler était Odin. Dans les pays germaniques et nordiques, on abattait un arbre aux alentours du solstice d'hiver. Des petits morceaux de viande étaient déposés autour des arbres sacrés : frêne, sorbier, if, sapin... et on surveillait les corbeaux (oiseaux sacrés d'Odin). L'arbre auprès duquel se trou-

(1) Ou encore un orme.

vait le premier morceau de viande mangé était abattu. Ses branches étaient débitées, et les prêtres les ornaient. Dans le tronc on sculptait des ex-voto, et chaque assistant emportait chez lui une bûche pour la brûler dans son foyer. Les chrétiens tentèrent d'éliminer ou d'interdire ces pratiques, mais ce fut en vain, et elles parvinrent jusqu'à nous, un peu déformées et plus ou moins christianisées (la bûche de Noël ne devint un gâteau qu'à la fin du XIXe siècle).

Le Grand Voyageur s'enorgueillit aussi de s'appeler Rafnagud, le Dieu-aux-Corbeaux ; car il porte un de ces oiseaux sur chacune de ses épaules. L'un se nomme Munin, la Mémoire, et l'autre, Hugin, la Réflexion. Sans cesse, ils lui soufflent ce qu'ils voient et entendent à l'oreille. A chaque aurore, Odin les libère et les envoie voler à travers le monde. Au crépuscule, ils reviennent et apportent des nouvelles des hommes, des dieux et des choses. Odin ne cesse de se tourmenter pour ses deux oiseaux sacrés qui le quittent chaque matin. Pendant les longues heures du jour, il s'inquiète de ne pas les voir revenir. Il sait que sans la mémoire et la réflexion, il ne pourrait plus apporter l'esprit aux êtres vivants ; car ses deux corbeaux sacrés lui permettent à la fois de voir et de savoir.

La strophe du *Poème runique anglo-saxon* associée à *Os* évoque la bouche et le discours ; la bouche "*soutient la sagesse, apporte le bien-être à l'humanité et bénit chacun*". Nous avons vu que les Romains assimilèrent Odin/Woden à leur Mercure, messager des dieux. Cette rune renvoie à la transmission orale du savoir et à la valeur magique de la parole. Les druides celtes s'entraînaient pendant vingt années avant d'être acceptés comme des prêtres officiants (le druide était en réalité bien davantage qu'un prêtre). Leurs études comprenaient la mémorisation de longs poèmes ésotériques et épiques. Il est probable que les prêtres chamanes germains utilisaient des techniques similaires d'apprentissage.

Os apprend au chercheur que dans la vie il doit parler doucement, et que la sagesse peut venir de sources imprévues.

Nul n'en sait trop qu'il ne puisse apprendre encore, le savoir est partout, nous avons tous et toutes à apprendre d'autrui. Mais il nous faut avoir un esprit ouvert, sans bornes ni préjugés. L'orgueilleux qui croit tout savoir ne sait rien. L'esprit ouvert et sans cesse curieux de tout se moque de cette rationalisation à outrance qui est le fait de notre monde "moderne" intellectualisé jusqu'à la bêtise.

Os est associée à des chants sacrés, à la poésie, à la connaissance intuitive et au *galdr* (incantation magique). Tout cela est enseigné par le sage Odin, qui l'a appris par son sacrifice sur Ygdrasil, mais aussi par le sacrifice de son œil au dieu de l'intelligence Mimir, gardien de la fontaine de la sagesse. (1)

Signification divinatoire

Droite : Os apporte la sagesse et signifie la protection divine. Elle évoque une personne plus âgée qui donne de bons conseils, ou au sens plus large un conseiller sage et averti (qui peut être notre propre subconscient). Travaux intellectuels, héritages (au sens large du terme), communication, inspiration, connaissance intuitive. Veillez à connaître toutes les données d'un problème avant de chercher à le résoudre ; n'hésitez pas à demander conseil en cas de difficultés.

Renversée : Une personne plus âgée peut être cause d'ennuis. Rumeurs et mensonges. Mauvais conseils de quelqu'un vous voulant du tort, ou un conseil inutile. Il peut être bénéfique de rompre les relations inutiles. Soyez très prudent, vous ne possédez pas toutes les informations nécessaires pour résoudre un problème. Mesurez vos paroles pour éviter d'offenser autrui. Le moment n'est pas propice à l'action, attendez d'en savoir plus pour agir, car vous risquez de commettre une erreur d'appréciation. Patience et prudence sont recommandées.

Affectif

Droite : Pour que l'entente règne dans un couple, la communication est primordiale. En cas de dispute, la bouderie n'arrangera pas les problèmes.

(1) Mimir avait été envoyé en otage chez les dieux vanes. Ceux-ci, se méfiant de sa vivacité d'esprit, le tuèrent et renvoyèrent sa tête à Odin. Le maître d'Asaheim, par sa magie, conserva à cette tête intelligence et vitalité. Depuis, installée près d'une fontaine sous une racine d'Ygdrasil, la tête de Mimir converse avec Odin et lui donne des conseils toujours judicieux.

Au besoin, demandez conseil à une personne sage et avisée.

Renversée : Il peut être bénéfique de rompre les relations inutiles. On peut vous mentir ou faire courir une rumeur sur votre compte, mais avant de sortir vos griffes, vérifiez la source de l'information et mesurez vos paroles pour éviter d'offenser autrui. Attention aux mauvais conseillers car ils peuvent vous induire en erreur. Disputes, mésententes ou incommunicabilité sont à craindre.

Santé

Droite : Os annonce bonne santé et longue vie. Si des ennuis surviennent, gardez le moral car ils ne seront que passagers.

Renversée : Maladie liée à la vieillesse. Le consultant pourrait avoir à soigner une personne âgée. Problèmes liés à la gorge ou à l'étouffement.

Matériel

Droite : Héritages, legs, dons... tout est possible ; en tout cas les finances devraient connaître une amélioration sensible. Des transactions ou des investissements bien conseillés pourraient porter leurs fruits.

Renversée : Patience et prudence sont recommandées. Un mauvais conseil (éventuellement d'une personne vous voulant du tort), ou un conseil inutile pourraient vous mettre dans une situation délicate financièrement.

Professionnel

Droite : Une personne plus âgée pourrait être d'excellent conseil et apporter un coup de pouce à la carrière. Les métiers liés à la communication sont favorisés. De bonnes connaissances intellectuelles, la sagesse et la patience conjuguées vous feront mener à bien vos projets et activités professionnelles. L'expérience acquise aidera à bâtir un futur meilleur et à satisfaire les ambitions.

Renversée : Le moment n'est pas propice à une amélioration des conditions de travail. Rumeurs, mensonges et jalousie se conjuguent pour vous gâcher la vie. Attendez cependant d'en savoir plus pour réagir car vous risquez de commettre une erreur d'appréciation ou d'accuser un innocent. Relations tendues dans le travail. Possibilité de devoir faire appel à un expert.

Spirituel

Droite : La sagesse et la protection divine sont des atouts majeurs pour progresser. Un guide peut se présenter sous des traits inattendus. Nous avons toujours quelque chose à apprendre d'autrui, et il nous faut nous souvenir que ce que nous savons n'est rien en comparaison de ce que nous ignorons. Le chercheur doit donc parler doucement, car nul n'en sait trop qu'il ne puisse apprendre encore.

Renversée : L'orgueilleux qui croit tout savoir ne sait rien du tout. Le refus de l'intuition et l'intellectualisation à outrance ne mènent qu'à l'incompréhension : celui qui borne son esprit et refuse d'ouvrir son cœur à la connaissance est sur une très mauvaise voie.

Psychologique

Droite : Les avertissements du subconscient doivent être écoutés et l'intuition développée. Communication, inspiration et connaissance intuitive éclairciront bien des problèmes obscurs. Il faut veiller à connaître toutes les données d'un problème avant de chercher à le résoudre : allez au-delà des apparences et n'hésitez pas à demander conseil à une personne avisée en cas de difficultés.

Renversée : Patience et prudence sont recommandées. Soyez très prudent car vous ne possédez pas toutes les données nécessaires pour résoudre un problème. Le moment n'est pas venu de l'action, attendez d'en savoir plus pour agir.

Synthèse

Droite : Os apporte la sagesse et signifie protection divine. Elle met l'accent sur la communication et les conseils (à prendre ou à donner). Elle avertit de se méfier des apparences et de connaître toutes les données d'un problème avant d'agir ou de prendre une décision.

Renversée : Elle met en garde celui qui croit tout savoir, car il ne sait rien du tout en réalité. L'orgueil intellectuel est dangereux et pousse à commettre des erreurs. Elle avertit qu'une personne (peut-être âgée) pourrait être cause d'ennuis. Risque de rumeurs et de mensonges.

RAD

La rune *Rad* est associée à la roue, symbole important dans les sociétés anciennes. Elle évoque le voyage et le déplacement, aussi les fêtes du solstice d'hiver comme nous l'avons vu. Si la roue est un symbole solaire (bien qu'elle fût sans doute auparavant un symbole lunaire), comme nous l'avons vu avec le svastika, elle est aussi, et peut-être avant tout, une représentation du monde. Dans la mythologie celtique, Taranis, le Tonnant, est aussi appelé le dieu à la roue cosmique. Si l'on se reporte à la comparaison irlandaise de la roue cosmique du druide mythique Mag Ruith ("serviteur de la roue"), qui est un avatar du dieu-druide dagda (dieu-père de la mythologie celtique irlandaise), le dieu gaulois à la roue correspond au *çakravarti* hindou : c'est le "moteur immobile", axe du mouvement cosmique auquel il ne participe pas mais qui lui est indispensable. Cet axe et soutien du monde c'est l'Ygdrasil ou l'Irminsul de la mythologie germano-scandinave. La roue est aussi parfois associée aux monuments gallo-romains du Cavalier à l'Anguipède (cavalier céleste porté ou supporté par un géant serpentin). La colonne de ces monuments peut être considérée comme un pilier du monde.

Taranis est aussi un pilier de l'Univers, au même titre que le héros mythique irlandais Cûchulainn est un "pilier" des batailles et de la société. Sur une plaque du célèbre chaudron de Gundestrup se voit un homme (serviteur de la roue ?) porteur de cette roue cosmique, tandis que le dieu est figuré en buste, les bras levés dans l'attitude impassible du Principe, d'où émane toutes manifestations.

La roue du druide Mag Druith est en if, arbre funéraire (rappelons que l'Arbre du Monde, Ygdrasil, est un if) : c'est une roue cosmique dont l'apparition sur terre marquera le début de la fin des

Le dieu à la roue du chaudron de Gundestrup.

temps. Le héros celtique irlandais Cûchulainn est capable, lors de transes guerrières, de se transformer en une roue énorme et flamboyante par les contorsions de son corps. La roue enflammée était une coutume très répandue en Europe : il s'agissait de faire dévaler d'une pente une roue embrasée et de la précipiter dans une rivière. Ce rite solaire du solstice d'été devait garantir les récoltes, reliquat d'anciens rites de fertilité. La roue est aussi symbole de changement et du retour des formes de l'existence. Elle implique un mouvement perpétuel de l'Univers.

La strophe du *Poème runique anglo-saxon* associée à la rune *Rad* présente une ironie certaine :

> *"Il est facile au héros de chevaucher dans la halle,*
> *Mais plus dur de monter un coursier sur les grands chemins."*

Elle suggère que ceux qui sont confortablement assis chez eux, contant les aventures et exploits passés dans des lieux lointains, n'éprouvent pas réellement le monde extérieur. Elle met aussi en garde contre ceux qui donnent des conseils importuns sur la façon dont les autres devraient mener leur vie. La théorie est en effet une belle chose, à condition d'être mise en pratique. *Rad* évoque le danger qu'il y a à vivre sa vie par procuration, sans se mêler au monde extérieur. Le "héros qui chevauche dans la halle", c'est ce que l'on appelle communément un "aventurier de salon". Au niveau moral, et dans l'optique chrétienne, c'est celui qui part faire retraite dans un lieu isolé (le "désert") pour échapper aux tentations. Il est bien certain que, ainsi éloigné de ces "tentations", il n'éprouvera aucune difficulté à leur résister. Celui qui veut affermir sa volonté doit rester dans le monde extérieur des tentations . De même, il est faux de croire que pour s'élever spirituellement il faille s'isoler intérieurement et se fermer au monde extérieur. Cette voie ne mène qu'à la solitude ou à l'autosuffisance.

L'être humain n'est pas fait pour vivre seul, il lui faut le contact de ses semblables pour apprendre et progresser. Le spirituel et le matériel étant liés intimement, rejeter l'un c'est aussi ne jamais atteindre l'autre.

A un autre niveau, *Rad* met en garde ceux qui croient pouvoir avancer dans la recherche spirituelle et atteindre leur but avec un minimum d'efforts. Rien n'est plus faux.

L'étude est toujours longue et ardue, et il faudra des années pour approcher une image approximative de la vérité. Dans notre monde matérialiste et intellectualisé à outrance, les nombreux ouvrages "ésotériques" qui proposent des "recettes miracle" permettant de maîtriser telle ou telle technique en très peu de temps, sont le reflet de cette philosophie mensongère. Il faudra souvent ne compter que sur soi-même pour progresser ; car si nous avons besoin des autres pour avancer dans notre quête, le chercheur ne peut compter que sur lui-même pour trier les diverses informations recueillies et en faire une synthèse. Il n'y a pas de gourou au sens oriental du mot dans le paganisme ; car l'être doit être maître de lui-même : il ne faut jamais abdiquer sa volonté ou sa personnalité devant celle d'autrui. Il existe cependant des figures divines ou semi-divines, comme Odin ou Merlin, qui assument le rôle de guide spirituel pour aider le chercheur. A des moments inattendus, ces guides peuvent surgir dans la vie, habilement déguisés sous des formes humaines. Ils peuvent offrir conseils et connaissances , mais n'interviennent pas sur le libre arbitre du chercheur, car celui-ci doit apprendre à vivre par lui-même. Il ne doit pas craindre de voyager et de se plonger dans le monde extérieur, pour acquérir de l'expérience. Le chemin de la vérité est pavé d'erreurs, mais ces erreurs nous font progresser ; même s'il nous arrive souvent de revenir à notre point de départ. La vie est une initiation, et elle n'est pas facile, et le *wyrd* (destin) est le plus grand initiateur que l'on puisse trouver.

Rad indique aussi que pour surmonter une crise personnelle, il faut faire preuve d'indépendance.

Signification divinatoire

Droite : Rad informe sur la carrière. Elle peut annoncer un voyage, un déplacement quelconque (parfois une traversée) ou des vacances apportant le bonheur, ou encore un progrès dans les buts de la vie ou l'avancement d'un projet. *Rad* implique le mouvement et l'action. Changements bénéfiques et mise en route de projets. Les voyages, en particulier d'affaires sont favorisés. Des modifications pourraient intervenir dans la vie du consultant.

Renversée : Gardez vos projets secrets pour déjouer toute rivalité. Retard, délai. N'attendez pas pour régler les problèmes, particulièrement administratifs. Une traversée déplaisante. Un déplacement causé par des ennuis, ou éventuellement une visite à des parents malades ou à des amis ayant des ennuis. Pour pouvoir surmonter une crise personnelle, il faudra faire preuve d'indépendance et souvent ne compter que sur soi.

Affectif

Droite : Un voyage, des vacances ou un déplacement quelconque (parfois, une traversée) pourraient apporter le bonheur, être l'occasion de rencontrer l'amour, ou encore de nouveaux amis. Si les amours sont moroses, attendez-vous à un changement bénéfique, mais parfois soudain, aussi vous faudra-t-il peut-être saisir l'occasion au vol.

Renversée : Retards et délais sont à craindre. Les relations sont difficiles ou tendues, la communication ne passe pas. Amours et amitiés sont bloquées, amenant un sentiment de tristesse, de solitude ou de frustration. Une visite à des amis ayant des ennuis est possible.

Santé

Droite : Si des tracas de santé vous importunent, n'y pensez plus et prenez la vie du bon côté : ces problèmes ne seront que passagers.

Renversée : Possibilité d'avoir à faire un déplacement ou un voyage pour rendre visite à des parents malades. Attention aux accidents de la route.

Matériel

Droite : Des changements bénéfiques dans vos finances sont en vue, mais sans doute sous forme de liquidités car l'argent qui dort ne rapportera rien. Toutes les transactions sont favorisées.

Renversée : Votre situation financière est morose et bloquée. Si vous attendez un remboursement, prenez patience car des délais et des retards sont à craindre.

Professionnel

Droite : Rad informe bénéfiquement sur la carrière. Un voyage ou un déplacement professionnel permettra l'avancement d'un projet. Changements bénéfiques et mise en route de projets. Les voyages d'affaires sont favorisés.

Renversée : Gardez vos projets secrets pour déjouer toute rivalité. Un déplacement causé par des ennuis est à craindre. N'attendez pas pour régler les problèmes, particulièrement administratifs.

Spirituel

Droite : Il faut apprendre sans cesse et participer activement au jeu de la vie, car celui qui veut affermir sa volonté doit se baigner dans le monde extérieur et en éprouver les difficultés ; c'est la seule façon d'avancer dans la recherche spirituelle ;

Renversée : Il ne faut pas s'isoler de ses semblables et du monde matériel : cette voie ne mène qu'à la solitude et à l'autosuffisance. Celui qui refuse l'initiation de la vie n'arrivera nulle part. De même, il faut refuser les solutions de facilité car elles mènent sur une mauvaise voie. La bonne voie se reconnaît à ce qu'elle monte un peu plus que l'autre. Celui qui craint l'erreur ne trouvera jamais la vérité.

Psychologique

Droite : En conservant son indépendance d'esprit et d'action, tout est possible à l'être animé de volonté et d'optimisme.

Renversée : La seule façon de surmonter une crise personnelle est de faire preuve d'indépendance et de volonté, car il faut souvent ne compter que sur soi-même. En agissant ainsi, on se vaincra soi-même et on progressera davantage sur la voie de l'individuation et de la prise en charge de soi-même. Celui qui pense sans cesse à ce qui va arriver ne fera jamais rien, car il se bloque lui-même.

Synthèse

Droite : Rad indique des changements bénéfiques ou des modifications dans la vie du consultant, ou encore un progrès dans les buts de la vie. Elle implique le mouvement et l'action : c'est la "roue du Destin" qui tourne en faveur du consultant, s'il sait saisir sa chance.

Renversée : Rad annonce retard et délai ou l'immobilisation. Un déplacement causé par des ennuis ou un voyage déplaisant. Elle prévient que des blocages interviendront dans les affaires, les rentrées matérielles ou les échanges affectifs. Mais cette situation ne devrait être que passagère.

KEN

Nous avons déjà évoqué l'appartenance de la rune *Ken* au symbolisme de la torche.

> *"La torche est une flamme vivante,*
> *Pâle et brillante,*
> *Elle éclaire lorsque se réunissent les*
> *gens de noble lignage."* (1)

Le symbolisme de la torche ou du flambeau rejoint celui du feu. Elle est une représentation symbolique de la lumière. Dans un passé lointain, un cercle de torches brûlantes disposées autour du campement produisait une lumière et un feu protecteur contre les bêtes sauvages, ou une attaque d'ennemis humains. La torche est aussi symbole de purification par le feu et d'illumination. Elle est la lumière qui perce les ténèbres, et éclaire la traversée des Enfers et des chemins de l'initiation. La flamme vivante de la torche est symbole de purification, d'illumination et d'amour spirituel.

Elle est l'image de l'esprit et de la transcendance, l'âme du feu. Le feu peut être créateur, obtenu par frottement, il est l'image de la force vitale, l'esprit créateur qu'Odin insuffla à Ask et Embla, le premier couple humain. "*Car le feu, qui n'est pas un élément, mais qui transcende trois formes de la matière en les mutant et en les permutant, est le symbole le plus exact de l'énergie spirituelle sans laquelle rien n'existe.*" (2)

Dans la mythologie scandinave, le feu est l'une des énergies jumelles primitives, qui crée puis soutient l'Univers. Il symbolise ainsi la puissance créatrice qui circule à travers le milieu du monde, détruisant et renouvelant tout sur son passage. La torche, flamme vivante, de la strophe du *Poème runique anglo-saxon* doit être considérée comme le feu spirituel. Par "Les gens de noble lignage", il faut sans doute entendre les initiés ; ce genre de méta-

(1) Poème runique anglo-saxon, traduction de Michael Howard.
(2) Jean Markale, Le Druidisme, pp. 262-263.

phore était courant dans la poésie ancienne. Le peuple noble désignerait alors les initiés aux mystères, dont la lumière intérieure éclaire et guide le chercheur dans sa quête, à la façon dont la torche guide et protège le voyageur à la nuit. Le feu représente alors la connaissance et la sagesse acquises par l'expérience (évoquée par la rune précédente) qui nous guide et nous écarte de l'erreur. A un autre niveau, le "peuple noble" de la strophe peut être un euphémisme pour les esprits des défunts, et cela n'est sans doute pas étranger aux rites funéraires des Vikings qui brûlaient leurs chefs morts sur leur navire. Dans toute l'Europe, la croyance populaire voulait que les feux follets fussent des esprits errants. Cette croyance était sans doute connue chez les peuples germain et scandinave. La rune *Ken* indique aussi au chercheur que, de même qu'il progresse sur le chemin spirituel, il doit laisser sa lumière intérieure illuminer la vie des autres ; c'est-à-dire qu'il doit faire profiter autrui de son expérience et aider les autres à avancer.

Signification divinatoire

Droite : Ken est la rune de l'espoir et de l'inspiration. Elle indique la justesse et la réussite de l'action entreprise par le consultant. Elle peut annoncer une illumination qui permettra de clarifier une situation trouble ou obscure. Elle offre la vérité en tous domaines où une incompréhension des événements subsistait. Elle aide à comprendre ce qui paraît obscur dans l'esprit ou dans la réalité. Elle promet conseil, protection et soutien aux personnes animées d'un esprit d'initiative. Elle est, en particulier, très favorable à ceux qui poursuivent des travaux artistiques.

Renversée : Obscurcissement. Perte de prestige social et /ou de biens matériels. Il existe un risque d'incompréhension dans les relations affectives. Le consultant se sent seul et abandonné, la nuit vient sur lui ; les forces des ténèbres prennent de plus en plus de puissance. Restez tranquille, aucun changement bénéfique n'est à espérer pour l'instant.

Affectif

Droite : Tous les espoirs sont permis et de nouvelles connaissances devraient intervenir dans la vie du consultant. Une meilleure compréhension des sentiments qui vous sont portés permettra d'améliorer vos relations avec l'entourage. Un élargissement de l'horizon affectif est favorable à votre équilibre. L'ardeur amoureuse doit pourtant être tempérée pour ne pas provoquer de conflits.

Renversée : Il existe un risque d'incompréhension et de disputes dans les relations affectives. La solitude étreint le coeur du consultant qui se sent seul et abandonné. Restez tranquille car aucun changement bénéfique n'est à espérer pour l'instant.

Santé

Droite : Aucun problème à craindre, l'énergie vitale est à son plus fort.

Renversée : Dépression nerveuse ou perte de vitalité. Danger par le feu ou les brûlures. Risque d'insolation. Etat fiévreux.

Matériel

Droite : Un certain pouvoir permet de dominer la situation matérielle par une meilleure gestion. Confiance et énergie permettront de surmonter tous les problèmes. A cette condition, les difficultés seront rapidement réglées.

Renversée : Perte de biens matériels à craindre. Crise économique ou financière. Perte d'argent sur un coup de tête. Risque d'incendie.

Professionnel

Droite : Ken indique la justesse et la réussite de l'action entreprise par le consultant. Les efforts de ceux ou celles qui cherchent du travail seront récompensés. L'esprit d'initiative est indispensable à la réussite. *Ken* est en particulier favorable aux travaux artistiques.

Renversée : Risque de perte de prestige social. Les relations professionnelles sont tendues et l'incompréhension règne, menaçant d'engendrer des conflits.

Spirituel

Droite : Une illumination permettra au chercheur de progresser en clarifiant une situation trouble et en offrant la vérité. Le chercheur doit à son tour aider autrui à avancer sur le chemin de l'initiation.

Renversée : Obscurcissement de l'esprit. La nuit vient sur le chercheur et les forces des ténèbres prennent de plus en plus de puissance, le laissant seul et abandonné. Rien à faire, sinon atendre.

Psychologique

Droite : Ken aide à comprendre ce qui paraît obscur dans l'esprit ou le monde extérieur. Elle offre la vérité en tous domaines où une incompréhension subsistait. Mais pour cela une analyse claire des circonstances est nécessaire, tout comme une autocritique sincère.

Renversée : L'incompréhension règne et le consultant n'est pas en mesure d'y voir clair.

Synthèse

Droite : Ken est la rune de l'espoir et de l'inspiration. Elle indique la justesse et la réussite de l'action entreprise, et promet conseil et soutien aux personnes animées d'un esprit d'initiative. Elle aide à faire la lumière sur une situation trouble et à clarifier les problèmes relationnels.

Renversée : Ken annonce l'incompréhension et le trouble, le doute. Le consultant n'est pas aidé et la situation est telle que toute possibilité d'agir à sa guise lui est refusée.

GYFU

La rune *Gyfu* (ou *Geofu*) implique un don, un présent. Mais il s'agit d'avantage des cadeaux que l'on offre que ceux que l'on reçoit. Comme l'hospitalité était un devoir sacré, le don était un aspect très important de la philosophie sociale des Germains. Car le don possède une signification aujourd'hui disparue. Le don imposait une responsabilité à la fois au donneur et au receveur. Un individu était jugé socialement par le nombre de cadeaux qu'il offrait aux moins fortunés. D'un point de vue religieux, "une offrance aux dieux" désigne un sacrifice offert à une divinité. Le plus souvent, le sacrifice était celui d'un animal, mais il pouvait aussi s'agir d'un être humain, consentant ou non. Dans les cérémonies consacrées à Odin, les prisonniers de guerre ou les criminels coupables de délits graves étaient condamnés à mourir rituellement. Ils étaient étranglés à l'aide d'une lanière de cuir. C'est une très ancienne forme de meurtre rituel, comme en atteste la découverte de cadavres momifiés de l'âge du fer préservés dans les tourbières danoises. La pendaison était aussi très présente dans le culte d'Odin (le corps bien conservé, vieux de deux mille ans, retouvé dans le Jylland, au Danemark, en 1950, paraît bien être celui d'un homme pendu à l'occasion d'un sacrifice à Odin). L'utilisation de la strangulation et de la pendaison était peut-être un rappel mythique perverti de la pendaison d'Odin à une branche d'Ygdrasil (d'autant plus que les corps des victimes étranglées étaient suspendues à des branches d'arbre près des temples).

Gyfu est donc une rune de sacrifice personnel. Elle enseigne au chercheur spirituel qu'il y a toujours un prix à payer pour progresser.

Signification divinatoire

Droite : Rune de l'équilibre et de l'harmonie, *Gyfu* favorise les projets collectifs. Elle évoque des personnes engagées dans des oeuvres humanitaires. Un cadeau de l'être aimé indiquant l'amour partagé, ou la consolidation d'une alliance. Elle indique la reconnaissance et annonce des cadeaux, des intentions sympathiques ou une gratification quelconque. Opportunités avantageuses, aussi bien sur le plan social que dans le domaine affectif. *Gyfu* indique aussi au consultant qu'il ne doit pas hésiter à consolider une alliance (au sens large du terme) ou conforter les relations avec son entourage proche par des attentions sympathiques et délicates. Sur le plan affectif, le consultant aura tout intérêt à na pas rester froid ou neutre, mais au contraire à exprimer ses sentiments. *Gyfu* le pousse à aller vers les autres, et peut annoncer une rencontre ou des retrouvailles.

Renversée : Trahison, séparation. La fin d'une histoire d'amour ou d'une amitié. S'il veut s'allier (au sens large) à autrui, le consultant risque d'être repoussé. L'entente est compromise, et des proches du consultant pourraient lui causer de la peine. Le consultant ne donne pas assez de lui-même (matériellement ou moralement), il risque de s'en repentir, car les autres finiront par se lasser de ne recevoir aucune marque d'intérêt ou de sympathie. Amitié investie à perte, le consultant donne à qui ne le mérite pas. *Gyfu* peut aussi indiquer les exigences de l'entourage accaparant le temps et l'énergie du consultant. Evitez de prendre des risques, la situation ne le permet peut-être pas.

Affectif

Droite : Gyfu annonce des cadeaux, des intentions sympathiques, un cadeau de l'être aimé indiquant l'amour partagé, ou la consolidation d'un lien affectif. Opportunités avantageuses dans le domaine sentimental. Le consultant ne doit pas hésiter à conforter les relations avec son entourage proche par des attentions sympathiques et délicates. Il aura intérêt à ne pas rester froid ou neutre, mais au contraire à exprimer ses sentiments. *Gyfu* le pousse à aller vers les autres, et peut annoncer une rencontre ou des retrouvailles.

Renversée : Trahison ou séparation sont à craindre. Fin d'une histoire d'amour ou d'une amitié. L'entente est compromise et des proches du consultant pourraient lui causer de la peine. Le consultant ne donne peut-être pas assez de lui-même et les autres finiront par se lasser de ne recevoir aucune marque d'intérêt ou de sympathie. Possibilité d'amitié investie à perte : le consultant donne à qui ne le mérite pas. *Gyfu* peut aussi indiquer que les exigences de l'entourage accaparent le temps et l'énergie du consultant.

Santé

Droite : Harmonie et équilibre, bonne santé.

Renversée : Possibilité de séparation avec un être aimé due à une maladie, sinon pas d'influences particulières.

Matériel

Droite : Cadeau, legs, donation, gratification, tout est possible ; en tout cas un gain quelconque devrait survenir.

Renversée : L'avarice aussi bien que la malhonnêteté porteraient préjudice au consultant, qu'il soit coupable de ces travers ou en soit la victime. Le moment est mal choisi pour investir et les finances risquent de subir une baisse sensible.

Professionnel

Droite : Gyfu favorise les projets collectifs, qui sont placés sous de bons auspices. Elle promet la reconnaissance dans le travail et engage à consolider les alliances et conforter les relations professionnelles. Une opportunité avantageuse sur le plan social pourrait survenir : saisissez-la !

Renversée : Gyfu est défavorable à toute collaboration et annonce la mésentente dans les groupes de travail. Si le consultant cherche une alliance professionnelle, il risque d'être repoussé (surtout s'il ne s'investit pas assez). Evitez de prendre des risques car la situation ne le permet peut-être pas.

Spirituel

Droite : Il y a toujours un prix à payer pour progresser dans la quête, il faut consentir au sacrifice personnel, car avancer sur le chemin de l'initiation nécessite des efforts constants. S'intéresser à autrui est primordial.

Renversée : La voie de la facilité ne mène nulle part, pas plus que l'égoïsme ou l'égocentrisme.

Psychologique

Droite : La reconnaissance de ses propres qualités et talents permet au consultant de trouver l'énergie nécessaire à l'action. Donner aux autres affection, amour, encouragements ou attention permet de se sentir mieux soi-même et de lutter contre le spectre de la solitude.

Renversée : Vouloir s'allier et être repoussé : tristesse. Mais cela ne vaut-il pas mieux que de s'allier à n'importe qui ? Pourtant, si vous n'allez pas vers les autres, pourquoi viendraient-ils à vous ?

Le renfermement sur soi mène à l'inhibition de l'action. Il faut réagir !

Synthèse

Droite : Rune de l'équilibre et de l'harmonie, *Gyfu* favorise les projets collectifs et peut évoquer des personnes engagées dans des oeuvres humanitaires. Elle pousse à aller vers les autres et à ne pas rester seul dans son coin. Il suffit souvent de s'intéresser à autrui pour voir les autres s'intéresser à soi en toute sincérité.

Renversée : Heurts et disputes sont à craindre et le consultant risque de se retrouver seul avec lui-même. *Gyfu* met en garde contre l'avarice ou le manque d'intérêt porté aux autres.

WYNN

La rune *Wynn* se rapporte à la joie et au bonheur, comme le montre clairement la strophe du *Poème runique anglo-saxon* qui lui est associé :

"La joie est pour celui qui connaît peu la peine,
Sans affliction on obtient progrès et bénédictions." (1)

Le premier vers évoque la vie rude qui était le lot quotidien de la plupart des gens en Europe à l'époque où l'alphabet runique était utilisé. La deuxième ligne, dans ce contexte social, semble considérer la joie durable comme une utopie et évoque une société idéale où règnent la paix et l'abondance. Peut-être au niveau mythologique est-il fait allusion à ce monde nouveau qui pourrait suivre le Ragnarok, la bataille finale des dieux ; sorte d'âge d'or illusoire dans un monde de justice et de bonheur.

Wynn enseigne que le bonheur surgit dans n'importe quelle situation d'où la peine est absente, plus même, que le bonheur naît de l'absence de malheur. Elle nous incite à apprendre à apprécier les petits bonheurs éphémères et fragiles qui illuminent cette vie qui nous paraît être une suite de longues périodes de misère. Elle nous reppelle que le bonheur, comme le malheur, ne dure jamais ; car tout est en perpétuel changement : après une période d'obscurité et d'accablement, le soleil intérieur finit par revenir. La vie nous donne de multiples occasions d'être malheureux, mais s'abandonner au pessimisme ne fait qu'aggraver les choses, car si le désordre règne à l'extérieur, à quoi servira de rajouter la confusion à l'intérieur de soi ? Parfois, nous sommes nous-mêmes responsables de

(1) Traduction de Michael Howard.

notre malheur ; en proie à nos émotions, la situation nous paraît pire qu'elle n'est en réalité. D'autre part, nous sommes dans une certaine mesure les artisans de notre destin, car nos actions, ou nos inactions, d'aujourd'hui construisent notre futur. La philosophie germanique condamnait la faiblesse et le pessimisme, elle poussait au contraire à toujours relever la tête et à lutter. Car ces peines sont des épreuves envoyées par le pouvoir du destin (*wyrd*), et nous devons adopter une attitude positive et constructive pour les surmonter. *Wynn* offre la promesse que rien n'est immuable ou définitif et que le cours du présent peut être inversé. L'espoir ne doit pas être abandonné dans l'épreuve, car nous ne sommes pas isolés de l'Univers, nous ne devons pas nous croire indépendants. N'oublions pas que le royaume des dieux est en nous, si nous savons le trouver. Il appartient à chacun de choisir de suivre le mouvement du *wyrd* ou d'être entraîné par lui en esclave.

Signification divinatoire

Droite : Rune très favorable dénotant prospérité, harmonie et santé, *Wynn* annonce un bonheur, une transformation de la vie pour le meilleur. La vie sociale est particulièrement satisfaisante. Une nouvelle liaison en vue, qui pourrait bien déboucher sur une histoire d'amour. Perspective d'attachement pour les célibataires. Pour les couples, mariés ou non, les relations conjugales sont au beau fixe. *Wynn* favorise aussi les affaires, et annonce des perspectives encourageantes, richesse et prestige.

Renversée : Malheur. Pessimisme. Une période noire s'annonce. Il y a risque de tensions dans les relations affectives, voire de brouille ou de séparation. La perte d'affection d'êtres aimés est à craindre. Préparez-vous à subir des revers ou des échecs. Le consultant risque d'être bientôt en proie à la solitude et à la tristesse, voire au désespoir. Mais il doit garder confiance et ne pas se laisser aller au pessimisme, car une période d'accablement ne dure jamais ; la roue de la vie finira par tourner en sa faveur.

Affectif

Droite : Une nouvelle liaison sentimentale est en vue, qui pourrait bien déboucher sur une histoire d'amour passionnée. Bonne perspective d'attachement pour les célibataires. Pour les couples, mariés ou non, les relations sont au beau fixe et promettent bonheur et harmonie.

Renversée : Malheur. Il y a risque sérieux de tensions dans les relations affectives, voire de brouille ou de séparation. La perte d'affection d'êtres aimés est à craindre. Pour les couples mariés, il faut prendre garde à une vibration de divorce qui va en s'amplifiant.

Santé

Droite : Joie, bonheur et bonne santé. Que désirer de plus ?

Renversée : Des problèmes de santé pourraient provoquer la perte d'êtres aimés ou d'amis.

Matériel

Droite : Wynn favorise les affaires et l'argent, et annonce des perspectives encourageantes : richesse et prestige.

Renversée : Préparez-vous à subir des revers ou des échecs. Une importante perte d'argent est possible. Faites très attention.

Professionnel

Droite : La vie sociale et professionnelle est particulièrement satisfaisante. Si ce n'est pas le cas, attendez-vous bientôt à un changement bénéfique. Une importante promotion est aussi possible.

Renversée : Une période difficile s'annonce et il vous faudra tout votre courage pour y faire face. Le risque de perte d'emploi ou de la ruine d'un projet est important. Mais ne vous laissez pas aller au pessimisme, la chance finira par tourner.

Spirituel

Droite : Rien n'est immuable ni définitif, la roue de la vie tourne sans cesse, alternant élévation et chute. Le mouvement continuel d'évolution et d'involution est une chose naturelle et normale.

Montées et descentes successives, si elles paraissent déstabilisantes, affermissent en réalité l'esprit dans son insatiable soif de spiritualité et d'élévation. Ces épreuves sont nécessaires car il faut avoir l'âme bien trempée pour pénétrer les Mystères.

Renversée : Lorsque l'on est baigné par les ténèbres opaques, il y a de quoi frémir. Il ne faut pourtant pas se laisser aller au désespoir car les ténèbres les plus insondables sont en réalité des puits de lumière pour qui sait voir au-delà des trompeuses apparences. Dans les moments de doute, il faut tenir ferme et se souvenir de la maxime : *Post tenebras lux* (la lumière succède aux ténèbres).

Psychologique

Droite : Le soleil intérieur luit et illumine le monde. Joie et bonheur sont au rendez-vous. Il faut en jouir tant que l'on peut, en n'oubliant pas pour autant que rien n'est éternel et que cette merveilleuse sensation ne saurait durer. Ne vous en attristez pas et profitez de l'instant présent.

A penser à ce qui va arriver, on finit par ne rien faire. Ce serait dommage de gâcher un si bel instant de joie et de contentement.

Renversée : Celui qui se laisse aller au désespoir dans une période de difficultés ne fait qu'envenimer les choses. Il faut réagir et regarder la situation clairement. Nous sommes responsables de nos actions aussi bien que de nos inactions, et si nous voulons résister au courant du destin au lieu de nous plier et de nous adapter, il nous anéantira. C'est la dure loi de l'existence.

Synthèse

Droite : Rune très favorable dénotant prospérité, harmonie et santé, *Wynn* annonce un bonheur ou une transformation de la vie pour le meilleur.

Renversée : Malheur et pessimisme. *Wynn* avertit qu'une période noire s'annonce. Le consultant risque d'être bientôt en proie à la solitude et à la tristesse, voire au désespoir. Mais il doit garder confiance et ne pas se laisser aller au pessimisme, car une période d'accablement ne dure jamais : la roue de la vie finira par tourner en sa faveur.

OETT DE HAGEL

Les huit premières runes de l'*oett* de Frey avaient pour cadre le foyer, la grande salle où les guerriers boivent l'hydromel alors que les poètes narrent les aventures épiques des dieux et des héros. Avec l'*oett* de Hagel, nous quittons ces lieux de repos pour nous aventurer à l'extérieur, dans le monde mystérieux régi par les forces élémentaires de la nature, personnifiées par des êtres divins. Le chamane, comme l'homme ordinaire, est un agent du *wyrd*, et cette seconde série de runes va nous permettre d'avancer davantage vers la compréhension et la maîtrise de ce pouvoir du destin. Car mieux connaître le *wyrd* par l'expérience vécue, c'est être plus à même d'agir et d'aller de l'avant. La connaissance de ces principes universels nous permet de quitter notre situation d'esclave du *wyrd* pour s'intégrer pleinement à son mouvement et influer sur le cours des événements.

HAGEL

La rune *Hagel* (ou *Hagall*) est associée à l'air, au vent et à la grêle. Dans la strophe du *Poème runique anglo-saxon* concernant cette rune, la grêle symbolise le pouvoir du *wyrd* sur le destin des êtres humains.

"La grêle est le plus blanc des grains,
Elle descend du ciel,
Tourbillonne avec le vent et se change en eau." (1)

De la même façon que la grêle peut tomber subitement, sans avertissement, les forces du *wyrd*, incontrôlées, peuvent modifier notre vie soudainement, provoquant notre bonheur ou notre malheur, sans que nous n'y puissions rien. Ce pouvoir du destin (que notre société matérialiste appelle le hasard) peut bouleverser nos plans et bousculer notre vie paisible, nous ébranlant intérieurement. Mais sous le chaud et brillant soleil qui succède à l'orage, la grêle fond et redevient eau. Cela signifie que les épreuves et les obstacles imposés par le *wyrd* finiront par disparaître mais que nous devons les supporter jusqu'à la fin. Nul ne peut espérer contrôler le pouvoir du *wyrd*, mais nous pouvons influer dans une certaine mesure sur le destin ; nous pouvons apprendre à comprendre son action. Même le pouvoir des runes ne peut rien faire pour modifier considérablement le fabuleux courant du *wyrd* ; mais cet alphabet magique et sacré nous a été légué par Odin, et la magie du dieu vit en lui. Les runes sont donc à même de nous aider à prévoir le cours du *wyrd* en ce qui nous concerne. Le *wyrd* est pourtant souvent imprévisible, Odin lui-même ne peut le contrôler. Il se sacrifia deux fois. Une fois à la fontaine de Mimir qui contenait l'eau sacrée du destin, et une fois à Ygdrasil, représentant l'arbre

(1) Traduction de Michael Howard.

du destin. Les deux épreuves d'Odin étaient donc sans doute destinées à lui faire croire qu'il pouvait dominer le cours des événements et, en même temps, à lui faire prendre conscience de sa fondamentale dépendance, de sa mort inévitable lors du Ragnarok. Odin le comprit, et il installa son trône de juge auprès du puits d'Urd, où les Nornes, intermédiaires et messagères du *wyrd*, étaient occupées à soigner l'une des racines d'Ygdrasil. Les Nornes elles-même ne peuvent contrôler le *wyrd*, leur tâche s'inscrit dans le cadre d'une lutte permanente entre les forces du Mal ou des Ténèbres et celles du Bien ou de la Lumière. Tant que l'équilibre subsistera entre ces forces, l'Univers pourra survivre. Mais lorsque le déclin l'emportera sur le renouveau, alors le souffle puissant du *wyrd* agitera les branches d'Ygdrasil qui laissera tomber les neuf mondes : ce sera l'heure de la fin des temps.

Ne pouvant lutter contre le pouvoir du *wyrd*, nous pouvons néanmoins apprendre à prévoir son cours impétueux, de façon à suivre son mouvement pour l'utiliser, et non à nous laisser traîner misérablement par lui, fétus de paille ballottés par un vent furieux. *Hagel* nous pousse à comprendre et accepter ce pouvoir qui nous dépasse, à composer avec lui et non à nous opposer stérilement à sa puissance souveraine. Comme Odin, nous devons comprendre que nous sommes liés au *wyrd*, accepter notre dépendance. La rune *Hagel* est nommée la rune de l'air, parce que le *wyrd* souffle comme un vent imprévisible, tantôt brise caressante et douce, et tantôt tempête dévastatrice. En reconnaissant les forces de la destinée qui dirigent nos vies et leur donnent un sens, nous pouvons percevoir l'éternel cycle des naissances et des renaissances. L'Univers n'est pas une machinerie, c'est une entité, une conscience vibratoire. Faisant partie de cet Univers "pensant" nous avons une parcelle de divinité en nous (c'est-à-dire que nous sommes d'essence divine), que nous pouvons réveiller par la quête spirituelle. Il nous faut pour cela reconnaître et accepter le pouvoir du *wyrd*, et nous adapter à ses exigences afin d'acquérir la sagesse d'Odin... Car l'adaptation est notre gage de survie et de réussite.

Signification divinatoire

Droite : Hagel vous avertit que vous ne maîtrisez pas une situation ou le déroulement d'un événement. Elle annonce des circonstances imprévues, des événements imprévisibles et/ou soudains pouvant bouleverser ou retarder vos plans. Le *wyrd* ne vous est guère favorable, et il serait peut-être temps de reconsidérer vos projets et de changer de direction, ou encore de modifier vos plans qui sont inadaptés à votre problème. Vous devez impérativement vous adapter aux circonstances pour espérer réussir. Réfléchissez bien avant d'agir. Les décisions hâtives sont déconseillées, néanmoins un risque calculé pourrait être payant. *Hagel* peut éventuellement annoncer une maladie ou une indisposition.

Renversée : Retards ou obstacles créés par des forces dépassant le contrôle humain. Tenez-vous tranquille, ce n'est pas le moment d'agir ou de vouloir faire des changements, car le destin vous est contraire. Mieux vaut parfois se retirer plutôt que d'aller à l'échec. Le *wyrd* est ici une force aveugle et parfois violente ; mettez-vous à l'abri en attendant que la tempête se calme.

Affectif

Droite : Les rapports sentimentaux pourraient être perturbés par des changements imprévus. Pour les couples, il ne faut pas se laisser séduire par les tentations extraconjugales. Il faut aussi éviter les sautes d'humeur qui pourraient provoquer des tensions ou des disputes. La seule façon de surmonter la crise est de s'adapter aux événements.

Renversée : Des retards ou des obstacles incontrôlables viennent ternir les relations affectives, qu'elles soient amoureuses ou amicales. Un revers sentimental est à craindre. Des changements imprévus bouleversent vos plans et vous obligent à attendre de meilleures circonstances. Tenez-vous tranquille et prenez patience, vous n'y pouvez rien.

Santé

Droite : Une indisposition soudaine ou une brusque maladie sont à craindre.

Renversée : Un accident ou une maladie sérieuse peuvent survenir. Faites très attention à vous.

Matériel

Droite : Réfléchissez bien avant de faire un placement car la situation pourrait se retourner contre vous. Attention aussi aux offres apparemment avantageuses, car il y a sans doute anguille sous roche. Une dépense imprévue pourrait déstabiliser votre budget. Quoi qu'il en soit, restez très prudent car un soudain revirement de la situation est prévisible.

Renversée : Mieux vaut en ce moment vous en tenir à votre situation actuelle car vous risquez d'être manipulé par des forces qui vous dépassent. N'investissez surtout pas et faites très attention car la ruine pointe le bout de son vilain nez.

Professionnel

Droite : Votre situation sociale est instable ou risque de le devenir. Il serait peut-être temps de reconsidérer vos projets, de changer de direction ou encore de modifier vos plans qui sont inadaptés à votre problème.

Renversée : Un brusque changement risque de compromettre votre situation sociale. Des circonstances imprévues et incontrôlables bouleversent vos plans et projets. Mieux vaudrait peut-être vous retirer à temps.

Spirituel

Droite : Pour progresser, il faut reconnaître en toute humilité le pouvoir souverain du *wyrd*. Composer avec lui est un gage de succès futurs. Vouloir lui résister ne mène qu'à l'anéantissement. Son humeur capricieuse est à craindre, il faut s'adapter. Ainsi progressera-t-on vers l'élévation pour réveiller la part divine de notre être.

Renversée : Celui qui cherche à lutter contre le pouvoir du *wyrd* court à sa propre perte. Plus grave : en niant le pouvoir du destin, il nie sa propre essence divine. Comment pourrait-il alors espérer réveiller son âme endormie ?

Psychologique

Droite : Lorsque l'on ne maîtrise pas une situation, il serait peut-être temps de reconsidérer les choses sans complaisance ni fatalisme. Pour réussir il faut s'adapter et se demander : ai-je raison ?

Renversée : Mieux vaut parfois se retirer plutôt que d'aller à l'échec. Lorsqu'on n'est pas sûr de soi, il faut rester tranquille et attendre d'y voir plus clair, car la confusion et l'impatience sont mauvaises conseillères.

Synthèse

Droite : Hagel vous avertit que vous ne maîtrisez pas une situation ou le déroulement d'un événement. Elle annonce des circonstances imprévues, des événements imprévisibles et/ou soudains qui peuvent bouleverser ou retarder vos plans. Le *wyrd* capricieux ne vous est guère favorable et il vous faudra vous adapter pour espérer réussir. Il faut bien réfléchir avant d'agir car les décisions hâtives sont déconseillées. Toutefois, un risque calculé pourrait payer. *Hagel* vous avertit enfin qu'il serait peut-être temps de reconsidérer vos projets ou de changer de direction, car les solutions que vous proposez sont inadaptées à votre problème.

Renversée : Hagel annonce des retards et des obstacles créés par des forces dépassant le contrôle humain. Tenez-vous tranquille ; ce n'est pas le moment de vouloir opérer des changements car le destin vous est contraire. Mieux vaut parfois se retirer sagement plutôt que d'aller à l'échec. *Hagel* peut aussi annoncer des désastres causés par des forces naturelles, car le *wyrd* est ici une force aveugle et parfois violente et destructrice : mettez-vous à l'abri en attendant que la tempête se calme.

NYD

La rune *Nyd* (ou *Nied*) est associée au besoin et à la nécessité. Elle rappelle au chercheur que les désirs matériels peuvent être onéreux, voire ruineux. En contradiction totale avec les valeurs de notre société de consommation qui pousse à l'acquisition de biens matériels, *Nyd* nous apprend que les possessions ne doivent pas être recherchées jusqu'à l'obsession. Nécessité fait loi. Pourtant, l'excès inverse qui consisterait à rejeter massivement les avantages offerts par le style de vie matérialiste serait tout aussi préjudiciable. Entre le désir et la nécessité, il faut trouver un juste équilibre en fonction de nos besoins. C'est-à-dire que le matérialisme ne doit pas devenir une entrave. Si les biens matériels sont considérés à leur juste valeur, le chercheur peut alors reconnaître au monde matériel une dimension spirituelle. *Nyd* suggère qu'il arrivera un moment où le chercheur (et consommateur) atteindra un tournant de sa vie où il comprendra la vraie valeur des choses, et orientera son existence vers le monde spirituel : cela lui permettra d'ouvrir son esprit en se libérant des chaînes du matérialisme, et de mieux apprécier les biens matériels en leur assignant leur juste valeur. *Nyd* nous offre un premier aperçu de cet autre monde magique qui coexiste avec le monde physique, et dont nous pouvons faire l'expérience lorsque nous libérons notre esprit de la gangue matérielle qui l'emprisonne et l'empêche de s'ouvrir à l'Univers. Or, le désir matériel de la possession est la plus puissante chaîne qui entrave notre éveil spirituel.

Signification divinatoire

Droite : Il peut être bon d'adopter une approche prudente afin que les projets puissent réussir. Ce n'est pas le moment de chercher des solutions faciles, ou de se laisser tenter par des projets ou des propositions promettant monts et merveilles. En toutes choses la prudence est conseillée.

Renversée : N'agissez pas témérairement. Pensez avant d'agir; un jugement hâtif mène à l'échec. L'impatience est aussi à déconseiller car elle pourrait bien entraîner des erreurs de jugement et des problèmes. Des tensions sont à craindre. Il est parfois très difficile de pénétrer dans un milieu qui nous est étranger, mieux vaut alors bien étudier toutes les possibilités avant de se lancer.

Affectif

Droite : La prudence est recommandée dans les liaisons affectives. Ne vous laissez pas séduire par des propositions alléchantes. Avancez lentement, sans vous presser, et surtout refusez toutes les solutions faciles, car si vous voulez séduire l'élu(e) de votre cœur, cela n'ira pas sans mal et la précipitation pourrait brusquer l'être cher et l'éloigner de vous.

Renversée : Etes-vous bien sûr de vos sentiments ou de ceux que l'on vous porte ? S'unir à autrui est parfois très difficile et vous pourriez avoir affaire à des personnes difficiles à atteindre. Il vous faut alors trouver la bonne façon de vous comporter pour ne pas vous attirer d'antipathie. Pour les couples déjà formés, des tensions sont à craindre.

Santé

Droite : Possibilité de maladie causée par des troubles stomacaux.

Renversée : La modération et un mode de vie sain et équilibré sont nécessaires au maintien de la santé.

Matériel

Droite : Il faut être prudent en ce qui concerne les finances car des revers sont toujours à craindre. Ne vous laissez pas tenter par des propositions alléchantes qui risqueraient de ne vous rapporter que des ennuis.

Renversée : Faites très attention à la gestion de vos biens, ne vendez ni n'achetez rien hâtivement car vous risqueriez de le regretter.

Professionnel

Droite : Il peut être bon d'adopter une approche prudente afin que les projets puissent réussir. Restez prudent et réfléchissez bien avant d'accepter toute proposition.

Renversée : N'agissez pas témérairement. Pensez avant d'agir car un jugement hâtif mène à l'échec. Si on vous propose un projet ou du travail, examinez bien la proposition avant d'accepter : il est impératif que vous déterminiez si ce que l'on propose vous convient vraiment.

Spirituel

Droite : Il arrive un moment de la quête du chercheur où celui-ci est capable de juger à leur juste valeur le monde matériel et ses leurres. A ce moment, il peut ouvrir son esprit davantage et orienter son existence vers un but spirituel. Par contrecoup, cela lui permet aussi de libérer son esprit de l'emprise du matériel et de réconcilier les deux mondes, matériel et spirituel, en une seule entité.

Renversée : L'emprise du matérialisme fige l'essor de l'esprit vers des sphères plus élevées. Le mirage des apparences vous envoûte et vous ne savez plus discerner le vrai du faux. Il faut réagir au plus vite.

Psychologique

Droite : Etre pressé d'aboutir peut amener à commettre des erreurs, et la solution la plus facile ou la plus rapide est rarement la meilleure. Il faut être plus prudent.

Renversée : Celui qui agit témérairement sans réfléchir suffisamment ne reconnaît plus le danger quand il le voit : et c'est justement dans ces conditions que le danger est le plus redoutable.

Synthèse

Droite : Nyd pousse à trouver un juste équilibre entre le désir et la nécessité, en fonction des besoins. Elle annonce qu'en toutes choses la prudence est conseillée. Ce n'est certes pas le moment de chercher des solutions faciles ou de se laisser tenter par des projets ou des propositions promettant monts et merveilles.

Renversée : Nyd avertit qu'il ne faut pas agir témérairement. Il faut penser avant d'agir, car un jugement hâtif peut mener à l'échec. L'impatience est aussi à déconseiller car elle pourrait entraîner des erreurs de jugement et des problèmes. Elle annonce des tensions. Enfin, elle rappelle qu'il est parfois difficile de pénétrer dans un milieu qui nous est étranger ; mieux vaut alors bien étudier toutes les possibilités avant de se lancer.

IS

La rune *Is* est associée à la glace. Dans le mythe de la création nordique, la glace est une des forces originelles : c'est la force d'inertie qui est en conflit permanent avec le feu. C'est par cette lutte incessante que l'Univers fut créé et qu'il demeure stable. La glace est froide et glissante, dangereuse, mais elle étincelle comme du verre ou du diamant (les icebergs du cercle arctique furent décrits au Moyen Age comme des "cathédrales de verre ou de lumière"). La force cosmique de la glace est donc à double tranchant, à la fois positive et négative. Si la glace peut tuer, elle peut aussi conserver la vie (les propriétés du froid sont bien connues à ce propos). *Is* évoque les mirages du matériel (la partie visible de l'iceberg), elle nous pousse à avoir un jugement clair et précis, un esprit ouvert, pour discerner la réalité des apparences. Il serait pourtant faux de considérer la lutte de la glace et du feu comme l'opposition entre le Bien et le Mal, comme dans la conception chrétienne. Les forces élémentaires du feu et de la glace doivent s'opposer l'une à l'autre, car à leur point de contact est créée l'harmonie universelle. Ces deux forces originelles constituent en quelque sorte la matrice de l'Univers organisé. Sans cette opposition, rien ne peut exister. C'est pour cette raison que les aspects négatifs de la rune *Is* sont harmonisés par une vision de la beauté de la nature hivernale. Si la glace est froide, elle est aussi un joyau étincelant. Elle symbolise non la mort mais l'endormissement, l'attente, la gestation souterraine et mystérieuse, la nature accomplissant sa métamorphose à l'hiver. Car la nature prise dans les glaces à la saison froide n'est morte qu'en apparence ; elle revivra avec le retour glorieux du printemps.

Signification divinatoire

Droite : Rune de glace, *Is* gouverne l'insensibilité. Elle annonce un obstacle au progrès, une mise en sommeil des espoirs et projets, ou encore le refroidissement d'une relation. *Is* vous incite à faire preuve de patience. Elle annonce une séparation (mentale ou physique) de longue durée avec l'être aimé. Les relations affectives sont défavorisées.

Renversée : Is symbolise un temps d'arrêt, une période de transition, et peut faire référence à l'isolement (volontaire ou non), ou à une séparation de courte durée avec l'être aimé. Toutefois, la persévérance viendra à bout de ces difficultés. Elle annonce aussi des désagréments avec des proches amis ou des membres de la famille. *Is* peut aussi annoncer une nouvelle indépendance après une séparation. (1)

Affectif

Droite : Les relations affectives sont défavorisées et un refroidissement des sentiments est à craindre. *Is* peut annoncer une séparation (mentale ou physique) de longue durée avec l'être aimé. Les célibataires doivent être patients, car le climat n'est guère favorable aux amours.

Renversée : Des désagréments avec des amis proches ou des membres de la famille, ou une séparation de courte durée avec l'être aimé. Is peut aussi annoncer une nouvelle indépendance après une séparation.

Santé

Droite : Stagnation émotionnelle. Impuissance. Frigidité. Stérilité. Risques par le froid et la glace.

Renversée : Froideur émotionnelle ou inappétence sexuelle passagère. Attention aux coups de froid.

Matériel

Droite : Blocages et restrictions se font sentir dans les finances.

(1) Rune défavorable, Is voit son influence négative affaiblie lorsqu'elle est renversée.

Les difficultés sont préoccupantes et elles pourraient être de longue durée. La patience est conseillée et il faudra sans doute limiter les dépenses pendant cette période.

Renversée : Les restrictions financières et l'austérité règnent, mais seront de courte durée.

Professionnel

Droite : Les activités professionnelles donnent des soucis. Des obstacles se dressent devant les réalisations ou les avancements et des retards et des blocages sont à craindre. S'il y a recherche d'emploi, aucune ouverture n'est prévisible actuellement.

Renversée : La vie professionnelle est morose et ne donne guère de satisfactions, mais cette situation devrait être de courte durée. En revanche, les activités solitaires, de recherche ou d'étude sont favorisées.

Spirituel

Droite : Il faut parfois savoir s'arrêter et attendre un meilleur moment pour entreprendre la quête spirituelle. La patience est nécessaire... mais cet arrêt ne doit pas devenir un sommeil mortel pour l'esprit.

Renversée : L'isolement est nécessaire pour faire le point sur ses propres motivations spirituelles. Une phase de transition peut être difficile, aussi ne faut-il rien brusquer et savoir prendre son temps pour affermir sa volonté.

Psychologique

Droite : L'insensibilité et la froideur du cœur poussent l'être à ne plus compter qu'en termes de profit ; et l'arrivisme déshumanise. Voilà une situation bien dangereuse. *Is* peut aussi annoncer une période de solitude. La persévérance peut venir à bout de toutes les difficultés.

Synthèse

Droite : Rune de glace, *Is* gouverne l'insensibilité. Elle annonce un obstacle au progrès, une mise en sommeil des espoirs et projets, ou encore le refroidissement d'une relation. Elle incite à faire preuve de patience.

Renversée : Is symbolise un temps d'arrêt, une période de transition, et peut faire référence à l'isolement (volontaire ou non). (1)

(1) Rune défavorable, Is voit son influence négative affaiblie lorsqu'elle est renversée..

GAR

La rune *Gar* (ou *Ger*) est associée à la terre. Elle représente à cet égard la croissance, la fertilité, la renaissance et la régénération. Bien que la strophe du *Poème runique anglo-saxon* correspondant à cette rune semble faire référence à la fin de l'été et aux moissons, *Gar* pourrait fort bien évoquer le printemps où la terre renaît après son long sommeil hivernal.

"La saison est l'espoir de chacun,
Lorsque les dieux permettent à la terre
D'offrir ses produits au riche et au pauvre." (1)

La terre nourricière est la Déesse, la Terre-Mère des Anciens. La rune *Gar* conserve un souvenir du passage du matriarcat au patriarcat que nous avons déjà évoqué. Dans certaines versions du *Poème runique anglo-saxon,* la référence aux "dieux" est remplacée par "roi des cieux" ou "grand roi". Ces mots désignaient probablement Frey, dieu de la fertilité dont la fête principale se situait au moment des moissons. Cette rune est aussi consacrée à Nerthus, l'ancienne Déesse-Mère germanique, la Terre-Mère à qui était rendu un culte important aux âges du bronze et du fer. Liée soit au printemps soit à la fin de l'été, la rune *Gar* implique une phase de transition : comme la terre renaît de son long sommeil hivernal avec le retour des beaux jours, le chercheur voit la fin d'un cycle obscur dans sa quête personnelle et le début d'une phase plus positive. Comme la germination est lente, les événements prédits par cette rune sont longs à venir. *Gar* indique la fin d'un cycle ou d'une étape sur le parcours du chercheur, le passage d'un état à un autre. Elle indique que chaque chose viendra en son temps. L'attente peut être pesante, mais elle n'est pas vaine. *Gar* reflète

(1) Traduction de Michael Howard.

les cycles permanents de l'Univers où tout est mouvement. Les cycles s'enchaînent les uns aux autres dans un éternel retour. Le sens ésotérique de *Gar* est donc que toute chose se meut selon la loi des cycles. Elle implique que notre conception d'un temps linéaire est fausse. Elle est associée à la loi naturelle de l'Univers, et cette loi ne doit pas être confondue avec les lois éphémères promulguées par l'homme, ni même avec les règles morales des philosophies et des religions, car celles-ci, comme tout chose humaine, sont destinées à disparaître pour être remplacées par d'autres. Car telle est la grande loi de l'Univers : la loi des retours cycliques où la mort est une transformation et non une fin.

Signification divinatoire

Droite : Gar donne une période d'attente, car les projets peuvent être longs à mûrir. Elle peut aussi concerner le point culminant d'un projet, le temps de la moisson, les justes récompenses pour les efforts passés. Vous avez une bonne chance de signer un important contrat. En cas de litige, attendez-vous à une conclusion satisfaisante. *Gar* annonce des bonnes perspectives financières. Prenez toutefois garde de ne pas médire des autres avant de connaître tous les faits.

Renversée : Les choses en sont encore à leur début, montrez-vous très prudent. *Gar* annonce que les projets seront longs à mûrir et les résultats lents à venir ; armez-vous de patience. Elle évoque une période où aucun changement ne semble survenir, où les choses paraissent établies ; pourtant, bien que souterraine, la gestation n'en est pas moins active. Risques de problèmes avec la loi ou des règles établies. Eventuellement des regrets d'avoir prononcé des paroles désagréables.

Affectif

Droite : Les liaisons cachées et durables sont favorisées. Pour les célibataires, les amours peuvent être lentes à mûrir et à éclore, il faut prendre patience. Accorder de l'importance aux actions préléminaires est important, car vous pouvez avoir affaire à une personne farouche qu'il vous faudra apprivoiser. En tout cas, la douceur et la patience seront payantes. Si les prémices d'une liaison ont eu lieu, celle-ci devrait se concrétiser sous peu.

Renversée ; Il faudra du temps pour voir se concrétiser les espoirs affectifs, mais la patience sera récompensée en fin de compte si vous êtes suffisamment motivé(e) pour attendre le temps nécessaire. Ne brusquez surtout pas l'élu(e) de votre cœur. Par contre, si une amour est naissante, il faudra être prudent et attentionné de peur de tout gâcher par une brusquerie mal venue.

Santé

Droite : Une indisposition ou une maladie pourraient vous clouer au lit pour un certain temps, mais cela devrait se révéler bénin.

Renversée : Une maladie longue à guérir est à craindre, ou encore un état dépressif. Maladie chronique.

Matériel

Droite : Gar annonce de bonnes perspectives financières. Les placements et investissements sont sous de bons auspices.

Renversée : La période est mauvaise pour les finances et aucune rentrée d'argent n'est à espérer pour le moment. Seuls les placements à long terme peuvent être favorisés. Un problème avec la loi ou le fisc pourrait survenir.

Professionnel

Droite : Une bonne chance de signer un important contrat devrait se présenter. En cas de litige quelconque, une conclusion favorable surviendra sûrement, mais peut-être pas tout de suite.

Renversée : Les projets quels qu'ils soient seront longs à mûrir et les résultats lents à venir : armez-vous de patience. Il existe un risque de problème avec la loi ou les règles établies.

Spirituel

Droite : Il arrive un moment dans la quête du chercheur où celui-ci se trouve dans une phase de transition importante et où il peut enfin espérer voir la fin d'un cycle obscur dans sa recherche personnelle et le début d'un cycle plus positif. Mais, attention, le passage d'une étape ne signifie pas que l'on soit parvenu au but. Il faut prendre patience, car le terme de la quête n'est pas encore atteint.

Renversée : A certains moments, il semble au chercheur qu'il n'avance plus sur la route de l'initiation et qu'il s'enlise sans pouvoir se dégager de sa gangue matérielle. Cet hiver spirituel n'est pas à craindre, chacun devant trouver son propre rythme pour avancer. Il faut prendre patience et ne pas désespérer : une période sombre ne dure jamais et débouche inévitablement sur la lumière. La lumière de l'initiation n'éclaire que le chemin déjà parcouru, aussi est-il normal d'être parfois freiné dans l'ascension.

Psychologique

Droite : La précipitation ne mène à rien de bon. Comme le conducteur dont la véhicule roule si vite qu'il n'a qu'une image confuse du paysage qu'il traverse, vous devez apprendre à vous "hâter lentement", en analysant clairement les situations auxquelles vous êtes confronté. Prenez garde en particulier de ne pas médire des autres avant de connaître tous les faits.

Renversée : A vouloir aller trop vite, on finit par faire des erreurs qui risquent de coûter cher. Mais cela ne signifie pas que, par un excès de prudence, vous deviez vous immobiliser. Souvenez-vous de la fable du lièvre et de la tortue. *Gar* peut éventuellement annoncer des regrets d'avoir prononcé des paroles désagréables.

Synthèse

Droite : Gar annonce une période d'attente, car les projets peuvent être longs à mûrir. Elle peut aussi concerner le point culminant d'un projet, le temps de la moisson, les justes récompenses pour les efforts passés.

Renversée : Les choses en sont encore à leur début, aussi faut-il se montrer très prudent. Gar annonce que les projets seront longs à mûrir et les résultats lents à venir : armez-vous de patience. Elle évoque une période où aucun changement ne semble survenir, où les choses paraissent établies : cela n'est qu'une apparence car, bien que souterraine, la gestation n'en est pas moins active.

EOH

Associée à la mort, la rune *Eoh* semble chargée d'une aura sinistre et angoissante. Pourtant, tel n'est pas le cas. La mort, sœur jumelle de la vie, est un processus naturel auquel nous participons tous. Elle n'effraie que dans la mesure où elle est considérée comme une fin. Une fois admise l'idée que matière et esprit sont un, la mort cesse d'être le spectre effrayant qui nous menace de sa faux. Dans la pensée païenne d'Europe, la mort n'est pas une fin, mais un début, ou plutôt, comme le disaient les Celtes, elle est "le milieu d'une longue vie". Avec la mort, c'est avant tout à la renaissance que fait allusion la rune *Eoh,* à la cessation d'un état pénible, à la disparition d'une peur, à la destruction des structures ayant cessé d'évoluer pour leur régénération. La mort est l'expression même de la loi universelle des cycles évoquée par la rune *Gar.* Toutes et tous nous sommes des manifestations de la force de vie indifférenciée, et nous y retournons après la mort physique de notre corps. Car si le corps meurt et se désintègre pour participer de nouveau au cycle de la vie, notre âme est immortelle : cela ne faisait aucun doute dans la pensée païenne des Germains, des Celtes et des Scandinaves. Cette pensée ancienne rejoint d'ailleurs de plus en plus la science actuelle comme le montrent les travaux de nombreux chercheurs (1). Tous les systèmes de croyances religieuses ont créé un au-delà représentant la société idéalisée dans laquelle ses adorateurs ont vécu dans le monde du milieu (Midgard). Les peuples nord-européens n'ont pas fait exception à la règle. L'au-delà y est figuré comme une grande salle où brûle éternellement un grand feu et où les coupes d'hydromel sacré ne se vident jamais. Car Odin n'aban-

(1) Voir, entre autres, les livres du physicien et philosophe Jean Charon, ou encore l'ouvrage de Christine Hardy : La science devant l'inconnu (édition du Rocher).

donne pas ses fidèles à l'heure de leur mort. Odin choisit ses morts parmi les héros, dont le Sigurd des *Nibelungen* est l'archétype, et c'est un grand honneur pour eux. Les Valkyries ("Celles qui choisissent les morts du combat") les transportent jusqu'à la Valhöll, le Walhalla, où ils mènent pour l'éternité la vie des *einherjar*, les "combattants par excellence". Ils s'entraînent en attendant la bataille inévitable de la fin du monde : le Ragnarok. Les guerriers y connaissent le bonheur des combats sans fin qui ne tuent plus, et des festins incomparables. Cette vision de l'au-delà, alliée à celle du galop d'Odin sur Sleipnir, son cheval à huit pattes, est sans doute à l'origine de nombreuses légendes nord-européennes sur la Chasse sauvage qui parcourt les airs, les nuits de *Jul*. Le caractère guerrier de l'au-delà nordique s'inscrit dans la logique du personnage d'Odin et dans le contexte mythologique du Ragnarok. En effet, les Géants, force du chaos originel, tentent sans cesse d'envahir le royaume des dieux. Pour les en empêcher, ceux-ci ont construit une *Valhöll* (le *Walhalla* ou Paradis) qui est une immense forteresse accueillant les plus fameux guerriers ramenés par les Valkyries. Et cette forteresse permet de maintenir l'équilibre précaire des forces qui sont à l'origine de l'Univers. Lors de la bataille finale du Ragnarok, l'équilibre sera détruit et le monde actuel, fait de médiocrité, sera anéanti.

La strophe du *Poème runique anglo-saxon* associé à la rune *Eoh* prend l'if comme symbole central. L'if est en effet un arbre funéraire, c'est l'arbre des morts. Dans la mythologie nordique, l'if était dédié à Odin, chevauchant dans le ciel nocturne et recueillant les âmes des morts, sous l'apparence du seigneur de la Chasse sauvage. Nous avons vu précédemment que la roue du druide mythique Mag Ruith (serviteur de la roue), qui est une roue d'Apocalypse, est en bois d'if. L'if était aussi dans le monde celtique un arbre funéraire, et il était parfois utilisé en Irlande comme support de l'écriture ogamique. Il était surtout, dans la tradition insulaire, "*le plus ancien des arbres*". On trouve encore fréquemment des taillis d'if dans les vieux cimetières qui, au niveau pratique, offrent une bonne protection de l'église contre les tempêtes

Sigurd tuant le dragon Fafnir (scène d'une pierre runique de Ramsund, en Suède).

hivernales (1). La propriété essentielle qui paraît avoir été retenue, par les Celtes, à la base du symbolisme de cet arbre, est la toxicité de ses fruits; César a cité l'exemple de deux rois gaulois des Eburons qui, vaincus, se donnèrent la mort avec de l'if. Si cet arbre est lié à la mort, il l'est aussi à la renaissance et à la vie, car c'est un arbre à feuilles persistantes offrant la promesse que la nature reverdira au printemps. Selon une croyance populaire, le bois d'if séché peut être aussi résistant que le fer et durer aussi longtemps. Le bois d'if était utilisé, pour sa dureté, dans la fabrication des boucliers et des lances. Il est aussi bon à brûler, et le feu est, comme nous l'avons vu, un symbole de régénération et de purification, de destruction créatrice. La rune *Eoh* enseigne que la mort n'est pas à craindre, car elle est un début et non une fin; même si elle représente une destruction, celle-ci n'est pas négative puisque l'âme immortelle survit au-delà de la mort du corps phy-

(1) Dans le monde anglo-saxon, le cimetière est attenant à l'église.

sique. La mort est avant tout considérée comme la promesse d'une résurrection. L'une des plus importantes célébrations du paganisme européen était la fête du printemps. Durant cette cérémonie, un couple représentant le dieu et la déesse de la fertilité (Frey et Freya pour les cultures germano-nordiques) faisait l'amour. Par cette union sexuelle, les participants réaffirmaient le pouvoir de la nature et de la vie à triompher de la mort; car la sexualité est la grande ennemie de la mort et de la dissolution.

Signification divinatoire

Droite : Eoh annonce des changements importants, un nouveau début marqué par la fin d'un chapitre dans votre vie. Même si la transition peut paraître brutale ou traumatisante (ce qui n'est pas toujours le cas), une attitude positive s'impose car ce changement se révélera, plus tard, bénéfique. Il faut aller de l'avant, regarder l'avenir et ne pas regretter inutilement le passé ou ressasser les difficultés. Vous devez faire des projets et mobiliser vos ressources intérieures. Les changements d'aujourd'hui deviendront les succès de demain. *Eoh* peut annoncer des nouvelles d'un ami ou d'un ennemi du passé. Destruction des structures ayant cessé d'évoluer pour leur régénération.

Renversée : Mort. Rupture. Un retour aux vieux problèmes. Vos tendances inhibitrices risquent de vous poser les mêmes problèmes que par le passé. Une nostalgie illusoire du passé. Retard, stagnation, ennui, léthargie. Quand, en vous, l'ombre l'emporte sur la lumière, le pire est à craindre. Enchaîné à son passé ou à ses difficultés, l'être ne peut agir et aller de l'avant. Il faut réagir!

Affectif

Droite : Eoh peut annoncer une rupture, suivie d'une nouvelle rencontre. De toute façon, des changements importants vont survenir dans la vie affective et il faudra les accepter car ils se révéleront bénéfiques à long terme. Mieux vaut parfois rompre une relation sans avenir plutôt que de s'accrocher au passé. *Eoh* peut aussi annoncer des nouvelles d'un ami (ou d'un ennemi) du passé. Il faut accepter les changements et ne pas regarder en arrière, car les changements d'aujourd'hui seront les succès de demain.

Renversée : Une rupture est devenue inévitable et il faudra faire front. Il peut s'agir aussi d'une relation qui sombre dans la monotonie et qui a besoin d'un profond changement pour pouvoir repartir sur de nouvelles bases : l'ennui tue l'amour. Pour les liaisons non encore engagées, il faut prendre garde aux tendances inhibitrices car elles empêchent l'action.

Santé

Droite : Protection contre la maladie, ou guérison.

Renversée : L'altération des défenses naturelles du corps fragilise la santé et prédispose aux maladies. Eventuellement, *Eoh* peut annoncer une maladie grave pouvant provoquer la mort (en fonction des autres runes). (1)

Matériel

Droite : Des changements importants pourraient survenir et bouleverser les finances, débouchant sur une période restrictive. Mais ces changements se révéleront nécessaires à long terme et permettront de mieux appréhender l'avenir.

Renversée : Les difficultés financières risquent d'être telles qu'un changement de train de vie se révélera vite nécessaire pour faire face. S'obstiner dans de telles circonstances pourrait mener à la ruine. De toute façon, une crise va intervenir dans les finances.

Professionnel

Droite: Il est important en ce moment de faire des projets et de mobiliser les ressources intérieures. Il faut aller de l'avant, regarder l'avenir avec confiance et ne pas regretter inutilement le passé ou ressasser les difficultés. La fin d'une période professionnelle s'annonce et un changement radical va intervenir dans l'activité : un renouvellement sera nécessaire ou inévitable.

(1) En toutes circonstances, évitez les prédictions catastrophiques et mesurez votre jugement. Si un problème grave semble être annoncé, poussez le consultant à aller voir un médecin, mais ne l'alarmez pas outre mesure. N'oubliez jamais que votre rôle est d'aider et de conseiller.

Renversée : Retard, stagnation, ennui, léthargie : en ce moment, le domaine professionnel est très défavorisé, et rien ne va comme vous le désirez : ce n'est pas une raison pour baisser les bras car c'est dès aujourd'hui que se prépare l'avenir.

Spirituel

Droite : Le chercheur ne doit pas craindre la mort, car celle-ci n'est pas une fin mais un début. La mort est partie intégrante de la vie et cette dernière doit toujours vaincre en définitive. Le chercheur doit aussi comprendre que la sexualité doit faire partie de la spiritualité, car le sexe est le grand ennemi de la mort et de la dissolution. Il ne doit jamais oublier non plus qu'il faut d'abord mourir pour pouvoir renaître. Et la mort est-elle autre chose, en réalité, qu'une métamorphose de plus ? Le passage d'un état à un autre prépare la renaissance sur le chemin initiatique intérieur.

Renversée : Celui qui craint de changer se refuse en même temps à accomplir sa métamorphose. Comment pourrait-il évoluer dans ces conditions ? En s'attachant au passé, il risque de se momifier spirituellement. Comme la vie et l'Univers sont faits de cycles s'enchaînant les uns aux autres, l'être doit lui aussi accomplir sa mue périodique pour progresser d'échelon en échelon vers l'état d'éveil qui fera de lui un initié aux Mystères de la Vie et de la Mort. Quand, en vous, l'ombre l'emporte sur la lumière, le pire est à craindre.

Psychologique

Droite : Il faut savoir affronter l'avenir et se détacher du passé avant que celui-ci devienne une chaîne. Ressasser les difficultés ne permet de résoudre aucun problème : il faut se prendre en charge et réagir.

Renversée : Enchaîné à son passé ou à ses difficultés, l'être ne peut agir et aller de l'avant. Si elles ne sont pas réglées, les tendances inhibitrices finissent toujours par ressurgir, et posent les mêmes problèmes que par le passé : tout cela ne mène qu'à l'inhibition de l'action (les mêmes causes engendrant les mêmes effets). Il faut réagir !

Synthèse

Droite : Eoh annonce des changements importants, un nouveau début marqué par la fin d'un chapitre dans votre vie. Même si la transition peut paraître brutale ou traumatisante (ce qui n'est pas toujours le cas), une attitude positive s'impose car ce changement se révélera, plus tard, bénéfique. Il faut aller de l'avant, regarder l'avenir et ne pas regretter inutilement le passé ou ressasser les difficultés; car les changements d'aujourd'hui seront les succès de demain. Il faut savoir s'adapter. *Eoh* symbolise la destruction des structures ayant cessé d'évoluer, pour leur régénération.

Renversée : Eoh signifie la mort (le plus souvent symbolique) et annonce une rupture dans les structures établies. Elle avertit d'un retour aux vieux problèmes qui entravent l'action, et dénonce l'inhibition qui risque de poser les mêmes problèmes que par le passé. Elle peut aussi signifier une nostalgie illusoire du passé. Elle annonce enfin retard et stagnation et pousse à réagir au plus vite.

PEORTH

Les traductions de la rune *Peorth* varient beaucoup quant au sens. L'une d'elles, peut-être la plus explicite, fait référence à un air musical, "*une mélodie animée*", et à ses divertissements qui signifient "*rires et jeux lorsque les guerriers sont assis ensemble dans la salle, heureux et joyeux*" (1).

Dans les sociétés païennes d'Europe, la musique, les chansons et la danse étaient intimement liées à l'expérience du sacré. Dans la société médiévale le bouffon était une figure importante de la cour. Le roi comme ses seigneurs vassaux avaient leur fou qui les divertissait. L'image qui reste aujourd'hui est celle d'un clown, mais le fou était beaucoup plus que cela. Sous le masque du bouffon se dissimulait un barde ou un homme sage (le *wita*). Car le fou est celui qui s'est brûlé à la flamme du savoir sacré. C'est un initié aux mystères ésotériques. Le Fou du Carnaval est à cet égard un exemple frappant. Un peu partout, le cycle du Carnaval commençait dès la fin des fêtes de Noël (qui viennent, comme nous l'avons vu, des célébrations païennes du solstice d'hiver), pour un cycle de quarante jours qui amenait au 2 février, jour de la Chandeleur, mais aussi jour traditionnel du "Mardi Gras". Cette date correspond en fait à la fête celtique du 1er février : Imbolc en Irlande ("lustration"), ou les calendes d'Anagantios en Gaule. C'était une fête lustrale après les rigueurs et souillures de l'hiver. C'est cette fête qui, récupérée par les chrétiens, devint la Chandeleur. C'était la fête de la Grande Déesse, la Mère universelle, que l'on célébrait ce jour-là sous le nom de Brigantia (qui a donné le prénom de Brigitte en français) en Gaule, et de Nerthus en Germanie. Ce cycle de quarante jours symbolise

(1) Poème runique anglo-saxon, traduction de Michael Howard.

les forces de dissolution en action avant de retrouver l'équilibre homme-nature. La rune *Eoh* correspond symboliquement à ce cycle de quarante jours (la “quarantaine” vient de là), qui était aussi le cycle de Saturne ou Kronos, aux lois d'altération du temps (Kronos est aussi Karénos, nom grec du Carême, c'est-à-dire des quarante jours précédant la fête du 2 février). Le Carnaval est le Sacre du Printemps. Les peuples germano-scandinaves fêtaient à cette évoque Frey et Freya, le dieu et la déesse de la fertilité. Chez les Grecs, on fêtait Dyonisos (que les Romains ont perverti en en faisant Bacchus), dieu de l'ivresse et de la folie sacrée. Les quarante jours qui séparent le solstice d'hiver de la fête d'Imbolc sont ceux du Carnaval. C'est une période préparatoire où l'homme recherche son harmonie avec la nature en provoquant les énergies vitales par des chants et des danses sacrés qui symbolisent le rythme changeant des cycles de la nature passant de l'endormissement hivernal à l'explosion vitale du printemps. Pour l'homme, l'apogée de cette période d'épreuve était le 2 février, jour traditionnel du “Mardi Gras", à quarante jours du solstice d'hiver. Quarante jours plus tard survient la fête de Pâques, et encore quarante jours nous séparent de Walpurgis, la grande nuit maudite des sorcières des traditions germaniques, suivie de la fête gauloise de Beltaine (“feu de Bel”) qui purifie le monde des forces ténébreuses libérées lors de la Nuit de Walpurgis.

Le Carnaval durait autrefois une semaine pendant laquelle toutes les règles étaient abolies, les classes sociales n'existaient plus et la sexualité débridée s'y donnait libre cours. On fêtait alors une période fascinante et dangereuse pendant laquelle les portes du monde étaient ouvertes et où les esprits pouvaient venir se mêler aux vivants et les posséder. On fêtait le temps arrêté, une période hors du temps. La fête du printemps était une fête de démesure et de folie. Le côté “goinfrerie” de cette fête s'expliquait par le fait que “*à cette date il importe pour les hommes de se remplir entièrement, de ne laisser aucun vide par où les âmes errantes puissent pénétrer*”.

Tous les excès de la Fête des Fous avaient le même rôle sacré :

vider les participants et les remplir du Souffle de l'Esprit, le Feu Dévorant de la nature qui s'éveille. L'être et l'Univers ne font qu'un lors de cette fête, l'homme réintègre le ventre de la Déesse-Mère pour s'y régénérer. Le Carnaval était ouvert par la Mort, et c'est elle qui le fermait; on brûlait Mardi gras, le sire de la Folie en le jetant dans un grand feu avec les masques et les costumes. Le Fou du Carnaval, plus ou moins équivalent du bouffon, était l'être éveillé, celui qui s'est brûlé à la lumière sacrée. A ce titre, il pouvait tout dire, tout révéler sans crainte, dépositaire du savoir et des secrets. A l'inverse de la fête du solstice d'hiver où tout était immobile, il fallait bouger, danser, déambuler durant tout le temps du Carnaval. Il fallait se cacher pour dormir. Les mariages étaient proscrits car on ne devait ni lier ni attacher. Le Carnaval réunissait symboliquement la Mort (avec le squelette menant la danse), l'Amour et la Déambulation, le Voyage, l'Errance de la Vie, la Folie. La fête se terminait à minuit le jour du Mardi Gras. Au vacarme du Carnaval médiéval succèdait un silence de mort et, selon les régions, le squelette (seul masque restant) ou un vieillard portant une lanterne traversait la place et les rues pour vérifier que personne n'était dehors et que Carême pouvait entrer.

Le rôle du barde dans la société celtique est bien connu, et il existait sans nul doute des chamanes itinérants dans l'Europe du Nord jouant un rôle similaire. Ces bardes nordiques, initiés aux mystères d'Odin, n'étaient pas seulement des conteurs d'histoires et de légendes, mais aussi des maîtres enseignant les mystères, y compris l'art runique. Le pouvoir de la poésie rituelle était très important dans les anciennes sociétés européennes celtiques et germaniques. La personne connaissant les anciens chants et les poèmes était respectée dans la société médiévale. Elle était représentée par le bouffon. La musique évoquée par la rune *Peorth* n'est donc pas un simple divertissement, elle ouvre sur le monde du sacré. *Peorth* désigne un stade de la recherche où le chercheur pourra progresser grâce à une aide extérieure. Cette aide peut être une personne, mais aussi le propre subconscient du chercheur. Ce guide peut être difficile à reconnaître car de même que sous le masque du bouffon se trouve en réalité l'homme sage, le guide spirituel et le conseil qu'il donne peuvent parfois être difficiles à reconnaître immédiatement. Symboliquement, le chercheur est aussi le Fou, voyageant péniblement vers le but de sa quête spirituelle (une bonne illustration est donnée par le Mat ou Fou du tarot). *Peorth* enseigne que les choses ne sont pas ce qu'elles paraissent et que ce serait une erreur que de s'en tenir uniquement aux apparences. Discerner la vérité n'est pas aisé et il faudra beaucoup de patience et d'expérience au chercheur pour y parvenir.

Signification divinatoire

Droite : Peorth indique un savoir caché. Elle peut annoncer une personne agissant comme guide dans la vie du consultant. Une période qui pourrait être à l'origine de certaines célébrations. De bonnes nouvelles venues de loin, ou des retrouvailles avec un ancien ami. Possibilité d'une bonne fortune inattendue : peut-être une rentrée d'argent inespérée venant de source mystérieuse.

Renversée : Peorth indique que des secrets du passé seront révélés. *"Un squelette dans une armoire exposé à la vue publique". Peorth* renversée n'implique pas un mauvais présage, mais plutôt un retard ou une diminution dans les bienfaits signalés par sa position droite. Prenez garde aux apparences, elles sont trompeuses et vous induisent en erreur.

Affectif

Droite : Peorth annonce une période qui pourrait être à l'origine de certaines célébrations. Invitations, fêtes et joie au programme. Les relations sentimentales se déroulent dans le plaisir des sorties, des fêtes et des divertissements. Pour les célibataires, un rapprochement affectif devrait intervenir : tous les contacts amoureux ou amicaux sont favorisés. De bonnes nouvelles (venues de loin) devraient vous parvenir, à moins qu'il s'agisse de retrouvailles avec un ancien ami. Heureuse surprise possible.

Renversée : Petits tracas sans conséquences dans la vie amoureuse et amicale. Les célibataires doivent prendre patience car les réjouissances du coeur sont un peu retardées, mais cette situation ennuyeuse ne durera pas longtemps. Il faut toutefois prendre garde aux coups de foudre, car ils sont comme des allumettes : ils s'allument vite mais s'éteignent tout aussi rapidement.

Santé

Droite : Peorth suggère que le consultant devrait passer une visite médicale ou faire un bilan de santé.

Renversée : Il peut être urgent de demander un conseil médical. Les excès ne sont pas recommandés.

Matériel

Droite : Possibilité d'une bonne fortune inattendue : peut-être une rentrée d'argent inespérée venant de source mystérieuse. Invitations, sorties, dîners et soirées pourraient amputer le budget, mais l'équilibre matériel ne devrait pas trop en souffrir.

Renversée : Des dépenses imprévues pourraient grignoter légèrement votre budget : faites un peu attention et tout ira bien. Possibilité d'une faible rentrée d'argent.

Professionnel

Droite : Une idée personnelle vous fera gagner du galon dans votre profession... ou l'estime de vos collègues. Un projet original pourrait permettre une promotion sociale. Les activités liées à la restauration en particulier sont favorisées (cela est vrai aussi pour les danseurs, conteurs, poètes, musiciens...). Les repas d'affaires et les réunions amicales autour d'un "verre" resserrent les liens professionnels. Pour ceux et celles qui attendent une réponse (pour un, emploi, un projet, etc.), une bonne nouvelle peut être espérée.

Renversée : De petits ennuis ou des retards momentanés pourraient contrarier votre situation professionnelle, mais ne vous inquiétez pas : tout cela n'est que passager. Une erreur commise par le passé pourrait vous être rappelée.

Spirituel

Droite : Il arrive un stade de la recherche où l'initiable peut progresser avec une aide extérieure. Ce guide peut être une personne ou simplement l'esprit du chercheur qui lui "souffle" la bonne voie. Toutefois, il ne faut pas se fier aux apparences et ce guide peut être difficile à reconnaître : mais savoir faire confiance à qui l'on doit fait aussi partie de la quête.

Renversée : Il arrive un moment où le chercheur ne peut plus progresser sans une aide. Mais comme il existe de bons guides spirituels, il y a aussi des gourous de pacotille qui ne cherchent qu'à profiter des "pigeons". Il faut donc prendre garde aux apparences car elles sont trompeuses et peuvent facilement induire en erreur.

Psychologique

Droite : Quand le coeur est à la fête, il faut jouir du moment présent et laisser tracas et soucis de côté. Il faut aussi voir plus loin que le bout de son nez et ne pas se fier aux apparences : seule la nature véritable de l'être compte et non son apparence, son sexe, la couleur de sa peau ou sa religion.

Renversée : Certains secrets du passé peuvent être lourds à porter. A quoi bon s'en encombrer ? Si une faute a été commise, il faut tenter de réparer et faire en sorte de ne pas refaire d'erreur. Se laisser abuser par les apparences superficielles peut être dangereux, aussi faut-il faire preuve de lucidité. Sectaires, dogmatiques, racistes et xénophobes feraient bien d'y réfléchir !

Synthèse

Droite : Peorth symbolise les fêtes sacrées et indique un savoir caché. Elle peut annoncer une personne agissant comme guide dans la vie du consultant. Elle indique la possibilité d'une bonne fortune inattendue, de bonnes nouvelles, de retrouvailles ou d'une quelconque fête ou célébration. Elle favorise les échanges affectifs.

Renversée : Peorth indique que des secrets du passé seront révélés; *"un squelette dans une armoire exposé à la vue publique"*.

Peorth renversée n'implique pas un mauvais présage, mais plutôt un retard ou une diminution dans les bienfaits signalés par sa position droite. Elle met en garde contre les apparences qui sont trompeuses et peuvent induire en erreur.

EOLH

La rune *Eolh* représente les dangers nombreux qui peuvent se présenter sur la route du chercheur. Tentations ou obstacles, ceux-ci sont autant de pièges qui détournent l'attention du chercheur. Elle évoque l'équilibre que l'initiable doit trouver pour harmoniser les sollicitations des mondes intérieur et extérieur. Un équilibre doit absolument être trouvé car la voie de l'ermite n'est pas une solution acceptable, et que nous interdit de toute façon notre systhème social moderne. Avec *Eolh* se pose aussi la question du choix de la voie à suivre. Choix difficile à faire; mais on reconnaît souvent la bonne voie à ce qu'elle monte un peu plus que l'autre. Encore une fois nous devons trouver en nous l'équilibre et l'harmonie entre le spirituel et le matériel, étroitement imbriqués l'un dans l'autre. Car rejeter l'un amène inévitablement à ne pas atteindre l'autre. Le matériel et le spirituel doivent nécessairement s'harmoniser en nous de façon à ce que la meilleure des deux approches puisse, selon les cas, être employée pour enrichir la vie et favoriser notre développement individuel.

La forme de la rune *Eolh* a été comparée à un vieux geste allemand destiné à conjurer le mauvais sort ou les esprits maléfiques. Ce geste consiste à lever trois doigts, paume de la main vers l'extérieur, en direction de la source néfaste présumée. Ce geste de protection magique peut être aussi rapproché d'un signe bien connu, celui qui consiste à "faire les cornes", très employé au Moyen Age comme défense contre le mauvais oeil (index et auriculaire tendus, alors que les autres doigts sont repliés sur la paume). Ce geste magique était un signe de reconnaissance pour les disciples médiévaux du culte du dieu cornu (sans doute un avatar des anciens dieux de la nature, tel Kernunnos) que les chrétiens assimilèrent au Diable (1).

Eolh indique au chercheur que des personnes tenteront de le détourner de sa quête ou essaieront de le dissuader de continuer sa recherche, soit en lui proposant des distractions matérielles, soit en lui offrant d'autres formes de spiritualité. Il peut aussi s'agir d'une certaine versatilité d'esprit ou d'incertitude de la part du chercheur qui, à un moment de sa vie, doutera de son but ou des moyens lui permettant d'aboutir. *Eolh* enseigne qu'il ne faut pas douter mais lutter. Le doute peut être légitime, mais il faut se ressaisir au plus vite pour reprendre la quête. La forme et le sens de cette rune suggèrent que l'initiable sera capable de se soustraire à ses distractions ou à ses doutes et, sa volonté affermie dans sa résolution, de pouvoir poursuivre sa quête.

Signification divinatoire

Droite : Eolh représente l'esprit et la volonté. Elle indique la protection. Le consultant doit se prémunir contre les influences négatives, qu'elles soient extérieures ou intérieures. Si les autres tentent de vous persuader d'aller dans leur sens, ne les écoutez pas et tenez-vous en à vos principes ou décisions. En cas de difficultés, vous pouvez vous attendre à une aide. Un changement de carrière (ou une modification des plans) pourrait se révéler très bénéfique. Une nouvelle carrière commence.

Renversée : Veillez à ne pas vous faire exploiter. Dangers venant d'intrus. Les trompeurs et les flatteurs doivent être évités. Prenez garde à l'inconstance et au manque de volonté. Ne vous découragez pas avant même d'avoir entrepris une action. Situation instable. Matériel perdu ne sera jamais récupéré. Risque de retournement de situation. Les choses vous paraissent peut-être claires, l'avenir tracé, mais qu'en sera-t-il dans quelque temps ?

Eolh avertit de l'urgence de prévenir les ennuis futurs.

(1) Voir, en particulier, l'ouvrage de Margaret Murray : The God of the Witches (Doubleday Anchor Books, New York, 1960).

Affectif

Droite : Des rencontres ou de nouvelles posssibilités affectives. L'aide d'amis dans ce domaine se révélera efficace. Mais il est important de se prémunir contre les influences négatives (intérieures ou extérieures) et de ne pas écouter les conseils inopportuns d'"amis qui vous veulent du bien": tenez-vous en à vos sentiments.

Renversée : Les relations affectives sont plutôt instables et un choix devra être fait pour dissiper l'hésitation et le manque de volonté. Face aux difficultés, il faut lutter et non douter. Une crise sentimentale est à prévoir car les amitiés et les amours sont contrariées. L'incertitude et les sentiments superficiels déçoivent et risquent d'amener des malentendus. Il faut voir plus clair.

Santé

Droite : Eolh suggère de faire attention et rappelle que mieux vaut prévenir que guérir.

Renversée : Faites attention à vous et ne prenez pas de risques, votre santé est en jeu.

Matériel

Droite : L'équilibre matériel est difficile à maintenir. Un conseil à prendre en matière de gestion, toutefois ne vous laissez pas influencer par des personnes pleines de bonnes intentions, mais capables du "pavé de l'ours" et qui vous créeraient surtout des ennuis en voulant vous aider.

Renversée : Dangers venant d'intrus et possibilité de vol. La situation financière est instable et il existe un risque de retournement de situation : soyez prévoyant avant qu'il soit trop tard. Matériel perdu ne sera jamais récupéré.

Professionnel

Droite : Un changement de carrière ou une modification des plans pourrait se révéler très bénéfique. Une nouvelle carrière pourrait commencer et ce changement se révélera payant. Prenez garde toutefois aux propositions qui ne sont peut-être pas si claires qu'elles paraissent. En cas de difficultés, vous pouvez vous attendre à une aide. Les études sont également favorisées.

Renversée : La liberté n'est pas acquise dans le métier et ce manque rend tributaire de la hiérarchie, instituant une situation de faiblesse, de dépendance ou de conflit. Cette situation accentue le manque de confiance en soi et laisse à la merci d'un retournement de situation. Veillez à ce que vos droits soient respectés et à ne pas vous faire exploiter. La situation est instable et rend l'avenir incertain.

Spirituel

Droite : L'ouverture d'esprit et la volonté sont nécessaires pour cheminer vers la vérité. L'initiable doit se prémunir des influences néfastes, que celles-ci viennent de lui ou de l'extérieur, il doit trouver un juste équilibre pour harmoniser les sollicitations des mondes intérieur et extérieur. Le choix de la voie à suivre doit être réglé sans hésitation ni doute.

Renversée : On cherchera peut-être à vous détourner de votre quête et il vous faudra toute votre force de caractère pour continuer sans vous préoccuper de l'avis d'autrui. Les trompeurs et les flatteurs doivent être évités. Une fois que la voie est choisie, il faut s'y tenir sans se laisser influencer.

Psychologique

Droite : La force de volonté est indispensable pour pouvoir agir. Mais un jugement clair et délivré de toute influence extérieure est aussi nécessaire. Le choix ne peut être fait, en définitive, que par soi-même; aussi convient-il d'écouter les avis sans se laisser influencer. Ainsi sera-t-on à même de décider et d'agir en toute indépendance.

Renversée : L'inconstance et le manque de volonté sont préjudiciables au jugement personnel. Il ne faut pas se décourager avant même d'avoir entrepris une action. Les avis extérieurs peuvent parfois être utiles, mais ils peuvent aussi semer le trouble dans l'esprit. Il convient de se faire une opinion soi-même et de faire preuve d'individualité.

Synthèse

Droite : Eolh représente l'esprit et la volonté. Elle indique la protection. Il faut se prémunir contre les influences négatives, qu'elles soient intérieures ou extérieures. *Eolh* avertit qu'il faut faire preuve d'indépendance d'esprit et d'acte pour agir au mieux. Elle annonce une aide obtenue et un changement bénéfique.

Renversée : Eolh met en garde contre l'inconstance et le manque de volonté. Elle annonce une situation désagréable ou instable. Le danger peut venir aussi bien de l'intérieur que de l'extérieur. *Eolh* avertit d'un risque de retournement de situation. Les choses vous paraissent peut-être claires, l'avenir tracé, mais qu'en sera-t-il dans quelque temps ? *Eolh* avertit de l'urgence de prévenir les ennuis futurs.

SIGEL

La rune *Sigel* ou *(Sigil)* est associée au soleil. La strophe du *Poème runique anglo-saxon* relative à *Sigel* dépeint le soleil comme un phare guidant les navigateurs. Ce vers réunit deux des symboles les plus puissants du paganisme : le soleil et la mer. Symboliquement, le soleil représente la source de vie, la brillance, la beauté, la lumière spirituelle. Il ne faut pourtant pas oublier que dans la mythologie germano-scandinave ancienne le soleil est féminin. Aujourd'hui encore, dans certaines parties de l'Allemagne, le soleil est au féminin (ce qui est aussi le cas pour toutes les langues indo-européennes anciennes). Le soleil était une divinité féminine aux temps anciens du matriarcart. Le soleil et la mer sont donc, pour les peuples indo-européens, des symboles du principe féminin ; même si par la suite, à l'époque patriarcale, des dieux tels que Balder, le dieu assassiné, furent associés au mythe solaire. Présent dans toutes les mythologies, le culte du soleil est très important, et s'il n'est pas Dieu lui-même il est l'expression de la divinité.

La mythologie germano-scandinave explique l'apparition du soleil et de la lune de la façon suivante.

Un homme nommé Mundilfari avait deux enfants. Il donna au garçon le nom de Mani (Lune), et à la fille celui de Sol (Soleil). Sol était promise en mariage à un homme de Glen, mais les dieux, courroucés, s'emparèrent du frère et de la sœur et les expédièrent dans le ciel qui était encore vide, où ils se trouvèrent enchaînés pour toujours, chacun conduisant un char. La belle Sol, avec son abondante chevelure d'or et son teint éblouissant, conduit les deux chevaux Arvak (le-Grand-Veilleur) et Alsvinn (le-Très-Rapide) qui tirent le char du soleil. L'astre est tellement brillant et brûlant que

Sol doit placer le bouclier Svalinn (le Frais) pour s'en protéger. Si par malheur la déesse-soleil laissait tomber cet écran protecteur, les montagnes se mettraient à fondre et les océans à bouillir. Pendant ce temps, son frère Mani s'occupe de la lune. Afin d'en constituer les quartiers, il a enlevé deux enfants de la terre, Bil et Hjuki, fille et fils de Vidfinn. Le char de Sol et celui de Mani doivent se hâter dans le ciel, car ils sont poursuivis par deux gigantesques loups qui courent sur leurs traces et cherchent à les dévorer. Ces bêtes monstrueuses, Skol et Hati, sont fils d'une sorcière qui habite à Jarnvid (le Bois-de-Fer). Dans leur course fantastique, Skol veut attraper le soleil du jour et dévorer la lune de la nuit. Et cela dure depuis l'aube du monde.

Dans la quête du chercheur, la rune *Sigel* symbolise le surmoi de l'initiable qui, lorsqu'il est contacté, peut nous guider à travers la mer de l'expérience. Le symbolisme du soleil et de la mer représente l'union entre ciel et terre, matière et esprit, mâle et femelle, actif et passif. C'est la conjonction mystique des opposés (et complémentaires) que l'être doit réaliser en lui (c'est-à-dire harmoniser sa part masculine et sa part féminine), car c'est la clef de la véritable transformation spirituelle de l'individu qui lui rendra son intégralité. Cette conjonction, cette dualité de son être, le chercheur doit la comprendre et la réaliser pour assumer son devenir cosmique.

Signification divinatoire

Droite : Sigel représente la santé, la force de vie. Elle indique l'orientation dans la vie. Marquant une tendance progressiste, elle favorise particulièrement ceux et celles qui débutent de longues études. Les voyages sont aussi sous de très bons auspices. La santé est excellente, et des amours sont en perspective. *Sigel* annonce une amélioration en tout domaine. Joie, succès, énergie sont au rendez-vous.

Renversée : Sigel est un avertissement en matière de santé. Prenez garde en particulier au surmenage qui pourrait être dangereux pour le bien-être. Agitation stérile et désordonnée. Réfléchissez bien avant d'agir et de sauter le pas. Renversée, *Sigel* voit son influence bénéfique légèrement affaiblie et annonce généralement des retards ou une désorientation passagère. Bonheur dans une petite mesure.

Affectif

Droite : Sigel annonce des relations affectives très heureuses. Elle signifie joie, amour, vie à deux ou mariage. Les amours, les amitiés aussi bien que les relations familiales sont favorisées.

Renversée : Bonheur dans une petite mesure : des tracas affectifs perturbent la bonne humeur, mais cela n'est pas grave et ne durera pas : tout devrait bientôt rentrer dans l'ordre. Mais si vous n'êtes pas sûr(e) de vos sentiments ou de ceux de l'autre, réfléchissez bien avant de sauter le pas.

Santé

Droite : La force de vie est rayonnante : bonne santé, vitalité et vigueur sexuelle.

Renversée : Prenez la vie comme elle vient, mais faites attention au surmenage qui pourrait être dangereux pour le bien-être. Attention aux coups de soleil et aux brûlures.

Matériel

Droite : Présage particulièrement faste. La situation financière est au beau fixe, et des rentrées matérielles sont tout à fait prévisibles. Les résultats dépassent les espérances et amènent l'abondance et la richesse.

Renversée : Les gains matériels sont plus faibles que prévus mais l'équilibre financier est maintenu. Tout ceci n'est sans doute qu'un léger contretemps et la situation devrait bientôt s'améliorer.

Professionnel

Droite : Un avancement est à venir prochainement, et des succès devraient intervenir. Les relations de travail sont excellentes. La réussite dans la voie choisie est certaine, et devrait apporter de nombreuses satisfactions, quel que soit le domaine professionnel. Les projets se concrétisent facilement. *Sigel* permet de "briller" et d'occuper une place de premier plan.

Renversée : Des tracas passagers compliquent la vie professionnelle, mais cela ne durera pas. Retard ou erreur de voie ? L'agitation stérile et désordonnée n'apportera pas la réponse. Il faut réfléchir pour remédier à cette situation. Si on vous propose un poste ou un projet, réfléchissez bien avant de prendre une décision.

Spirituel

Droite : Comme l'initiable peut faire confiance à son subconscient pour régler certains problèmes, il doit ici contacter son surmoi pour progresser. La situation est bonne, mais demande encore réflexion. Le chercheur doit comprendre que la clef de son devenir cosmique réside dans l'acceptation et l'intégration de la double nature masculine-féminine de son être.

Renversée : Il arrive que l'on éprouve des doutes sur la voie choisie. Pour régler ce combat intérieur, il faut s'intérioriser et mobiliser les forces de l'esprit : l'illumination finira par venir.

Psychologique

Droite : La joie et l'énergie psychique permettent un éclat et un rayonnement qui mènent au succès et à la réussite.

Renversée : Les petits tracas ne doivent pas perturber la bonne humeur, il faut prendre la vie comme elle vient et ne pas s'inquiéter.

Synthèse

Droite : Rune très bénéfique, Sigel représente la force de vie et la clarté de jugement. Elle indique l'orientation dans la vie et annonce une amélioration en tous domaines : joie, succès, amour, santé et énergie sont au rendez-vous. Elle permet en outre de vivre un parfait épanouissement. Marquant une tendance progressiste, elle favorise particulièrement ceux et celles qui débutent de longues études. Les voyages sont aussi placés sous de très bons auspices.

Renversée : Sigel met en garde contre l'agitation stérile et désordonnée, ou le surmenage qui pourrait altérer la santé. Elle avertit de bien réfléchir avant de sauter le pas. Renversée, *Sigel* voit son influence bénéfique légèrement affaiblie et annonce généralement des retards passagers ou une désorientation momentanée. Bonheur dans une petite mesure.

OETT DE TYR

Après notre parcours à travers les runes de l'*oett* de Hagel qui représentent les forces élémentaires de la nature, nous allons maintenant aborder la dernière famille runique, celle de *Tyr,* qui nous conduira finalement vers notre but et la dernière rune, *Wyrd* la mystérieuse. Ce cheminement au fil des runes doit être un enseignement, plus même, une leçon. Il faut apprendre à reconnaître le divin en nous, car le royaume des dieux est en nous-même. Au cœur de l'être humain brille le feu de la divinité et c'est cela que nous devons réveiller en nous. La traversée peut être dure et longue, mais elle est enrichissante à plus d'un titre. En complétant ce tour d'horizon des runes, le chercheur fait une chevauchée qui le ramènera à son origine, car la vérité qu'il recherche et qu'il finira par trouver, c'est l'élan qui le poussa initialement à entreprendre cette quête. Avec l'*oett* de *Tyr,* le dieu courageux, nous franchissons les dernières étapes vers le but ; ces runes prodiguent les derniers conseils et enseignements pour aider le chercheur à mener à bien sa quête spirituelle. Le cycle des runes s'arrête en apparence avec *Wyrd,* mais cela n'est pas tout à fait vrai, car le cycle reprend au début, sur un autre plan : c'est la loi de l'éternel retour, du recommencement, la spirale dynamique de l'évolution.

TYR

Dans la religion germano-scandinave, *Tyr* (Tiw pour les Anglo-Saxons) est dieu de la guerre. Fils d'Odin, il est le plus intrépide de tous les dieux ases. Il est le dieu qui aide à tenir ferme la lance et l'épée, à souffrir sans se plaindre. *Tyr* est le Dieu qui apporte l'honneur. Dieu honoré, seuls le surpassent par l'adoration des hommes, Odin, Frigg (la terre cultivée, épouse d'Odin et reine des dieux ases), Thor, Frey et Freya la déesse de l'amour. En anglais, *Tyr* a donné son nom au mardi *(Tuesday),* et à certains noms de lieux, comme le village de Tuesley, dans le Surrey. Les Romains l'identifièrent à leur dieu de la guerre, Mars (notons que le mardi est le jour de Mars (1). La rune *Tyr* était souvent gravée sur les épées pour assurer la victoire. Un exemple fameux est le glaive du VIe siècle, exhumé à Faversham, dans le Kent : il porte la lettre runique *Tyr* sous la forme d'une flèche dirigée vers le ciel. Ce glaive a probablement été dédié au dieu lors d'une cérémonie magico-religieuse. Le nom de Tyr devait être gravé sur le manche de l'épée, sur l'envers de la lame et deux fois sur la "*face brillante*". L'utilisation magique des runes visait à augmenter la puissance de l'arme sur laquelle elles étaient gravées. Beaucoup de guerriers germains portaient le *seax* (glaive court). Certaines de ces épées, spécialement bénies dans un bois sacré, passaient pour détenir des pouvoirs magiques. Ces glaives particuliers portaient un morceau de roche ou une perle d'ambre serti dans le manche (l'ambre était considéré comme une matière sacrée chez les peuples païens). Ces armes magiques portaient des noms tels "porteur d'orage" ou encore "piégeur d'ennemis". Elles avaient, dit-on, une existence indépendante qui était alimentée par

(1) Dimanche : Soleil, lundi : Lune, mardi : Mars, mercredi : Mercure, jeudi : Jupiter, vendredi : Vénus, samedi : Saturne.

la force vitale des ennemis qu'elles tuaient. Un autre de ces glaives fut découvert dans l'île de Wight. Sur la gaine d'argent on peut lire une inscription runique : "*Malheur aux armes des ennemis*" et "*Augmente la douleur*". Une autre découverte importante fut l'épée draguée dans la Tamise en 1857. Appelée la "pierre de Rosette de Runelore", elle porte l'alphabet runique dans son intégralité, ainsi qu'une formule que l'on croit être le nom de son propriétaire. Des spécialistes pensent qu'elle date du IXe siècle et qu'elle a été fabriquée dans le Kent.

La rune Tyr représente le but du chercheur, l'illumination spirituelle. Plus il s'en rapproche et plus elle semble s'éloigner. Mais le sens premier de cette rune est le courage et la ténacité, car Tyr sacrifia sa main pour assurer l'équilibre de l'Univers. La légende rapporte que le dieu déchu Loki et la sorcière Angerboda (la Fauteuse-de-Mal) eurent trois enfants : Hel, l'abominable gardienne des morts dont une moitié du corps est de la couleur du cadavre pourri et l'autre moitié couleur chair humaine ; Jormungandr le Serpent de Midgard, encore appelé le Mystérieux Dragon du Nord, immense reptile qui entoure la terre entière de ses anneaux (il sera tué par Thor lors du Ragnarok, mais le dieu périra lui-même à l'issu de ce combat, empoisonné par le venin de Jormungandr) ; et Fenrir (1). Fenrir, ou Fenris, est un loup gigantesque et féroce, d'une puissance colossale. Ce fauve sanguinaire fut élevé chez les dieux ases et parmi eux, seul Tyr se montra assez hardi et courageux pour s'occuper de ce fils sauvage de Loki et lui apporter sa nourriture. Les dieux savaient qu'un jour Fenrir causerait leur perte, aussi décidèrent-ils de l'attacher. Ils fabriquèrent une chaîne extrêmement résistante, nommée Leding, mais le loup la brisa avec facilité. Une seconde chaîne fut forgée, deux fois plus forte que la première ; elle fut nommée Dromi. Fenrir s'en débarrassa aussi. Pour trouver un moyen d'entraver le monstrueux loup, Skirmir, le messager de Frey, fut envoyé à Svartalfaheim, le monde des Alfes noirs, où il recruta les meilleurs de ses forgerons souterrains. Ils lui fabriquèrent une chaîne qu'ils nommèrent

(1) Notons que Sleipnir, le cheval à huit pattes d'Odin, est aussi fils de Loki, sailli par un étalon alors qu'il s'était métamorphosé en jument.

Gleipnir. Elle était constituée de six parties merveilleuses et inexistantes : de bruits de pas de chats, de poils de barbe de femmes, de racines des montagnes, de nerfs d'ours, d'haleine de poissons et de crachats d'oiseaux. Cette chaîne magique, même Fenrir ne pouvait la briser. Restait le problème le plus ardu : enchaîner le loup qui, cette fois, n'était pas disposé à se laisser faire. Les dieux tentèrent d'amadouer Fenrir en lui affirmant que ce nouveau lien était constitué de soie. Mais Fenrir se méfiait, il croyait les Alfes noirs bien capables d'avoir créé une entrave qu'il ne pourrait briser. Un à un les dieux tentèrent devant le loup de briser le lien, sans y parvenir. Même le puissant Thor s'y essaya vainement. Les Ases demandèrent alors à Fenrir s'il était moins fort que les dieux, qu'il n'osait même pas se mesurer à eux. Piqué au vif, le loup se mit à grogner. Puis les dieux lui promirent de le libérer s'il ne parvenait pas à briser le lien en soie. A cette proposition, le loup hurla de rage. Comment, lui, le puissant Fenrir, serait incapable de briser un lien de soie ! C'était une véritable insulte. Pourtant, le fils de Loki se méfiait, et sentait qu'il devait y avoir un piège, aussi leur proposa-t-il un marché. L'un des dieux mettrait sa main dans sa gueule, ainsi ce serait le gage qu'ils ne préparaient aucune traîtrise. Les Ases se regardèrent les uns les autres. Aucun d'eux n'était prêt à risquer une main entre les terribles mâchoires. D'autant plus qu'ils étaient bien décidés à ne pas tenir parole et à laisser Fenrir attaché à la chaîne Gleipnir. Voyant leurs mines déconfites, Fenrir se mit à ricaner, mais, rompant le rang des dieux, Tyr intervint. Le dieu de la guerre et de la justice accepta de se sacrifier, bien que connaissant l'issue de cet acte courageux, pour sauver la communauté des dieux d'Asgard. Pendant que ses frères entravaient Fenrir, il plongea sa main droite dans la gueule béante du loup. Dès qu'il sentit qu'il ne parviendrait pas à se libérer et devinant que jamais les dieux ne le libéreraient, le monstrueux fils de Loki referma brusquement ses mâchoires, tranchant net le poignet de Tyr. Désormais, comme son père Odin était devenu borgne pour avoir voulu acquérir la sagesse, Tyr était manchot pour avoir voulu montrer son courage. Il était désormais, plus que jamais, le dieu de l'honneur, cet honneur qui exige de se battre même si le danger augmente et si la défaite approche. Peut-être aurait-il pu retirer sa main à temps, mais la parole donnée est sacrée, et Tyr n'est pas un dieu à se parjurer, au contraire de son père Odin. Mais son geste a sauvé, pour l'instant, l'ordre cosmique menacé par le loup monstrueux. Fenrir est désormais entravé sur l'îlot Lyngvi, au milieu du lac Amsvartnir, il hurle à la mort et à la vengeance. Il est pourtant patient, car il sait qu'il pourra briser cette chaîne magique à la fin des temps, lorsque viendra le combat final du Ragnarok.

La Rune *Tyr* enseigne donc que le courage et l'honneur sont requis pour marcher sur le chemin spirituel. Bien que dieu de la guerre, Tyr représente le pouvoir destructif du principe mâle utilisé à des fins positives et créatrices lorsqu'il est tempéré par la douceur féminine. Tyr enseigne ainsi que la force brutale ne mène à rien de bon. Pour être créatrice, elle doit être jugulée par la douceur, cette force féminine qui peut venir à bout de bien des obstacles là où la force brutale ne ferait qu'envenimer les choses, et qu'elle ne pourrait de toute façon pas renverser. Ceci est parfaitement illustré par la légende de Tyr sacrifiant sa main. La force ne doit jamais être considérée comme la première condition de la réussite. On doit toujours tempérer son action de beaucoup de douceur (1).

Signification divinatoire

Droite : Tyr offre la promesse du succès pour ceux et celles qui entreprennent de grands desseins avec courage, enthousiasme et opiniâtreté. Elle annonce aussi une liaison amoureuse imminente et passionnée qui apportera un bonheur durable. Elle concerne aussi l'honneur, la confiance et la fidélité.

Renversée : Amour frustré ou relation amoureuse de courte durée. Malheur conjugal, difficultés émotionnelles. Trahison et parjure. Une personne de votre entourage risque de vous mentir ou de vous trahir.

(1) Voir aussi à ce sujet la lame XI du tarot, La Force.

Affectif

Droite : Tyr annonce une liaison amoureuse imminente et passionnée qui apportera un bonheur durable. La confiance et la fidélité règnent dans les couples et les amitiés sont aussi favorisées. *Tyr* est l'indice de sentiments profonds et sincères, puissants et durables.

Renversée : Amour frustré ou relation amoureuse de courte durée. La vie conjugale est malheureuse et il y a risque d'infidélité. Au mieux, Tyr annonce des difficultés émotionnelles. Les amitiés sont aussi défavorisées et une personne de votre entourage risque de vous mentir ou de vous trahir.

Santé

Droite : Bonne santé et vigueur sexuelle.

Renversée : Frustration sexuelle. Risque de maladie vénérienne (M.S.T.). Maladie ou accidents liés aux mains.

Matériel

Droite : La situation financière est solide et bien équilibrée. Les initiatives sont couronnées de succès et assurent une sécurité matérielle.

Renversée : Des difficultés sont à prévoir et il faudra agir avec courage pour redresser la situation. Prenez garde de ne pas vous engager sur une voie malhonnête qui pourrait avoir des graves répercussions. Surveillez attentivement les contrats, car il y a risque de trahison ou de parjure.

Professionnel

Droite : Tyr offre le succès à qui entreprend avec courage et opiniâtreté. Les projets seront couronnés de succès et les ambitions satisfaites. *Tyr* offre la possibilité d'imposer ses idées et de faire valoir ses capacités.

Renversée : Les relations professionnelles sont le théâtre de brouilles, de mésententes, et la trahison n'est pas à exclure. Il règne une ambiance de mesquinerie et de petitesse. Le climat est particulièrement défavorable aux projets d'envergure, et ceux-ci seront bloqués ou contrariés. La jalousie n'est pas absente de cette ambiance tendue.

Spirituel

Droite : La force intérieure, doucement tempérée, en devenant constructrice, offre la possibilité d'une grande évolution spirituelle. Le courage moral est nécessaire car plus on se rapproche du but, plus il semble s'éloigner : la détermination ne doit en être que plus forte. Ainsi, *Tyr* enseigne que la force morale, le courage et l'honneur sont requis pour cheminer vers l'illumination spirituelle.

Renversée : Celui qui n'a pas le courage et l'endurance nécessaires devra renoncer à la voie spirituelle. De même, celui qui use de pratiques déshonorantes, qui s'approprie le savoir d'autrui, colporte un faux savoir ou utilise ses connaissances spirituelles ou ésotériques à des fins bassement matérielles, ne peut guère espérer trouver l'illumination. Une régression spirituelle ou la mauvaise utilisation du savoir est à craindre.

Psychologique

Droite : La force liée à la douceur permet de vaincre bien des obstacles là où la force brutale ne ferait qu'envenimer la situation. Car la force ne doit jamais être considérée comme la première condition de réussite : l'action doit toujours être tempérée de beaucoup de douceur. La force morale ou physique n'est rien sans le courage et l'opinâtreté. Chacun doit rester fidèle à son code d'honneur, à son éthique personnelle.

Renversée : On peut toujours se trouver de bonnes raisons ou excuses pour ne pas agir, alors que le courage est sa propre justification. Celui qui agit sans honneur se retrouvera sans honneur.

Synthèse

Droite : Tyr annonce le bonheur, et elle concerne aussi l'honneur, la confiance et la fidélité. Elle offre la promesse du succès à ceux et celles qui entreprennent de grands desseins avec courage, enthousiasme et opiniâtreté. Quand la force est tempérée par la douceur, elle permet la domination des bas instincts et permet de venir à bout de tous les obstacles grâce à la maîtrise intérieure.

Renversée : Tyr est particulièrement défavorable aux relations affectives et annonce le malheur, la tristesse et les difficultés émotionnelles. Trahison, mensonge et parjure sont à craindre. Elle dénonce la lâcheté morale et le manque d'honneur.

BEORC

Dans le *Poème runique anglo-saxon*, la rune *Beorc* est associée au bouleau. Selon la tradition populaire, cet arbre ayant trait à la fertilité était consacré à la Grande Déesse. On considérait que le bouleau portait chance, car les symboles et les emblèmes sexuels sont réputés pour être de puissantes protections contre l'infortune. Un peu partout en Europe, les paysans portaient de petites amulettes phalliques pour conjurer le mauvais sort ou attirer la chance. Les coquilles en porcelaine, offrant une ressemblance avec l'organe sexuel féminin, possèdent de même un pouvoir magique contre les influences maléfiques. Dans les rites païens, on utlisait souvent des petites baguettes de bouleau à des fins de flagellation (ce qui est une très ancienne pratique pour favoriser la fertilité). Au cours de certaines cérémonies du paganisme, le corps nu de la prêtresse tenait lieu d'autel. Dans de tels rituels, elle était traditionnellement étendue sur un lit de branches de bouleau et de fleurs sauvages. Les Celtes considéraient le bouleau comme un arbre funéraire et tutélaire par-delà la vie et la mort, cette mort permettant, par le renouvellement de soi-même, d'accéder à la vie future. Le bouleau est alors assimilable au tombeau ou au menhir, à la vie et à la mort par le renouvellement des cycles. Les druides considéraient cet arbre comme une des voies d'accès à l'illumination et à l'immortalité, à condition que l'on fasse l'ascension de son tronc à une certaine époque avec les chants magiques appropriés. Parfois associé à la lune, voire au soleil et à la lune, le bouleau symbolisait la voie par où descend l'énergie du ciel et par où remonte l'aspiration humaine vers le divin. Le texte gallois du *Kat Godeu* (Combat des arbrisseaux) contient à son propos un vers énigmatique, après une description de combat :

> *"Le sommet du bouleau nous a couverts de feuilles ;*
> *Il transforme et change notre dépérissement."*

Il est peut-être fait allusion à l'usage de couvrir les cadavres de branches de bouleau ; mais cela signifie également qu'il est l'artisan des transformations préparant le défunt à une vie nouvelle. Arbre sacré en Europe orientale et en Asie centrale (il est, en Sibérie, l'Arbre du Monde, le pilier cosmique à l'instar de l'Irminsul ou d'Ygdrasil), il symbolise, particulièrement en Russie, le printemps et la jeune fille. Or, dans l'Europe médiévale, l'arbre de mai était souvent un bouleau, ce qui associe de nouveau le bouleau aux rites sexuels de début de printemps pour favoriser les récoltes. C'est au cours de ces festivités du jour de Mai qu'étaient consommés les "mariages de bois vert", liaisons sexuelles qui étaient destinées à ne durer que l'été. Le mois de mai était symbole du renouveau vernal. Mois païen par excellence, l'Eglise a tenté, mais sans succès, d'éliminer les rites qui s'y accomplissaient, rites de passage de l'adolescence à l'âge adulte, rites de renaissance et de fécondité, rites sexuels... Ce temps d'exaltation de la jeunesse et de l'amour ne convenait guère à la religion chrétienne qui institua tardivement ce mois, "Mois de Marie" pour juguler les rites païens toujours vivaces, sans y parvenir. Les mariages ont longtemps été interdits pendant ce mois en Europe de l'Ouest et du Nord, car le mois de mai est celui des épousailles des dieux sur la terre et dans le ciel. De là vient la superstition voulant qu'une femme qui se marie en mai devient stérile. C'était aussi l'époque où l'on mariait l'arbre, coutume que nous avons évoquée plus avant. Dans la mythologie gauloise, le bûcheron divin Esus abattait l'abre pour libérer la Déesse de l'hiver et la réveiller au printemps naissant. Un arbre, symbolisant le renouveau vernal, était érigé. L'arbre de mai restait généralement en place jusqu'à la date de la Saint Jean où il était brûlé en même temps que la roue de l'hiver (c'est la tradition des roues enflammées que nous avons déjà évoquée). La première rose éclose en mai était fêtée et promenée dans tout le village. Elle était nommée “Dame de Mai” et elle protégeait les amours naissantes, mais pas les mariages. La tradition du muguet offert le 1er mai provient directement de ces rites. Ces coutumes ont perduré longtemps avant de disparaître peu à peu presque totalement. Chez les Celtes, les mois de novembre et de mai ouvraient et fermaient les portes de l’année (rappelons que l’année celtique commençait le 1er novembre). En Gaule, la fête de Giamonios (équivalent de Beltaine, “feu de Bel”) du 1er mai voyait la victoire des forces de la lumière et du renouveau sur celles des ténèbres de la Nuit de Walpurgis (30 avril). Avant le lever du soleil, les Gaulois plantaient en terre une branche d’aubépine devant la porte de leur belle, en invite à la fécondité et en gage d’amour (de là vient la tradition des “mais” très répandue).

La rune *Beorc* invite le chercheur à ne pas se laisser abuser par les apparences extérieures. La strophe du *Poème runique anglo-saxon* évoque le fait que, bien que ne donnant pas de fruits, le bouleau est un bel arbre. Cette leçon est aussi enseignée par les mythes celtiques mettant en scène une vieille femme ou une vieille sorcière qui cherche à persuader le héros (le chercheur sur le chemin spirituel) de faire l’amour avec elle. Si celui-ci parvient à surmonter sa répulsion et accepte, la vieille se transforme en une belle jeune femme qui est bien sûr la déesse de la fertilité. Quand les anciens mythes devinrent des contes de fée à dominante patriarcale, c’est la princesse qui, en embrassant un crapaud, le transforme en beau prince (ou encore indirectement, la princesse endormie réveillée par le baiser du prince charmant). Cette tendance qui veut que ce soit l’homme qui doive faire des avances à la femme est un pur produit du patriarcat, en totale contradiction avec le processus naturel du désir chez la femme.

La rune *Beorc* est donc intimement liée à la sexualité. Elle peut indiquer au chercheur que le salut peut être obtenu par les plaisirs de la chair. La sexualité était en effet liée à la religion dans le paganisme, où l’emploi de l’énergie sexuelle à des fins magiques et spirituelles était courant. Le paganisme considérait la sexualité comme normale et naturelle, et encourageait sa pratique. Cela choqua l'Eglise chrétienne qui considérait le plaisir de la chair comme un péché (1). Pour elle, le désir sexuel est l'œuvre du Diable, et la femme complice du Malin. Elle extirpa donc totalement ou presque la sexualité de la religion et sema ainsi par son intransigeance et ses conceptions antinaturelles les germes destructeurs de l'inhibition, de la peur ou de la phobie et de la répression dont nous faisons toujours aujourd'hui les frais. Cette répulsion maladive et hypocrite de la sexualité fut aussi une des causes principales de la chasse aux sorcières.

Un aspect méconnu de la rune *Beorc* la lie à l'usage de l'amanite tue-mouches, champignon hallucinogène employé par les chamanes nord-européens pour entrer en contact avec le monde des esprits. Ce champignon pousse en effet particulièrement bien dans les forêts de bouleaux.

Signification divinatoire

Droite : Beorc signifie croissance. Elle annonce de nouveaux débuts, la croissance, la fertilité. Elle indique le bon déroulement d'un projet, et peut faire référence à la naissance d'un enfant ou à une nouvelle affaire positive. Des changements bénéfiques devraient survenir dans les domaines professionnel et familial. La possibilité d'un mariage (officiel ou non) est à envisager.

Renversée : Beorc annonce la stagnation et l'ennui, la stérilité. Une séparation ou un divorce sont à craindre. Les projets quels qu'ils soient, sont défavorisés.

Affectif

Droite : Des changements bénéfiques devraient survenir et la possibilité d'un mariage ou d'une union est à envisager. La naissance d'un enfant est aussi possible. La sexualité est harmonieuse et solidifie le couple.

Renversée : Stagnation émotionnelle. De possibles mésententes sexuelles pourraient semer la discorde chez les amants. Pour les

(1) L'Eglise ne reconnaît la sexualité que dans le cadre du mariage et uniquement dans un but de procréation.

couples (mariés ou non), les problèmes peuvent amener une rupture ou un divorce.

Santé

Droite : Bonne santé. Vigueur sexuelle. Grossesse ou naissance d'un enfant dans la famille.

Renversée : Risque de stérilité. Avortement ou fausse couche. Naissance difficile. Difficultés sexuelles.

Matériel

Droite : Les finances sont favorisées et de nouveaux revenus sont envisageables. La sphère matérielle est protégée et les affaires sont prospères.

Renversée : Risque de perte d'argent. Les affaires marchent mal et une récession est à craindre. Mieux vaut ne pas investir en ce moment.

Professionnel

Droite : Les activités sont placées sous de bons auspices et une ouverture à de nouveaux horizons professionnels sera bénéfique. Des changements très favorables devraient survenir, et les projets se déroulent bien. Aucune difficulté.

Renversée : Stagnation et ennui sapent le moral et le climat professionnel s'en ressent durement. Les projets, quels qu'il soient, sont défavorisés et le risque de perte d'emploi n'est pas à écarter.

Spirituel

Droite : Une renaissance spirituelle apportera ses bienfaits au chercheur et favorisera l'aspiration humaine vers le divin. L'être est son propre athanor (1) où s'accomplit la transformation intérieure le préparant à sa vie nouvelle. *Beorc* indique que le salut peut venir de sources inattendues, et que ce salut peut être obtenu par les plaisirs de la chair, qui doivent faire partie de la spiritualité car la sexualité est une des grandes forces du principe de vie.

(1) Fourneau alchimique où est placé l'œuf philosophique durant la cuisson de la matière philosophale. Rappelons que le but véritable de l'alchimie n'est pas, comme on le croit souvent, la fabrication de l'or, mais la transformation de l'alchimiste lui-même par l'illumination spirituelle qui le mène à l'état d'Eveil.

Renversée : Celui qui refuse sa tranformation intérieure s'interdit toute renaissance. De même, celui qui refuse les plaisirs de la chair sépare ainsi matière et esprit : il nie alors tout le fabuleux courant de la vie.

Psychologique

Droite : Il faut accepter la vie comme elle vient et profiter de ses bienfaits. Lorsque l'être crée l'équilibre en lui-même, il réalise alors une sorte de perfection qui lui fait voir les choses comme elles sont, sans préjugés. Il peut alors accepter les lois naturelles, et se libère de l'inhibition destructrice forgée par les dogmes, qu'ils soient religieux ou intellectuels.

Renversée : Refuser la nature pousse à l'inhibition et à la phobie. Il faut accepter les lois naturelles pour vivre pleinement. L'individu doit intégrer toutes les composantes de son être et non les refouler.

Synthèse

Droite : Beorc signifie croissance. Elle annonce de nouveaux débuts, la croissance et la fertilité. Elle est bénéfique à tout ce qui se développe et se renouvelle. Elle annonce des changements favorables.

Renversée : Beorc annonce la stagnation, l'ennui et la stérilité en tous domaines. Les projets, quels qu'ils soient, sont défavorisés. Elle annonce ruine, échec, séparation et divorce.

EH

La rune *Eh* est associée aux chevaux. Durant l'époque païenne nordique, ces animaux étaient consacrés surtout aux dieux (1). Tacite, au 1er siècle de notre ère, a rapporté que les Germains tiraient leurs présages des chevaux. Ils en nourrissaient certains à frais communs, dans des bois et bocages sacrés, tous très blancs et n'étant jamais affectés à des travaux avilissants. Ils étaient attelés au char sacré. Les grands et les prêtres se considéraient comme les ministres des dieux et croyaient que les chevaux en étaient les organes. Animal magique et mystérieux, le cheval est intimement lié à la mythologie des Indo-Européens. Selon l'*Edda* de Snorri, Sleipnir, le cheval d'Odin, ne possède rien moins que huit pattes, il a le pelage gris et se déplace aussi bien sur terre ou sur l'eau, dans les airs et dans les enfers. Le héros irlandais Conal I Cernach possède un cheval, le Rouge de Rosée, et ce cheval a une tête de chien ; il déchire le flanc de ses ennemis. Le héros celtique irlandais Cûchulainn a deux chevaux : le Gris de Macha qui est le roi des chevaux d'Irlande (2), et le Sabot Noir. Tous deux ont une intelligence humaine. Le Gris refuse de se laisser atteler au char de Cûchulainn lorsque celui-ci se prépare pour ce qui sera son dernier combat, et il verse des larmes de sang. Plus tard, il guidera Conal I Cernach le vengeur vers le corps sans vie de son maître. Le Noir, lui, ira se noyer de désespoir.

Dans la mythologie grecque, les Harpies, *"démons de la tempête, de la dévastation et de la mort"*, étaient représentées à la fois comme des femmes-oiseaux et des juments. Très présent dans le folklore européen, le cheval peut devenir inquiétant,

(1) Les peuples nordiques ne se sont convertis au christianisme qu'à partir du XIe siècle.
(2) Macha est une déesse-jument.

voire franchement maléfique.

Nous avons déjà évoqué la Cavale de Nuit, et A. Krappe voit sémantiquement ce cheval sinistre, noir ou blême (c'est-à-dire d'une blancheur froide, nocturne, lunaire) à l'origine même du français "cauchemar" ou de l'anglais "nightmare". La Mahrt allemande (jument) est un démon chthonien. Il n'y a pas si longtemps encore, en pays de Basse Saxe, la Ditmarsie, au sud du Jütland, on conservait toujours le souvenir du Schimmelreiter, cavalier au cheval blanc qui apparaissait lorsque les digues de la côte se rompaient. Le cheval est en effet intimement lié à l'élément eau, et plus particulièrement aux sources. De nombreuses histoires évoquent des sources jaillies du sabot d'un cheval. Des légendes celtiques rapportent que dans le murmure des sources on peut entendre des hennissements de chevaux. Mieux vaut alors ne pas surprendre dans ces hennissements des paroles humaines car c'est signe de mort dans le jour-même. Le cheval est un animal sacré et ambigu, souvent fantastique, il est aussi nimbé d'une aura d'étrangeté maléfique. N'est-il pas le coursier le plus fréquent du Chasseur sauvage ? Il mène parfois la Chasse sauvage lui-même. Ainsi, dans la région de Rinting, en Moselle, un troupeau de chevaux sauvages traverse la vallée à grand fracas la nuit venue pour aller boire à une fontaine. Et ce troupeau est mené par un étrange étalon noir sans tête.

Les rites liés au cheval n'ont pas tous disparu. Frazer avait déjà rapporté la survivance d'un rite de fertilité mettant en scène une construction de bois munie d'une tête de cheval et recouverte d'un drap blanc, accueillie par les cris de la foule : Le Cheval Blanc ! Le Cheval Blanc ! Cette fête avait lieu lors d'une cérémonie des feux de la Saint Jean, en Irlande. Sous le drap, un homme portant la tête de cheval bondissait ensuite au-dessus du feu. Ce "cheval" symbolisait le bétail, survivance des anciennes fêtes celtiques de Beltaine où l'on faisait passer le bétail au-dessus d'un feu pour le préserver des épizooties de l'été. Encore aujoud'hui, pendant la célébration du 1er mai a lieu, en Cornouailles, la Fête de la Fourrure, qui met en scène un habitant du village déguisé en che-

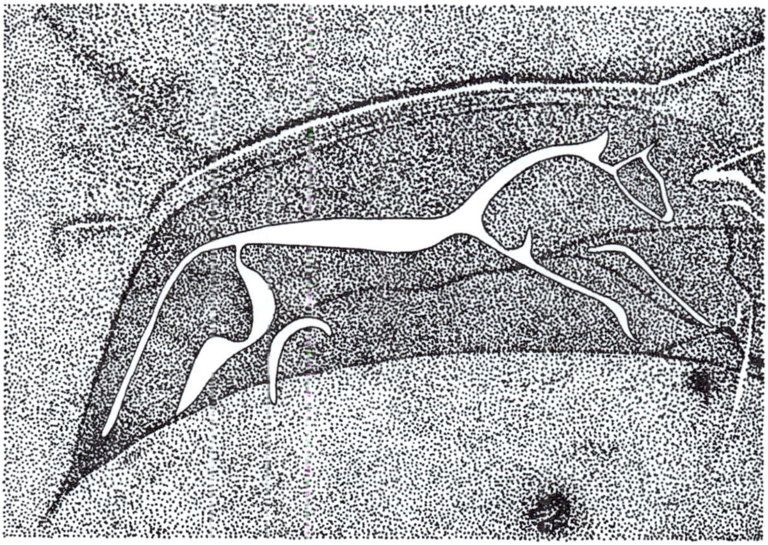

L'étonnant cheval blanc du site d'Uffington, vu du ciel.

val de bois androgyne. Il exécute des pas bondissants vers les jeunes filles, en relevant ses jupes et exhibant ainsi un long bâton placé entre ses jambes. Ses cabrioles obscènes sont une célébration des rites du printemps.

Témoin de l'importance du cheval, le site d'Uffington White Horse, dans le Berkshire (Angleterre). Une étonnante silhouette de cheval, mesurant 110 mètres de la queue aux naseaux, a été gravée dans la craie à flanc de côteau, où elle se détache clairement sur la colline gazonnée. La stylisation de l'ensemble est tout à fait identique à celle du cheval sur les monnaies celtiques de la même époque (1er siècle avant notre ère). Or, à quelques kilomètres du site se trouve un tumulus portant le nom local de *Wayland's Smithy.* Wayland, ou Weland, est le forgeron des dieux. Dans l'*Edda,* il est nommé Volund et est le fils d'un géant. Il est dépeint sur le fameux coffret des Francs, décoré de scènes mythologiques païennes côtoyant des légendes bibliques et entouré d'inscriptions runiques. Wayland y figure, vêtu d'un kilt dévoilant sa claudication. Il est penché sur une enclume avec une tête humaine tenue entre des pinces. A ses pieds gît un corps décapité. Deux personnages féminins lui font face : l'un tend son bras vers le forgeron, tandis que l'autre porte un panier. A la droite du trio se voit une femme ou un jeune garçon entouré de cygnes et d'oies. A l'origine, Wayland apprit son art du géant Mimir, gardien de la fontaine de la sagesse où Odin sacrifia son œil, sous l'arbre Ygdrasil. Il se perfectionna ensuite auprès des deux Nains. Les épées forgées par Wayland possédaient des pouvoirs magiques : il en fabriqua pour les Ases, et une autre pour Beowulf, avec laquelle ce dernier terrassa le monstre Grandel. L'Edda rapporte que Wayland et ses deux frères rencontrèrent au bord d'un lac près du château de leur père, le roi de Finlande, trois jeunes filles qui pouvaient se métamorphoser en cygnes. Au terme de neuf ans de mariage avec les trois frères, celles-ci prirent leur envol pendant que leurs époux étaient à la chasse. Les trois frères partirent à la recherche de leur amour perdu, chacun prenant un chemin différent. Wayland ne continua pourtant pas. Il se retira dans le marais près du lac où avait eu lieu la rencontre avec les cygnes-fées, et se mit à fabriquer des armes et des bijoux. Peu de temps se passa avant que Nidud, le roi de Suède, entendît parler des talents de Wayland. Il l'envoya chercher par des hommes armés. Le roi, voulant garder le forgeron près de lui, le rendit boiteux pour qu'il ne puisse s'échapper et l'emprisonna dans une île où il fut forcé de fabriquer des bijoux pour la cour royale. Un jour, les deux fils du roi vinrent visiter l'île et tentèrent de forcer Wayland à leur révéler où il avait caché la clef de son coffre. Wayland leur trancha la tête avec son épée magique, et fit des coupes avec leurs crânes qu'il sertit de pierres précieuses avant de les renvoyer au roi. Il séduisit aussi la fille du roi lorsque celle-ci lui apporta une bague à réparer. Wayland parvint ensuite à s'échapper de l'île à l'aide d'une paire d'ailes qu'il avait fabriquées pendant sa captivité.

La légende de Wayland, fort ancienne, se perpétua longtemps après que les Angles, les Saxons et les Jutes se fussent convertis au christianisme. Avec une satisfaction non dissimulée, Alfred le

Exemple de dragon, le Graoully de Metz, dont le nom provient de l'allemand graülich ("effrayant") ; d'après une gravure sur bois de C. Kieffer (XIXe siècle).

Grand (871-899) prenait acte de la disparition de cette croyance païenne, en posant la question : *"Qui donc sait où sont maintenant les os de Wayland ?"*. Mais il se réjouissait prématurément, car Wayland survécut dans la tradition populaire pratiquement jusqu'à nos jours.

Non loin de la fameuse figure du cheval blanc d'Uffington se trouve, avons-nous dit, un tumulus préhistorique entouré de grandes pierres levées. Selon la légende, quiconque abandonne un cheval à côté des menhirs, à minuit, lorsque la lune est pleine, y retrouvera au point du jour son cheval ferré par Wayland. On dit aussi que le fantôme de Wayland sort à cheval du tumulus lors des nuits d'hiver en brandissant son épée magique.

Wayland est l'archétype du forgeron (plus ou moins équivalent du Goibniu celtique), dont l'histoire se retrouve aussi dans les mythes celtiques. Les forgerons ont toujours été considérés comme des magiciens, car ils domptaient les chevaux sauvages et travaillaient le feu et le fer. Ce n'est pas par hasard s'ils furent aux temps chrétiens soupçonnés d'avoir des accointances avec le Diable. Wayland peut être aussi allié du dragon ou du serpent qui, dans les mythologies celtique, scandinave et saxonne, garde les tumulti et les trésors qu'ils renferment (1). Bien qu'intimement lié à l'eau, le dragon peut dans une certaine mesure être considéré comme un esprit élémentaire du feu. Il défend les tumuli en soufflant des flammes. Cela n'est sans doute pas sans rapport avec l'incinération des morts, pratique courante dans les temps anciens (certaines tribus germaines et gauloises pratiquaient encore l'incinération mortuaire). Dans le paganisme originel, le serpent ou le dragon qui était un symbole chtonien et féminin (de nombreux dragons étaient originellement féminins) fut tranformé en image du Mal et du pouvoir des puissances ténébreuses (2). Cette tendance s'amplifia encore avec le christianisme qui récupéra la plupart des légendes païennes à son profit.

Le symbole équestre de la rune *Eh* fait référence aux chevaux sacrés de la déesse Sol tirant le char solaire à travers le ciel, ou à ceux de Mani tirant le chariot lunaire.

Il renvoie aussi au destrier du chamane qui peut voyager dans l'autre monde. La rune *Eh* apprend au chercheur qu'il doit contrôler ses émotions en toutes occasions pour progresser dans la vie. *Tyr* faisait allusion au pouvoir libérateur et constructif de la force vitale. Par contraste, *Eh* enseigne qu'il existe des moments où le contrôle des émotions est requis pour atteindre aux connaissances spirituelles, ou pour résoudre des problèmes de la vie courante. D'un point de vue pratique, elle enseigne que nos émotions peuvent parfois être des ennemies et que nous devons savoir les maîtriser. Dans la divination, cela s'applique à l'imagination ; celle-ci doit être muselée juste ce qu'il faut (mais non étouffée) pour per-

(1) Pour la mythologie celtique, voir en particulier le cycle de Peredur (devenu Perceval le Gallois dans les romans arthuriens) et sa rencontre avec le Serpent Noir du Tertre.

(2) Le cheval et le dragon ou serpent mythique ont d'ailleurs des origines mythologiques communes. Pour ne citer qu'un exemple parmi tant d'autres, rappelons que Pégase, le merveilleux cheval ailé de la mythologie grecque, est né du sang de la Gorgone Méduse à chevelure de serpents.

mettre au jeteur ou à la jeteuse de runes de deviner correctement. Rappelons l'expression pertinente d'Oswald Wirth : "*Deviner, c'est imaginer juste*", et pour cela nous ne devons pas laisser notre imagination s'emballer comme un cheval fou.

Signification divinatoire

Droite : Eh indique des changements dans une situation, un changement de travail ou encore un déménagement. Elle annonce éventuellement un voyage. Le succès, qu'il soit professionnel, personnel ou affectif, devrait être au rendez-vous, à condition toutefois que le consultant soit capable de maîtriser ses émotions.

Renversée : Agitation, stress, mouvance d'une situation, instabilité. Un voyage frustrant se terminant par un échec. Surveillez tout particulièrement vos émotions, car celles-ci pourraient vous mener à l'échec (colère, impatience, timidité, manque d'oser, etc.).

Affectif

Droite : Le succès sentimental pourrait être au rendez-vous à condition que le consultant soit capable de maîtriser ses émotions, car celles-ci lui jouent de mauvais tours. Il faut parfois être capable de dominer ses sentiments pour agir efficacement. Un voyage ou une escapade amoureuse seraient les bienvenus.

Renversée : Les relations peuvent être decevantes et il ne faut pas trop en attendre. L'instabilité contrarie les amours. Il faut tout particulièrement surveiller les émotions, car celles-ci pourraient mener à l'échec (colère, impatience, mais aussi timidité, manque d'oser, etc.).

Santé

Droite : Possibilité de problèmes de santé liés à l'instabilité, ou encore à des déménagements ou des changements de carrière.

Renversée : Même signification avec un risque d'aggravation.

Matériel

Droite : Après un flottement, les finances amorcent un changement bénéfique. Les transactions sont favorisées. D'heureuses possibilités de gains s'annoncent ; mais il faut savoir se maîtriser pour éviter les risques.

Renversée : Le domaine financier est incertain et la négligence risque de créer des problèmes. Les finances se ressentent de coups de folie dans les dépenses qui dépassent les possibilités.

Professionnel

Droite : Un changement de travail est à envisager. S'il devrait se révéler positif, il peut toutefois être générateur de stress, aussi faudra-t-il maîtriser ses émotions pour faire face à cette nouvelle situation. Les professions liées au tourisme sont favorisées (ainsi que celles liées aux chevaux). Un voyage d'affaires apportera une heureuse conclusion.

Renversée : Une période de flottement et de déception entoure l'activité qui ne donne pas pleine satisfaction. Une fuite devant les responsabilités n'arrangera pas les choses. Gardez votre calme; cela ne ferait qu'aggraver la situation. Un voyage d'affaires pourrait se révéler frustrant et se terminer par un échec.

Spirituel

Droite : Il est important de maîtriser ses émotions en toutes occasions pour progresser dans la vie ; car le contrôle des émotions est requis pour accéder aux connaissances spirituelles. Une grande liberté d'action ouvre la voie à l'harmonie intérieure.

Renversée : La liberté spirituelle est indispensable à l'évolution. Mais pour l'obtenir, il faut être capable de dominer ses émotions, qui, non maîtrisées, entravent l'ascension spirituelle. On ne voyage pas dans l'autre monde assis sur un cheval fou !

Psychologique

Droite : La liberté d'esprit et d'action est indispensable à l'épanouissement de l'être : ainsi acquerra-t-il l'indépendance. Il faut aussi être capable de s'adapter immédiatement aux nouvelles situations sans les craindre : de cette façon, aucune occasion ne sera manquée.

Renversée : Nos émotions peuvent être nos ennemies et il faut en conséquence apprendre à les maîtriser pour résoudre les problèmes de la vie courante. En de telles situations, la colère est aussi préjudiciable que le manque d'oser.

Synthèse

Droite : Eh indique des changements dans une situation, un changement de travail ou encore un déménagement. Elle peut également annoncer un voyage ou un déplacement quelconque. Le succès, qu'il soit professionnel ou affectif, devrait être au rendez-vous, à condition que le consultant maîtrise ses émotions.

Renversée : Eh annonce l'agitation et le stress, l'instabilité, la mouvance d'une situation. Les voyages sont défavorisés. Elle met tout particulièrement en garde contre les émotions qui pourraient créer des ennuis et mener à l'échec (colère, impatience, timidité, manque d'oser, etc.).

MAN

La rune *Man* (Homme) est associée à la famille dans la strophe du *Poème runique anglo-saxon* lui correspondant. Par la famille, il faut entendre aussi bien les liens du sang que ceux du cœur. La famille n'est pas seulement un groupe de personnes unies par le sang ou la loi, c'est aussi le cercle des amis, et au sens plus large le reste de l'humanité. Son sens d'"homme" pourrait faire aussi allusion à Karl ("homme"), fils de Amma (Grand-Mère) et de Rig-Heimdal (1) dans la *Rigsthula,* premier homme libre, ancêtre des êtres humains libres et maîtres d'eux-mêmes.

Pour les Européens du Nord, la notion de famille s'étendait au monde des morts (le culte des ancêtres). La tâche incombait à la famille d'édifier le tumulus funéraire ou de creuser la fosse qui serait le dernier lieu de repos, de garder la tombe bien entretenue et de faire en sorte que le défunt ne devienne pas un "fantôme qui ne peut quitter le monde des vivants".

La rune *Man* évoque Karl, le premier homme libre, maître et seigneur de lui-même ; elle suggère donc qu'il arrive un moment où l'on doit quitter la sécurité familiale pour voler de ses propres ailes et faire sa vie. L'être doit penser par lui-même et non être guidé par un gourou ou une autorité quelconque. Parfois, la quête spirituelle modifie tellement la psychologie de l'être que celui-ci éprouve beaucoup de mal à renouer des liens avec sa famille ou ses anciens amis. S'il ne peut se forger de nouvelles amitiés, il devra accepter que son chemin soit un chemin solitaire. Pourtant,

(1) Dieu mystérieux, fils d'Odin et des neuf vagues-sœurs. gardien du pont arc-en-ciel Bifrost, on l'appelle aussi l'Ase Blanc.

la rune *Man* ne suggère pas que le chercheur doive s'isoler. Il doit au contraire s'efforcer de trouver des gens avec qui il puisse s'entendre et partager ses connaissances et son expérience. *Man* indique simplement que de tels êtres sont rares; il est difficile de trouver des personnes qui soient sur la même longueur d'onde et puissent comprendre les motivations du chercheur. Qu'il trouve ou non des semblables, l'être doit rester libre de son destin dans la mesure du possible ; il ne doit en aucun cas inféoder sa personnalité ou sa volonté à celle d'une autre personne. A l'heure du dernier voyage dans la vie, nous serons seuls. Pourtant la pensée païenne professe qu'en passant le portail du monde du milieu pour entrer dans le monde mystérieux de l'au-delà, nous serons accueillis par les esprits de ceux qui sont partis avant nous. Car la famille ne se limite pas à la vie, elle englobe la mort et l'Univers tout entier. *Man* vous rappelle que les liens familiaux existent et qu'il convient d'en tenir compte. Ces liens peuvent être un soutien comme des contraintes.

Signification divinatoire

Droite : Man symbolise les liens familiaux, elle influence favorablement tous les liens du sang et du cœur. Un conflit avec l'administration, l'autorité ou le monde extérieur est possible, voire un problème juridique ; mais cette expérience permet d'élargir les perspectives du consultant dans la vie. *Man* indique que le moment est idéal pour reprendre des forces et faire le tri des priorités. Les plus jeunes pourraient quitter le giron familial pour fonder leur propre foyer. Amélioration des relations. Côté cœur, *Man* peut indiquer aussi bien l'indépendance que la décision d'une vie commune avec l'être aimé.

Renversée : Man met en garde contre un danger venant d'ennemis cachés. Quelqu'un pourrait chercher à vous tromper. Il pourrait être nécessaire de s'isoler de la famille à des fins réflexives. Risque de tensions familiales. Les liens, qu'ils soient du sang ou du cœur, sont défavorisés. Une brouille ou une mésentente est à craindre, voire une tromperie, une trahison ou un abus de confiance.

Affectif

Droite : Les relations sont positives ou en nette amélioration. *Man* peut indiquer aussi bien l'indépendance que la décision d'une vie commune avec l'être aimé (en fonction des autres runes). Elle favorise les relations avec la famille et l'entourage proche. Les plus jeunes pourraient quitter le giron familial pour fondre leur propre foyer.

Renversée : Risque de tensions familiales. Les liens, qu'ils soient du cœur ou du sang, sont défavorisés. Une brouille ou une mésentente est à craindre, voire dans certains cas, une tromperie, une trahison ou un abus de confiance (en fonction des autres runes).

Santé

Droite : Maladie dans la famille ou les proches, particulièrement chez les parents ou amis masculins.

Renversée : Une maladie pourrait isoler le consultant du monde extérieur.

Matériel

Droite : Les finances sont bien équilibrées malgré la possibilité de dépenses familiales ou pour aider des amis. Il existe une possibilité de conflit sans gravité avec l'administration ou le fisc, voire d'un problème juridique.

Renversée : Il faut faire attention à bien gérer le budget, car une dépense imprévue en rapport avec la famille ou les amis pourrait le bouleverser. Le risque de vol ou de cambriolage n'est pas à exclure. Quelqu'un pourrait essayer de vous tromper pour vous soutirer de l'argent. Risque de problème avec le fisc.

Professionnel

Droite : Vous pourriez être confronté à des difficultés d'ordre professionnel, peut-être liés à votre patron ou à l'administration ; mais cette difficulté vous permettra de mieux réagir à l'avenir en élargissant votre champ d'expérience. Par contre, le travail lié au cadre familial est favorisé.

Renversée : Les tensions et les difficultés au travail rendent l'atmosphère pénible. Des problèmes de hiérarchie pourraient s'envenimer. La situation peut être très tendue et le consultant éprouvera sans doute l'envie d'être chez lui... loin de son travail.

Spirituel

Droite : L'expérience permet d'élargir l'horizon spirituel. Si l'être ne doit pas s'isoler mais au contraire s'efforcer de trouver des gens avec qui il pourra partager ses connaissances et son expérience, il doit toutefois prendre garde de ne pas inféoder sa volonté à celle d'autrui : il doit rester libre de sa pensée et de ses actions.

Renversée : Celui qui craint de s'élancer vers le monde extérieur ne pourra progresser : il faut savoir voler de ses propres ailes pour acquérir l'expérience et la liberté.

Psychologique

Droite : Les conflits de toutes sortes sont bénéfiques dans la mesure où ils permettent de renforcer la volonté et élargissent les perspectives de l'individu, qui en tire expérience pour l'avenir. De la même façon, il est un moment où l'on doit quitter la sécurité familiale pour voler de ses propres ailes et faire sa vie.

Renversée : Une trop grande sécurité affaiblit la volonté et peut rendre inapte à la vie en société : conflits et dangers doivent être affrontés dans une juste mesure. La fuite n'est pas toujours une bonne solution, non plus que la “politique de l'autruche”.

Synthèse

Droite : Man symbolise les liens familiaux et influence favorablement tous les liens du cœur et du sang. Elle peut annoncer un conflit avec l'administration, l'autorité ou le monde extérieur, voire un problème juridique : mais cette expérience permet d'élargir les perspectives du consultant dans la vie. *Man* indique que le moment est idéal pour reprendre des forces et faire le tri des priorités.

Renversée : Man annonce des brouilles, des mésententes, des disputes, voire une tromperie, une trahison ou un abus de confiance ; elle met en garde contre un danger venant d'ennemis cachés. Les liens affectifs sont défavorisés. Elle indique qu'il pourrait être nécessaire de s'isoler de la famille à des fins réflexives.

LAGU

La rune *Lagu* est associée à l'élément liquide. L'eau est un très important symbole ésotérique. Selon d'anciennes légendes et traditions occultes, l'humanité provient originellement de l'eau, ce qui est conforme aux données de la science qui nous apprend que la vie sur terre s'est d'abord développée dans l'océan.

Il existe de nombreuses légendes anciennes ou modernes relatant l'histoire du continent légendaire d'Hyperborée ou de Thulé, demeure mythique des dieux Vanes. Les mythes anciens professent que l'homme est né du sein de la grande Déesse-Mère symbolisant l'océan. Trois thèmes prédominent dans le symbolisme de l'eau : source de vie, centre de régénérescence et moyen de purification. Elle est aussi le reflet de l'inconscient, de la féminité, de l'intuition et de l'imagination. En devenant submergeant, l'élément liquide est signe de germination et de régénération. Le déluge représente une destruction salutaire : il détruit parce que les formes sont usées ou épuisées. Mais il a un caractère non défintif, il est toujours suivi d'une nouvelle humanité et d'une nouvelle histoire. Le déluge ramène l'humanité à son origine pour la faire renaître à une vie nouvelle. Exemple frappant, dans la mythologie irlandaise, le déluge biblique a été adapté aux origines du monde et symbolise le passage de la préhistoire à l'histoire. Toutes les races antérieures ayant été détruites par la submersion, c'est nécessairement une nouvelle humanité qui voit le jour lorsque les eaux se retirent. Selon la légende irlandaise, seul Fintan, l'homme primordial, y a échappé. Il est arrivé sur le “dos d'une vague”, puis a dormi sur le sable fin d'une grève durant plusieurs siècles avant de léguer aux savants d'Irlande la science traditionnelle dont il était dépositaire. Dans la mythologie nordique, le Ragnarok sera lui aussi suivi d'une sorte de déluge qui purifiera le monde pour permettre l'éclosion d'une nouvelle humanité.

L'océan, ce grand dévoreur, a toujours fasciné et terrifié les hommes. Rien d'humain dans cette immense étendue mouvante et traîtresse. A l'inverse d'autres divinités comme celles du ciel et de la terre, celles de l'eau ne s'humaniseront jamais tout à fait. On ne peut dompter la mer. La divinité qui l'habite est rebelle à l'ordre humain, elle échappe à la rationalisation. C'est pourquoi elle conserve des traits archaïques qui nous ramènent à l'aube des temps. Aegir, le grand dieu nordique de la mer, vit dans un fabuleux palais au fond des eaux. Son épouse, Ran (Pillage), personnifie la mer traîtresse, attirant vers ses abîmes meurtriers avec son immense filet tous ceux qui s'aventurent à sa surface. Les noms de ses enfants nous rappellent que la mer est un royaume étranger à l'être humain qui devient le jouet des éléments sur ses étendues immenses et glacées. Ses filles s'appellent en effet : Kolga, la mer déchaînée ; Bylga, la houle ; Hrafn, la spoliation ; Dufa, la plongeuse ; Drafn, les vagues ravisseuses...

La rune *Lagu* suggère que le chercheur peut émerger dans sa quête. Tel un bateau ballotté par les vagues, le chercheur peut connaître des moments de doute et d'incertitude pendant lesquels il lui semble qu'il ne gouverne plus sa vie, le cours des événements lui échappe totalement. Ces périodes de doute et de manque de confiance ne doivent pas surprendre, car elles sont des épreuves du destin *(wyrd)*. Dans de tels moments, angoissants mais passagers, il ne faut pas douter mais au contraire lutter. Le chercheur doit alors se prendre en charge pour surmonter ces épreuves et renaître de cette submersion, car cela lui donnera de l'expérience et le déterminera d'autant plus à continuer. Avec *Lagu* rien n'est définitif, les résultats restent imprévisibles. Entourée de runes bénéfiques, *Lagu* indique un succès momentané ou non déterminant, passant avant tout par les émotions.

Signification divinatoire

Droite : Lagu concerne les émotions, elle est le domaine du flou et de l'incertain. La possibilité d'un voyage lointain ou au-delà des mers, ou simplement une traversée, est à envisager, que ce soit dans un but professionnel ou pour le plaisir. Le consultant risque de vivre une période de mise à l'épreuve. Il devra se fier à son intuition et se préparer à connaître des moments de doute sur le chemin du succès. *Lagu* peut annoncer une évasion physique ou mentale. Elle favorise les activités liées aux voyages ou nécessitant une grande imagination (poètes, artistes, écrivains...). Intuition, pouvoirs psychiques. Instabilité, romantisme. *Lagu* contient néanmoins le germe des succès futurs. Retour d'une personne éloignée (physiquement ou mentalement).

Renversée : Prenez garde de ne pas vous laisser induire en erreur. Les relations sont empreintes d'irréalité et nimbées de flou, elles manquent de stabilité. Confusion, illusion, pensées confuses. Les rêves et le romantisme dominent et débordent de la réalité. Le consultant doit absolument se montrer plus réaliste, et se méfier de sa trop grande sensibilité. Départ d'un être cher. L'avancement et la réussite des projets risquent de se terminer par des déceptions. Laisser-aller néfaste. Si *Lagu* est de bonne influence sur l'intuition et l'imagination, il faut prendre garde de ne pas basculer dans le phantasme. *Lagu* rappelle que la spiritualité ne doit pas être enfermée dans des lieux clos ou réservés à une élite quelconque (église, monastère, etc.) ; car l'Esprit souffle partout comme un vent de printemps, il se manifeste dans toute la nature et partout dans l'Univers. Il n'y a pas de plus grand danger pour la spiritualité que le dogmatisme.

Affectif

Droite : L'instabilité perturbe les relations et les rend décevantes. Un romantisme irréaliste contrarie les amours. Un certain malaise peut régner dans les sentiments. Le ou la partenaire ressent un besoin de fuir ou de se libérer des contraintes affectives. Possibilité d'un voyage lointain ou au-delà des mers, ou simplement d'une traversée. Les couples ont besoin de liberté individuelle pour pouvoir se retrouver par la suite. *Lagu* peut aussi annoncer le retour d'une personne éloignée (physiquement ou mentalement).

Renversée : Les relations sont empreintes d'irréalité et nimbées de flou, elles manquent de stabilité. Confusion et illusion règnent dans les sentiments. Les rêves et le romantisme dominent et débordent de la réalité. Le consultant doit absolument se montrer plus réaliste et se méfier de sa trop grande sensibilité. *Lagu* peut aussi annoncer le départ d'un être cher.

Santé

Droite : Possibilité d'un voyage par voie d'eau pour rendre visite à un parent malade. Déprime et perte de vitalité sont à craindre. Danger par l'eau.

Renversée : Dépression nerveuse. Maladie mentale. Risque de noyade.

Matériel

Droite : Une période de difficultés financières est à craindre. La négligence et le laisser-aller peuvent entraîner toutes sortes de complications.

Renversée : Des dépenses irréalistes dépassent de loin les possibilités financières et un "naufrage" matériel est à craindre. Il faut être plus réaliste et mieux gérer le budget !

Professionnel

Droite : Les métiers liés aux voyages ou nécessitant une grande imagination (poètes, écrivains, artistes...) sont favorisés. Pour les autres, une période difficile devrait survenir. Il faut se préparer à connaître des moments de doute sur le chemin du succès. Un voyage d'affaires par voie d'eau est à envisager dans certains cas.

Renversée : L'avancement et la réussite des projets sont contrariés et risquent de se terminer par des déceptions. Un laisser-aller néfaste dans le travail, la négligence ou encore la fuite devant les responsabilités pourraient créer de sérieux problèmes. Mieux vaut ne pas compter sur une aide pour faire face aux difficultés.

Spirituel

Droite : Des moments de doute et d'incertitude peuvent survenir et il faut les affronter, car ce sont des épreuves du *wyrd* qui permettent d'acquérir de l'expérience. On est ainsi mieux armé pour continuer la route de l'initiation.

Renversée : La spiritualité ne doit pas être enfermée dans des lieux clos ou réservée à une élite (église, monastère, etc.) ; car l'Esprit souffle partout comme un vent de printemps, il se manifeste dans toute la nature et partout dans l'Univers. Il n'y a pas de plus grand danger pour la spiritualité que le dogmatisme.

Psychologique

Droite : Dans les périodes d'épreuves, on peut éprouver le besoin de fuir ; mais ce n'est pas une bonne solution. Il faut au contraire affronter les difficultés et se fier à son intuition pour résoudre les problèmes. Il faut aussi combattre l'instabilité.

Renversée : Le laisser-aller est néfaste. A vivre dans un monde de rêves et de phantasmes, on en oublie la réalité. Mais celle-ci se charge de nous ramener à elle, parfois d'une façon brutale.

Synthèse

Droite : Lagu concerne les émotions, elle est le domaine du flou et de l'incertain. Elle donne le besoin de fuir physiquement ou moralement les épreuves de la vie. Elle favorise l'intuition et les pouvoirs psychiques, ainsi que les voyages (surtout par voie d'eau). Avec *Lagu,* le consultant doit s'attendre à vivre une période de mise à l'épreuve, et il devra se fier à son intuition et se préparer à connaître des moments de doute sur le chemin du succès. *Lagu* contient néanmoins le germe des succès futurs.

Renversée : Lagu avertit de prendre garde et de ne pas se laisser induire en erreur. Elle dénonce l'irréalisme, la confusion, l'illusion, les pensées confuses, le laisser-aller, l'instabilité et la fuite devant les responsabilités. Si *Lagu* est de bonne influence sur l'intuition et l'imagination, il faut toutefois prendre garde de ne pas basculer dans le phantasme.

ING

Ing est la rune de la fertilité et de l'accomplissement. *Ing* est un dieu assez mystérieux dans la mythologie nordique. Il fut, paraît-il, aperçu pour la première fois parcourant la mer sur un char, à l'est du Danemark. D'abord époux, semble-t-il, de la Terre-Mère Nerthus, il fut par la suite confondu avec Frey. Les rois saxons du nord-est de l'Angleterre prétendaient descendre de ce Dieu, et la dynastie royale de Suède portait le nom d'Inglings pour la même raison. Certains chercheurs ont remarqué qu'*ing* est un vieux mot anglais signifiant "feu d'alarme". On peut donc penser qu'*Ing* fut une ancienne divintité solaire. Le sens général de la rune de la fertilité est l'accomplissement. La rune *Ing* indique que le chercheur peut parvenir à un stade d'harmonie et d'équilibre et que c'est en réconciliant en lui les forces cosmiques qu'il parviendra au véritable bonheur. Que cet état de stabilité intérieure soit durable ou non, seul le temps le dira. Mais le chercheur ne doit pas oublier que c'est cet équilibre qu'il doit rechercher, comme l'enseigne la cosmogonie primordiale nordique mettant en scène les pouvoirs antagonistes mais inséparables du feu et de la glace. L'équilibre parfaitement consenti et réalisé de la double polarité du chercheur (masculin/féminin, actif/passif...) lui permettra d'accèder à l'éveil de sa nature divine pour le faire devenir un être libre.

Signification divinatoire

Droite : Ing indique l'accomplissement, la fin d'un cycle, la réalisation d'un rêve. A court terme, des problèmes seront résolus ou un projet aboutira favorablement. Le moment est venu de prendre du repos ou des vacances bien méritées, de jouir en paix des résultats obtenus. *Ing* conseille de consolider vos ressources avant d'entamer un nouveau cycle.

Renversée : Stérilité. Un rêve est détruit. Possible nécessité de devoir reprendre un projet à son début. Retournement de situation défavorable. Dislocation de la vie par des forces psychiques. Nécessité de prendre du repos et de s'isoler pour y voir plus clair.

Affectif

Droite : A court terme, les difficultés affectives seront résolues et on peut espérer la réalisation d'un rêve amoureux. Le succès est à portée de la main. Le moment est venu de prendre du repos ou des vacances bien méritées, de jouir en paix d'une relation affective heureuse et sincère qui ne devrait plus tarder à illuminer la vie.

Renversée : Ing est annonciatrice d'un éloignement, d'une séparation ou d'une rupture affective. Un rêve est détruit et il y a possibilité de devoir supporter la solitude en attendant un nouveau début. *Ing* annonce la peine et les larmes.

Santé

Droite : Fin d'une maladie, guérison. Sinon, bonne santé.

Renversée : Même signification, mais *Ing* peut aussi annoncer la possibilité de devoir reprendre un traitement à son début. Nécessité de prendre du repos.

Matériel

Droite : Une somme d'argent attendue devrait arriver sous peu. Sinon, les finances sont bien équilibrées et la possibilité d'un gain aux jeux de hasard n'est pas à exclure. Présence de la chance.

Renversée : Une crise risque d'intervenir dans les finances et la possibilité d'une ruine n'est pas à exclure. Les rentrées d'argent sont difficiles, retardées ou même supprimées.

Professionnel

Droite : A court terme, un projet aboutira favorablement : le moment est venu de recueillir le fruit des efforts. Bonnes perspectives pour ceux et celles qui cherchent du travail ou espèrent signer un contrat.

Renversée : Un retournement de situation défavorable est à craindre. Possible nécessité de devoir reprendre un projet à son début. De toute façon, la fin d'une période professionnelle s'annonce (retraite, perte d'emploi, etc.), un changement radical va intervenir et un renouvellement complet est à envisager.

Spirituel

Droite : Le chercheur doit parvenir à établir son équilibre intérieur pour aller vers l'harmonie. En réconciliant en lui les forces cosmiques, il parviendra au bonheur.

Renversée : L'instabilité et le déséquilibre intérieur sont très préjudiciables à l'être. Dislocation de la vie par des forces psychiques.

Psychologique

Droite : L'équilibre et l'harmonie, alliés à la réalisation de la double nature de l'être, permettent une entière liberté de pensée et d'action. Tous les rêves peuvent alors se réaliser. Mais il faut consolider les ressources intérieures avant d'entamer un nouveau cycle.

Renversée : Il y a nécessité de prendre du repos et de s'isoler pour y voir plus clair. Rester dans la tourmente n'arrangerait pas les choses : mieux vaut se mettre à l'abri en attendant une amélioration. Mais c'est maintenant que se prépare le changement, car il pourrait y avoir nécessité d'un changement radical de la façon d'être et de penser..

Synthèse

Droite : Rune de la fertilité, *Ing* indique l'accomplissement, la fin d'un cycle, la réalisation d'un rêve ou la résolution prochaine des problèmes. Elle conseille de prendre du repos et de jouir en paix des résultats obtenus, ainsi que de consolider les ressources intérieures avant d'entamer un nouveau cycle.

Renversée : Ing indique la stérilité et annonce la destruction d'un rêve. Un changement défavorable ou un retournement de situation est à craindre, et la possibilité de devoir reprendre un projet à son début n'est pas à exclure.

Elle indique la nécessité de prendre du repos et de s'isoler pour y voir plus clair.

DAEG

La rune *Daeg* (ou *Dag*) est associée au jour et à sa lumière "*qui apporte bonheur et consolation aux riches et aux pauvres*". La strophe du *Poème runique anglo-saxon* concernant *Daeg* désigne le jour comme étant le messager des dieux et associe sa lumière au bonheur. La nuit et l'obscurité ont toujours été craints car c'est le royaume des esprits malfaisants, il est donc naturel que le jour soit symbole de félicité. Mais il y a une autre raison : c'est que, sous le rude climat du Nord, les jours d'hiver sont courts et les nuits très longues, aussi le pouvoir croissant du soleil au retour du printemps était-il un puissant signe de joie. L'apogée du pouvoir solaire au solstice d'été était célébré en Scandinavie, comme dans les pays germaniques et celtiques, par des feux de joie sur les hauteurs et des danses autour de l'arbre de mai, lequel était ensuite brûlé en même temps que la roue de l'hiver. La rune *Daeg* est aussi appelée la rune de l'aube (1), désignant non seulement le moment où le soleil se lève, mais aussi l'un des moments magiques où règne un parfait équilibre entre les pouvoirs de la lumière et de l'obscurité. Dans le paganisme, aube et crépuscule sont des périodes où le voile entre les mondes (le monde matériel et l'autre monde) est très tenu. C'est généralement à ce moment fragile et bref que l'on voit les esprits, les êtres féeriques ou les anciens dieux. L'aube et le crépuscule permettent aux esprits les plus rationnels d'éprouver le contact avec l'autre monde. Chez les Celtes, la fête de Samain du 1er novembre voyait de la même façon les portes entre les mondes s'ouvrir. Pour la pensée païenne, le voyant ou la voyante est une personne qui peut percevoir constamment la coexistence des mondes matériel et spiri-

(1) Son nom pourrait venir du dieu Dag (Jour), fils de Nott, la Nuit et de Delling, l'Aurore.

tuel, alors que la communication entre ces mondes n'est pas perceptible habituellement à l'être ordinaire. La transe des chamanes n'a pas d'autre but que celui d'établir cette communication. Dans une certaine mesure, la poésie est aussi une façon de communiquer avec l'autre monde des dieux et des êtres féeriques.

Daeg symbolise aussi la fête de Pâques. Célébrée à l'équinoxe de printemps, cette principale fête chrétienne de la mort et de la résurrection tire son nom, en anglais, d'Eôs, la déesse saxonne de l'aurore et du printemps (Pâques se dit *Easter* en anglais). Les traditionnels œufs de Pâques représentent la fertilité (1) et le lapin de Pâques n'est autre que lièvre (souvent lunaire) qui était, aussi bien dans le paganisme scandinave que celtique, un symbole sacré de la Grande Déesse-Mère. Même les petits gâteaux croisillonnés ont une origine païenne, car il ne s'agit pas de la croix du christianisme, mais de la croix solaire à traverses égales de l'ancienne foi. Il faut se souvenir en effet que la plupart des grandes fêtes chrétiennes sont en réalité des fêtes païennes christianisées. Comme les chrétiens ne parvenaient pas à extirper les racines du paganisme, ils résolurent de placer leurs fêtes aux dates des célébrations païennes, et de vouer les lieux et sites sacrés à leurs saints. Ils espéraient ainsi que les païens, continuant leurs célébrations, finiraient par accepter le nouvelle religion qui, elle-même, utilisait des symboles proches de ceux des païens (la croix, l'idée de la Trinité, etc.) (2). Au bout de quelques siècles les campagnes les plus reculées finirent par adopter, en apparence du moins, le christianisme. Mais le paganisme n'était pas mort pour autant puisque, derrière les traditions et légendes, et les fêtes chrétiennes, se profile encore aujourd'hui l'ombre de l'ancienne foi toujours vivante. Nous avons déjà évoqué la Chandeleur (qui provient pour une bonne partie des fêtes de Dyonisos), les feux de la Saint-Jean ou encore

(1) L'œuf de Pâques, censé être le symbole de la résurrection du Christ (l'œuf rouge remis par Marie-Madeleine à l'empereur Tibère), est en fait la survivance populaire de la tradition primitive païenne où il est symbole de vie et de fertilité, et où il représente la naissance du monde dans de nombreuses mythologies.

(2) Ce sont ces rapprochements qui sont la cause essentielle de l'acceptation apparente du christianisme par les païens.

Noël (1). Nous pourrions citer la fête de la Saint-Valentin du 14 février, qui correspond à la fête païenne de la famille, ou encore à la fête de Lupercalia du vieux calendrier romain. A cette date, les jeunes Romains parcouraient les rues de Rome vêtus de peaux de loup, poursuivant des jeunes femmes nues.

Quiconque était rattrapé par les hommes-loups était fouetté, ce qui correspondait à un rite de fertilité. Dans la religion nordique, la rentrée des récoltes était consacrée à Frey par des rites à la fin du mois d'août, tandis que l'approche de l'hiver et l'apogée du pouvoir cosmique de la glace se situaient à l'équinoxe d'automne. Cette fête, christianisée, devint la Saint-Michel du 29 septembre, peu après l'équinoxe d'automne ; et, depuis le siècle dernier, l'Eglise a célébré sa propre fête des moissons vers cette date. De même, les Rogations, parfois liées au mythe du dragon, sont la christianisation d'anciens rites de fertilité païens. La Toussaint du 1er novembre n'échappe pas non plus à la règle, puisqu'elle est la récupération des fêtes païennes des morts (Halloween pour les Anglo-Saxons, le 31 octobre ; ou Samain/Samonios pour les Celtes et les Gaulois). Cette Nuit d'Hiver est le moment où la Chasse sauvage sillonne le ciel nocturne. Signalons aussi que notre moderne commémoration de l'Armistice et des morts des deux guerres mondiales du 11 novembre correspond à la fête païenne des héros morts au combat.

La rune *Daeg* nous enseigne que, comme la vie et la mort sont les deux faces d'une même réalité, la lumière et l'obscurité sont complémentaires. Bien que la lumière soit associée à une spiritualité positive et bénéfique, il ne faut pas nier son aspect obscur, car dénier l'un c'est aussi dénier l'autre. *Daeg* illustre la nature véritable de l'Univers où le manichéisme n'a pas sa place. Matière et esprit, lumière et ténèbres, bien et mal, masculin et féminin, actif

(1) Signalons que la coutume médiévale de la tête de sanglier sur la table de Noël avec une pomme placée dans la mâchoire (remplacée plus tard par un porcelet) remonte aux rites nordiques consacrés à Frey. Le sanglier, animal sacré de Frey, lui était sacrifié comme offrande à la nouvelle année, pour garantir douze mois fructueux. De même, la coutume d'échange des vœux pour la nouvelle année est d'origine païenne.

et passif sont à la fois contraires et complémentaires, indissociables.

Renier cette vérité essentielle, c'est se couper la voie vers l'illumination spirituelle et l'état d'éveil.

Signification divinatoire

Droite : Daeg gouverne l'ambition, les projets ou les buts pouvant rapporter de l'argent. Elle indique la prospérité et annonce un changement de vie pour le meilleur. Rune favorable, elle peut indiquer une soudaine transformation des attitudes, des circonstances, du style de vie ou encore des habitudes. Quoi qu'il en soit, ce changement sera bénéfique.

Renversée : Ennui ou contrainte. Le moment n'est pas favorable aux changements. N'entreprenez rien, sauf si vous êtes poussé par l'urgence de la situation. *Daeg* annonce aussi un changement de vie menant à une situation inconfortable.

Affectif

Droite : Un changement soudain et inattendu des circonstances pourrait amener le succès amoureux. La vie affective connaît un développement rapide et bénéfique. Les relations amoureuses, amicales et familiales sont favorisées.

Renversée : La vie affective est morose ; l'ennui ou la contrainte prédominent. Aucun changement n'est à espérer pour l'instant, sinon un changement néfaste.

Santé

Droite : Amélioration de l'état de santé après une maladie. Sinon, bonne santé.

Renversée : Des problèmes de santé anciens et persistants pourraient se manifester de nouveau.

Matériel

Droite : Tous les projets pouvant rapporter de l'argent sont favorisés. Un gain soudain inattendu n'est pas à exclure. Prospérité.

Renversée : La situation financière est délicate et un changement en pire pourrait survenir et rendre la situation matérielle inconfortable.

Professionnel

Droite : Les projets ambitieux sont particulièrement favorisés. Des développements intéressants interviennent dans la vie professionnelle. Des imprévus apportent d'heureuses concrétisations dans le travail.

Renversée : Des difficultés sont à prévoir et le moment n'est pas favorable aux changements. N'entreprenez rien, sauf si vous êtes poussé par l'urgence de la situation.

Spirituel

Droite : La nature véritable de l'Univers est double ; matière et esprit, lumière et ténèbres, bien et mal, actif et passif s'y côtoient sans cesse. Ils sont à la fois contraires et complémentaires. Celui qui veut atteindre un but spirituel ne doit pas mépriser la matière, car rejeter l'une c'est aussi s'interdire l'accès à l'autre.

Renversée : Celui qui renie la dualité universelle des êtres et des choses se coupe la voie vers l'illumination spirituelle.

Psychologique

Droite : Il ne faut pas craindre le changement car il est un renouveau qui élargit l'horizon de l'être et lui apporte de nouveaux moyens pour faire son chemin dans la vie. Il faut voir le bon côté des choses. Un changement peut être déstabilisant, mais il est aussi riche d'enseignements.

Renversée : Quand la situation est contraire à l'avancement des projets et espoirs, mieux vaut se tenir tranquille plutôt que risquer d'aggraver les choses par une action inopportune.

Synthèse

Droite : Daeg gouverne l'ambition, les projets et les buts pouvant rapporter de l'argent. Elle indique la prospérité et annonce un changement de vie pour le meilleur. Rune favorable, elle peut indiquer une soudaine transformation des attitudes, des circonstances, du style de vie ou encore des habitudes. Quoi qu'il en soit, ce changement sera bénéfique.

Renversée : Daeg annonce l'ennui ou la contrainte. Elle indique que le moment n'est pas favorable aux changements. Elle vous avertit de ne rien entreprendre, sauf si vous êtes poussé par l'urgence de la situation. *Daeg* annonce aussi un changement de vie menant à une situation inconfortable.

ODAL

La rune *Odal* (ou *Othel*) représente la fin du voyage à travers l'alphabet runique. Elle symbolise le but espéré par le chercheur. Après une longue suite d'épreuves, le chercheur parvient enfin dans le bocage sacré au cœur de la forêt, temple à ciel ouvert où il pourra communiquer avec le monde divin. De nombreux rites initiatiques soumettent l'initiable à diverses épreuves jusqu'à ce qu'il atteigne une pièce vide qui est le sanctuaire sacré. Dans d'autres rites, le postulant, après être passé par la gueule du dragon (l'entrée du labyrinthe initiatique) et avoir subi les épreuves, parvenait au centre du labyrinthe pour se retrouver face à un miroir lui renvoyant son image. Car le royaume des dieux est en l'être humain. Le secret est enfoui au plus profond de son cœur. Une fable hindoue rapporte que lorsque les dieux voulurent cacher la divinité de l'homme, ils résolurent, après avoir étudié toutes les possibilités, de la dissimuler là où il n'irait jamais la chercher : en lui-même. Le Grand Secret est en vous et nulle part ailleurs.

A un autre niveau, la rune *Odal* rappelle que les dieux et déesses ne peuvent exister vraiment que si l'être humain les garde dans son cœur. Il n'est qu'une arme mortelle pour les dieux et les êtres merveilleux de l'autre monde : l'oubli.

Associée au passé et aux ancêtres, *Odal* nous rappelle que pour progresser dans la vie, le chercheur doit se servir de toutes les expériences vécues. Comme nous subissons aujourd'hui les contrecoups du passé, nos actions ou nos inactions d'aujourd'hui seront nos réussites ou nos échecs de demain ; car il ne saurait exister du futur vierge de passé.

Signification divinatoire

Droite : Odal rappelle l'influence des ancêtres. Elle signifie la propriété. *Odal* informe qu'il ne faut pas négliger les choses du passé, et qu'il convient d'utiliser toutes les expériences vécues, car celles-ci sont utiles pour progresser dans le futur. Elle annonce un enrichissement aussi bien matériel que spirituel ou intellectuel. Elle fait allusion à l'argent ou aux biens matériels que le consultant pourrait recevoir en cadeau. Héritage (au sens large du terme). Elle favorise la vie familiale, les résultats, ainsi que les tractations immobilières et les déménagements. Elle peut annoncer des nouvelles venues de loin (dans le temps ou l'espace).

Renversée : Problèmes de propriété ou de succession ; un héritage pourrait provoquer certaines querelles. Le consultant devra faire montre de volonté et de ténacité s'il veut arriver à ses fins. *Odal* peut aussi annoncer une communication perdue avec quelqu'un qui ne répond pas. Probable déception en ce qui concerne des résultats attendus.

Affectif

Droite : La vie familiale est très favorisée par cette rune. Les relations affectives sont paisibles et évoluent dans un climat de calme et de paix. Un comportement affectif patient et modéré est requis. Le consultant pourrait recevoir un cadeau de l'être aimé, ou un présent concrétisant un espoir du passé. *Odal* peut aussi annoncer des nouvelles venues de loin (dans le temps ou l'espace).

Renversée : Les relations affectives sont défavorisées et la mésentente règne. Le consultant devra faire montre de volonté s'il veut arriver à ses fins, en prenant toutefois conscience d'une probable déception en ce qui concerne les résultats. *Odal* peut aussi annoncer une communication perdue avec quelqu'un qui ne répond pas.

Santé

Droite : Possibles nouvelles de personnes âgées malades. Sinon, quelques petits ennuis passagers sans gravité.

Renversée : Maladie héréditaire ou chronique. Sénilité.

Matériel

Droite : Un quelconque enrichissement matériel devrait survenir, peut-être un héritage. *Odal* fait allusion aux biens matériels que le consultant pourrait recevoir en cadeau. Les tractations immobilières sont particulièrement favorisées. Un déménagement est possible.

Renversée : Problèmes de propriété ou de succession, un héritage pourrait provoquer certaines querelles. Les tractations immobilières en particulier (et les tractations en général) pourraient se solder par des déceptions. Le consultant devra se montrer tenace et faire preuve de volonté pour se sortir d'une impasse financière.

Professionnel

Droite : Présage heureux pour ceux et celles qui passent examens et concours, mais une bonne préparation est nécessaire pour réussir. De bonnes connaissances intellectuelles, alliées à la volonté et à la patience, permettent de mener à bien toutes les activités professionnelles.

Renversée : La situation professionelle est décevante et n'apporte pas les résultats espérés. Tous les projets sont contrariés, et un avancement espéré pourrait bien être obtenu par un rival. Si vous passez un concours ou un examen quelconque, préparez-vous suffisamment et sérieusement car le risque d'échec existe. Quoi qu'il en soit, *Odal* suggère qu'il ne faut pas se laisser abattre, car seules la volonté et la ténacité permettront de remonter la pente.

Spirituel

Droite : Après une longue suite d'épreuves, le but espéré est enfin en vue. Le moment est venu de communier avec le monde divin. Il faut alors s'intérioriser pour comprendre et ressentir que le Divin est en nous et nulle part ailleurs : chaque parcelle de l'Univers est d'essence divine; Mais cette spiritualité vivante et vibrante doit être entretenue pour que perdure l'Esprit. Celui qui voit la lumière spirituelle illuminer sa vie et tout son être ne doit pas oublier que la fin d'un cycle annonce toujours le début d'un autre cycle : c'est une autre quête qui commence.

Renversée : Celui qui a perdu son chemin ou s'est trompé de voie ne doit pas renoncer. Il peut avoir l'impression de devoir tout reprendre à zéro, mais ce n'est pas vrai car son expérience passée doit lui servir pour retrouver la route qui mène au Divin et au Grand Secret.

Psychologique

Droite : Pour progresser dans la vie, il faut se servir des expériences passées ; car l'expérience vécue est l'armure qui nous protège de l'erreur. Comme le passé influence le présent, ce présent influence l'avenir : nous sommes les artisans de notre devenir.

Renversée : Celui qui ne tient pas compte de l'expérience acquise est comdamné à refaire sans cesse les mêmes erreurs. Cela n'est guère encourageant pour l'avenir ; aussi ne faut-il pas se lamenter inutilement mais reprendre le problème à sa source pour le régler.

Synthèse

Droite : Odal rappelle l'influence des ancêtres. Elle signifie la propriété. *Odal* informe qu'il ne faut pas négliger les choses du passé, et qu'il convient d'utiliser toutes les expériences vécues, car celles-ci seront utiles pour progresser dans le futur. Elle annonce un enrichissement aussi bien matériel, affectif, moral, spirituel ou intellectuel. Elle concerne les héritages, au sens large du mot, et peut aussi annoncer un déménagement.

Renversée : Odal indique des problèmes de propriété ou de succession. Elle annonce des déceptions en ce qui concerne les résultats attendus. Les choses du passé entravent le présent et compromettent l'avenir. *Odal* avertit enfin qu'il faut faire preuve de volonté et de ténacité pour espérer surmonter les problèmes.

WYRD

La mystérieuse rune blanche ne fait pas partie des *oettir*, c'est une rune hors cycle. Elle est la rune du destin dont le pouvoir était, dans la mythologie nordique, symbolisé par les Nornes, les trois déesses demeurant sous l'Arbre du monde sacré. Elles se nomment Urd (Ce-qui-Fut, le Passé, ou encore le Destin), Vervandi (Ce-qui-Est, le Présent ou encore l'Etre), et Skuld (Ce-qui-Sera, l'Avenir, ou encore la Nécessité). Chaque jour elles allaient chercher de l'eau à la fontaine sacrée d'Urdar où nagent deux cygnes immaculés et majestueux, la mêlaient de terre et en baignaient les racines d'Ygdrasil. Cet acte symbolique met en relief la toute puissance du destin à protéger et maintenir l'ordre universel. A l'origine, la *Wyrd* était représentée par une seule déesse filant le destin de l'humanité. La triade des Nornes est sans doute, comme Freya, un aspect de la Triple déesse qui apparaît sous la forme d'une jeune fille, d'une femme mûre et d'une vieille femme. Elles sont les équivalentes des Parques ou Moires de la mythologie grecque (cette trinité fatale est d'ailleurs commune au fonds indo-européen, du moins pour l'Europe occidentale, puisqu'on la retrouve chez les Grecs, les Romains, les Celtes, les Germains, les Saxons et les Scandinaves). Cet aspect de la Triple Déesse se retrouve dans le folklore populaire sous la forme des fées (dont le nom pourrait dériver du latin *fatum,* destin).

Urd est représentée comme une vieille femme jetant un coup d'œil par-dessus son épaule vers le passé. Vervandi est une jeune fille qui considère le présent. Skuld est représentée voilée, assise sur une chaise, avec un rouleau de parchemin fermé sur les genoux, car l'avenir est ordinairement un livre clos (nous retrouvons ici l'image de la Papesse, lame II du tarot). Les Nornes sont suivies d'une compagnie de jeunes femmes apparaissant dans les rêves pour guider les mortels (ceci traduit bien l'importance, méconnue, des rêves dans la société païenne). Les Nornes donnent à leurs suivantes la tâche de trouver les femmes enceintes pour faire naître les âmes. Ces trois filles, maîtresses absolues du temps, fixent sans recours possible la durée de la vie de tous les hommes. Tout le mystère du monde réside dans ce perpétuel enchaînement des cycles. Le passé commande notre futur, et le présent n'est qu'un instant fugitif et illusoire. Les Nornes sont silencieuses car nul être humain ne peut interroger ces trois filles aux longs cheveux sombres et aux yeux transparents. Affronter le verdict sans appel de Urd, Vervandi et Skuld reste le plus grand combat des vivants. Et lorsque tous dorment, les Nornes veillent, attentives à mesurer ce qui appartient à chacun.

Dans un premier temps, l'Eglise chrétienne accepta l'idée du destin comme un aspect de son Dieu, mais bientôt cette conception devint inconfortable, car les païens continuaient de lier le pouvoir de la destinée à la triplicité des déesses. Malgré les interdictions, la croyance au *wyrd* survécut dans les campagnes où le paganisme continuait d'être pratiqué en dépit de l'apparente christianisation. Au XIe siècle, à Worms, un écclésiastique dut réprimander des paysannes car elles croyaient à trois esprits féminins qui avaient une influence sur l'existence de leurs futurs enfants. Les femmes enceintes avaient même coutume de laisser des places vides à leurs tables pour ces visiteuses divines.

Les Nornes n'ont pas disparu puisque Shakespeare les mit en scène dans *Macbeth* sous la forme de trois sorcières nommées les Weird Sisters (les Sœurs du destin), adorant la Triple Déesse Hécate. Le mot vieil anglais *weird* vient de la racine *wyrd*. Le *Oxford English Dictionnary* définit le mot *weird* dans le sens de "destin" ou "destinée", mais aussi dans celui de "surnaturel", "inquiétant", "étrange" ou encore "incompréhensible". La notion du *wyrd* chez les Nordiques peut être rapprochée du destin occidental ou encore du *karma* oriental (c'est-à-dire la responsabilité de nos actions et de nos attitudes durant notre incarnation, cela influençant notre destinée post-mortem).

Le pouvoir du *wyrd* ne se discute pas et nous devons l'accepter avec philosophie ; car si nous avons dans une certaine mesure une influence sur notre futur, notre vie s'inscrit dans les cycles universels sur lesquels nous n'avons nul pouvoir.

L'attitude des Germano-Scandinaves vis-à-vis du destin se résume dans le *vighugr,* "l'esprit de lutte". "*Sa fureur vitale*", écrit Patrick Louth, "*soulève l'homme du Nord, et lui inspire une philosophie dure et subtile, véritable clé psychologique du mouvement viking et de l'épopée germanique.*" Les exemples dans la mythologie abondent : les Valkyries du *Lai de la lance* tissent le destin des humains, Odin prive Sigmund de sa "capacité de victoire"... mais si le destin est accepté, ce n'est jamais par soumission passive, mais par respect du sacré et des cycles universels. Sentant la défaite inéluctable, le Germain et le Nordique, comme le Celte, l'attendent l'arme au poing. Les Nibelungen entrent consciemment dans le piège tendu par les Huns. Car toute la philosophie et l'éthique germaines et nordiques se cristallisent autour d'une règle de vie : savoir se faire l'agent volontaire et lucide du destin, de l'inévitable. Cela ne signifie aucunement que l'on doive baisser les bras et attendre passivement la volonté des Nornes ; il faut au contraire participer au sacré en se faisant l'artisan du destin qui nous est assigné. Il nous faut faire valoir aux yeux de tous la *gaefa* (part du sacré) inscrite en nous par les Nornes dès notre naissance. "*La dignité de l'homme, sa grandeur,* écrit Régis Boyer, *seront d'accomplir sa destinée, de l'incarner volontairement, de la prendre en charge. La mesure de cet accomplissement se prend au regard d'autrui, dont le témoignage a force de consécration publique.*" Il nous faut donc accepter le pouvoir du *wyrd,* ne pas s'insurger contre son sort, et s'en faire au contraire l'agent lucide et volontaire pour devenir un "militant du destin ". A cet égard, pour le Viking comme pour le Germain, l'échec est interdit, car il est une offense au sacré.

Le *wyrd* est une expression du divin, et ce caractère divin nous le possédons toutes et tous en nous ; ce qui veut dire que ce qui nous arrive est voulu directement par le destin, mais aussi (consciemment ou non) par nous-mêmes qui sommes les récipiendaires et interprètes du destin ou *wyrd* (1).

Signification divinatoire

La rune *Wyrd* n'a qu'un seul sens de lecture. Elle représente les influences extérieures échappant au contrôle du consultant. Ces événements peuvent survenir en changeant totalement les choses, et sans laisser le moindre choix à l'individu. Bien positionnée, *Wyrd* annonce l'action imminente de forces puissantes jouant en faveur du consultant et que, pourvu qu'il ait le courage de s'accrocher, les événements tourneront finalement à son avantage. La rune *Wyrd* apparaît souvent lorsque la vie du consultant est arrivée à un tournant décisif. Il aura besoin de tout son courage pour sauter dans le vide, mais le résultat peut être très positif. Cette rune enseigne en effet qu'accepter le pouvoir du *wyrd* pour s'en faire l'artisan peut nous permettre de mieux maîtriser le cours des événements à notre niveau. *Wyrd* signifie toujours que des changements sont sur le point de se produire, la nature de ceux-ci étant indiquée par les autres runes. Si des obstacles se présentent, *Wyrd* indique que le destin joue en faveur du consultant et qu'il pourra résoudre ses problèmes pour peu qu'il s'en donne la peine (il faut lutter et non douter !). Lorsqu'elle est mal positionnée ou entourée de runes défavorables, *Wyrd* peut signifier que la situation vous échappe, mais qu'il vous faut tenir tête à l'orage et à ses conséquences ; ou encore elle conseille d'avancer avec prudence. Quelle que soit sa position, *Wyrd* indique que le destin, qui se manifeste parfois sous la forme de ce que l'on appelle hasard, sera le facteur décisif et que les événements seront inévitables.

(1) Notons que le poème scandinave Hávamál ou Dits du Très-Haut, attribué à Odin, contient plusieurs axiomes reflétant l'attitude générale des Scandinaves païens dans la vie courante. On en trouve une traduction dans l'excellent ouvrage de Régis Boyer et Eveline Loth-Falck : Les religions de l'Europe du Nord.

CHAPITRE VIII

COMMENT JETER LES RUNES

COMMENT JETER LES RUNES ?

Il existe de nombreuses méthodes pour jeter les runes, certaines très anciennes et d'autres modernes. Quelle que soit la méthode choisie, il faut savoir que, plus que tout autre art divinatoire (et l'art runique dépasse de loin le cadre d'un simple art divinatoire), les runes réclament une question précise pour pouvoir donner une réponse cohérente. Les questions générales ne portant sur aucun sujet en particulier s'accordent mal avec l'esprit runique. Il existe néanmoins quelques méthodes spéciales à ce sujet. Lorsque vous poserez votre question, formulez-la clairement et précisément, évitez les questions à double sens ou les questions contenant plusieurs interrogations. Clarté et précision sont nécessaires. Au besoin, inscrivez votre question sur un morceau de papier et relisez-la à haute voix ou à mi-voix. Lorsque vous interpréterez la réponse de l'oracle runique, essayez de percevoir les runes comme si elles vous racontaient une petite histoire, avec un début, un milieu et une fin. Les runes ne doivent pas être lues de façon isolée, mais au contraire comme si elles formaient un unique message fragmenté en plusieurs parties. Les runes sont liées entre elles, leur message doit être interprété d'une façon globale. Bien sûr, dans un premier temps, il vous faudra analyser chaque rune indépendamment des autres, mais cela fait, efforcez-vous de les relier entre elles pour obtenir une réponse globale synthétisant l'ensemble des runes.

La méthode la plus simple consiste à placer les runes dans un sac réservé à cet usage, puis, en se concentrant sur la question, de piocher une rune au hasard et de la poser devant vous. Cette unique rune vous donnera une vision d'ensemble du problème, et pourra parfois vous fournir immédiatement une réponse ou la voie à suivre.

Vous pouvez aussi utiliser la méthode des anciens Germains, où les runes étaient lancées au hasard sur une toile blanche. Seules les runes dont le signe est visible sont interprétées. On ne tient pas compte des runes tombées face contre la toile. Cette méthode est pourtant à déconseiller aux débutants car elle nécessite une parfaite synthèse des significations pour fournir une réponse cohérente et utilisable pratiquement.

Une autre méthode simple consiste à piocher trois runes. Après s'être concentré sur la question, le consultant prendra trois runes au hasard dans le sac. Elles seront disposées en rang, de gauche à droite. Elles seront interprétées dans l'ordre du tirage, avant d'être interprétées globalement. La signification de chaque position varie selon la méthode. La première rune est en relation avec le fondement du problème, la seconde renseigne sur la situation telle qu'elle se présente au moment où la question est posée, et la troisième indique l'issue la plus probable des événements en tenant compte des indications fournies par les deux premières runes. Vous pouvez toutefois fort bien modifier les significations si vous le souhaitez. La première rune peut indiquer les influences passées, la seconde renseigner sur le présent et la troisième augurer de l'avenir. Si la méthode des Nornes ne vous convient pas, vous pouvez imaginer d'autres significations. Par exemple, la première rune peut clarifier la situation, la seconde indiquer le type d'action requis pour affronter les problèmes et la troisième indiquer son issue la plus probable en fonction des possibilités indiquées. A vous de choisir ce qui vous convient le mieux. Quelle que soit la méthode choisie, n'oubliez pas que, pour saisir le sens de l'oracle runique, il vous faudra adapter les signification traditionnelles des runes données dans cet ouvrage aux circonstances présentes. N'hésitez pas à percevoir les runes comme si elles décrivaient une histoire avec un début, un milieu et une fin.

La méthode traditionnelle calquée sur la hiérarchie des Nornes fait intervenir neuf runes. Pour cela, on commence par mélanger les runes dans leur sac, puis on les jette sur une table ou sur le sol. Le consultant prend alors les runes une à une et les aligne, selon les indications du jeteur ou de la jeteuse de runes, sur trois rangs, selon leur ordre dans les *oettir,* de gauche à droite. Le rang supérieur sera constitué des runes de l'*oett* de Frey, celui du milieu des runes de l'*oett* de Hagel et le rang inférieur des runes de Tyr. Cet exercice préliminaire permet d'imprégner les runes des vibrations du consultant et favorise la création d'une atmosphère favorable à la consultation (1). Les runes sont ensuite replacées dans le sac et mélangées à nouveau. Puis le consultant se concentre sur sa question en l'évoquant précisément, et pioche au hasard trois séries de trois runes. Celles-ci sont posées, de gauche à droite, sur trois rangs. Les trois runes du rang supérieur sont liées aux événements et aux actions du passé. Leurs influences actuelles se reflètent dans les trois runes du rang médian. Le rang inférieur indique les influences du futur, ce qui risque de se produire. Les runes doivent être interprétées selon les significations respectives de ces trois rangs, et en tenant compte des relations entre les runes, en fonction de la question posée. Beaucoup plus simple qu'elle paraît, cette méthode vous donnera des résultats rapides avec un peu d'entraînement. Nous verrons plus loin un exemple d'analyse de ce type de tirage.

LE TIRAGE EN CROIX DE THOR FAIT INTERVENIR CINQ RUNES PLACÉES SELON L'ORDRE ET LES POSITIONS CI-DESSOUS :

	3	
2	**5**	**4**
	1	

(1) Une méthode similaire est utilisée pour permettre au jeteur de runes de s'imprégner de l'esprit des runes. A chaque rune posée sur la table, vous imaginerez une scène vivante avec un décor et des personnages correspondant à la rune. Pour Tyr, par exemple, vous pouvez évoquer mentalement le dieu de la guerre et son sacrifice. Pour Eh, des chevaux sauvages. Pur cela, il vous faudra bien connaître la conception mythique des runes dans la pensée germano-scandinave.

• La première rune représente les influences générales qui entourent la question du consultant.

• La deuxième rune, à main gauche de la croix (position 2) indique n'importe quel obstacle qui risque de se présenter (cette rune sera donc interprétée obligatoirement de par son sens maléfique, et cela qu'elle soit sortie droite ou renversée).

• La troisième rune symbolise les forces ou influences travaillant en faveur du consultant, ce qui lui apportera une aide. La quatrième rune indique les influences à court terme et leurs effets sur la vie du consultant.

• La rune en cinquième position enfin, représente les influences à long terme, ce qu'il adviendra du problème dans l'avenir.

NOUS ALLONS MAINTENANT ÉVOQUER UN TIRAGE PLUS ÉLABORÉ, ET PLUS MODERNE : CELUI DE LA ROUE RUNIQUE. IL FAIT INTERVENIR DOUZE RUNES PLACÉES DE LA FAÇON SUIVANTE :

10

11 **9**

12 **8**

1 **7**

2 **6**

3 **5**

4

Les runes sont généralement placées en cercle.

• La rune en position 1 représente le consultant ou la consultante, son état d'esprit, ses attentes.

• La rune en position 2 représente les finances, les possessions matérielles.

- La rune en position 3 symbolise les courts déplacements, les frères et les sœurs, les nouvelles et informations, les visites, le courrier et les écrits privés.
- La rune en 4 représente la maison, le foyer.
- La rune en 5 se réfère à la vie sentimentale et sexuelle, aux plaisirs et distractions, aux jeux, aux arts et aux sports.
- La rune en 6 représente le travail et la santé.
- La rune en 7 symbolise les influences du monde extérieur, le partenaire sentimental, le conjoint ou la conjointe.
- La rune en 8 se rapporte aux capitaux, aux biens, aux héritages (au sens large du terme), et à la mort (souvent au sens du changement).
- La rune en 9 a trait aux études et aux longs voyages, à la religion ou à la spiritualité.
- La rune en 10 concerne les ambitions, la position sociale, la réussite professionnelle.
- La rune en 11 représente les relations, les amis, les projets en commun, les espoirs.
- La rune en 12 symbolise les épreuves et difficultés, la vie secrète du consultant, ses désirs les plus secrets, l'inconscient.

A l'inverse des méthodes précédentes, ce tirage ne répond pas à une question particulière, mais donne un point de vue général sur la vie du consultant ou son avenir (1).

On peut modifier les significations des positions pour faire un tirage dit "calendrier" :

- La rune en position 1 symbolisera alors le mois en cours, ou le mois suivant la consultation.
- La rune en 2 représentera le deuxième mois, etc. Par exemple, si

(1) Pour plus de précisions sur ce type de tirage, voir, du même auteur : Théorie et pratique de la géomancie (Editions Dangles, 1991). Voir aussi : La roue astrologique et le tarot, de Colette Silvestre-Haéberlé (Jacques Grancher éditeur).

la consultation a lieu en janvier, la rune en 1 symbolisera les influences générales pour ce mois (ou pour le mois suivant, si l'on préfère) ; la rune en 2 informera sur les influences du mois de février, etc. Si l'on choisit le tirage en calendrier, il est préférable d'utiliser l'ensemble des 25 runes, qui seront placées par paires.

- Les deux premières runes tirées se placeront sur la position 1, les troisième et quatrième runes viendront en position 2, etc. La vingt-cinquième et dernière rune sera placée au centre de la roue ; elle indiquera la tendance générale pour l'année, et chaque couple de runes devra être interprété en fonction de ce facteur. L'utilisation de deux runes pour chaque mois offre l'avantage de préciser l'interprétation, une unique rune ne donnant pas nécessairement les indications suffisantes pour bien cerner les influences s'exerçant sur ce mois.
- On peut aussi, si l'on préfère, modifier la méthode de positionnement des runes. Au lieu de placer les runes par couples, on placera les douze premières runes comme pour le tirage en roue runique, puis on continuera en revenant à partir de la première position. C'est-à-dire que la treizième rune viendra se placer à côté de la première, la quatorzième à côté de la deuxième, etc.. La vingt-cinquième viendra elle aussi au centre.

A vous de choisir la méthode qui vous convient le mieux.

Pour terminer, voici trois tirages issus de la pratique du tarot, mais qui s'adaptent bien aux runes.

La premiere méthode, dite du “fer à cheval”, fait intervenir sept runes placées de la façon suivante :

4

3 **5**

2 **6**

1 **7**

- La rune en position 1 indique les influences passées en fonction de la question posée (ce tirage, ainsi que les deux suivants réclament une question précise).
- La rune en 2 symbolise la situation présente du consultant, qui découle des influences passées.
- La rune en 3 précise les influences cachées ou les facteurs qui n'ont pas encore été pris en considération.
- La rune en 4 indique les obstacles ou l'aide que l'on peut attendre, en fonction de la rune et de son sens de sortie (droite ou renversée).
- La rune en 5 représente les influences extérieures, l'environnement, l'attitude d'autrui.
- La rune en 6 indique ce qu'il faut faire, la meilleure direction à prendre, la meilleure façon de considérer le problème ou les erreurs à éviter.
- La rune en 7, enfin, indique le résultat le plus probable, l'issue possible si les enseignements des autres runes, et en particulier de celle en position 6, ont été suivis.

LA MÉTHODE SUIVANTE CONSISTE À DISPOSER QUATRE RUNES DE LA FAÇON INDIQUÉE CI-DESSOUS :

	3	
1		**2**
	4	

- La rune en 1 représente la position du consultant par rapport à la question; ses sentiments, ses émotions, ses craintes, attentes, espoirs ou désirs.
- La rune en 2 symbolise les influences qui aideront ou contrarieront la question (en fonction de la rune et de son sens de sortie).

● La rune en 3 indique les moyens, les potentialités dont dispose le consultant pour atteindre le but souhaité.

● La rune en 4 donne la réponse.

CE TIRAGE PEUT ETRE MODIFIÉ EN CHANGEANT LES POSITIONS DE LA FAÇON SUIVANTE :

	1	
2		**3**
	4	

On peut l'utiliser pour obtenir des renseignements sur les positions réciproques de deux partis ou de deux personnes (généralement le consultant et une autre personne).

● La rune en 1 symbolise ce qui relie les deux personnes par rapport à la question, leur entente possible, comment se rejoignent leurs actions conjuguées, ce qu'il en advient.

● La rune en 2 symbolise le consultant par rapport à la question posée, comment il se situe, ce qui le motive, comment il se place par rapport à la question.

● La rune en 3 donne les mêmes renseignements pour l'autre personne.

● La rune en 4 donne une idée du résultat, ce qu'il adviendra de ces deux points de vue confondus, l'aboutissement matériel que l'on peut en espérer, en tenant compte particulièrement de la rune placée en 1 puisque la rune en 4 en découle directement.

Dans la pratique, il sera plus facile d'interpréter d'abord les runes en 2 et 3 avant de considérer la rune en 1.

LE TROISIÈME TIRAGE NÉCESSITE HUIT RUNES QUI SONT PLACÉES DE LA FAÇON SUIVANTE :

	1	
2		**3**
4		**5**
6		**7**
	8	

- La rune en 1 symbolise l'état d'esprit du consultant.
- Les runes en 2 et 3 renseignent sur le domaine affectif et amoureux.
- Les runes en 4 et 5 renseignent sur le domaine professionnel.
- Les runes en 6 et 7 renseignent sur l'argent et les possessions matérielles.
- La rune en 8 donne un conseil, une voie à suivre.

Ce tirage ne répond pas à une question particulière, il est préférable de l'utiliser pour avoir un panorama général sur l'avenir du consultant à court terme (généralement un mois environ ou même moins).

Exemples d'interprétation

Dans ce premier tirage, en Croix de Thor, le consultant désirait savoir ce qu'il pouvait espérer d'une relation sentimentale avec une jeune femme qu'il connaissait de fraiche date et qu'il avait des difficultés à approcher.

La rune indiquant les influences entourant la question (position 1) est ici *Eh*. Il est donc question d'une situation changeante à laquelle le consultant ne pourra faire face qu'en s'adaptant aux circonstances et en maîtrisant ses émotions. *Eolh* représente ici ce qui fait obstacle à cette liaison. Elle insiste sur l'instabilité déjà signalée par la rune précédente, et semble indiquer, dans ce contexte, qu'il y a risque de retournement de la situation. Elle avertit qu'il ne faut pas laisser la situation se dégrader, ou de ne pas se croire à l'abri du danger. La situation est instable et il faut y faire face sans tarder. Une opportunité à court terme est possible, mais il faudra la saisir au vol de peur de rater une occasion qui ne se représentera peut-être pas de sitôt. Avec *Nyd,* la prudence est conseillée. Il ne faut surtout pas chercher des solutions faciles. La situation nécessite que l'on y fasse front avec détermination et diplomatie. A court terme, *Rad* annonce une modification bénéfique de la situation, sans doute l'opportunité évoquée plus haut. *Feoh* est de bonne augure et peut indiquer le début de la relation amoureuse espérée par le consultant. Elle implique pourtant un avertissement : le consultant doit prendre bien garde de ne montrer aucune froideur (même si elle n'est qu'apparente) vis-à-vis de la personne désirée. Un échange doit être établi.

En résumé, nous pouvons dire que la réponse de l'oracle runique est plutôt favorable, à condition que le consultant ne laisse pas la situation se dégrader et s'il sait s'adapter aux circonstances. Il devra faire preuve de volonté et de patience, car le succès présagé par *Feoh* est soumis à des conditions et ne se présentera sans doute pas dans un avenir proche. Une opportunité à court terme pourra, si elle est saisie, améliorer considérablement la situation. Mais *Eolh* laisse entendre que cette occasion sera manquée par le consultant car il ne gouverne pas ses émotions. Pour que la réussite soit au bout du chemin, le consultant devra apprendre à se maîtriser car, dans le cas contraire, il risque de rater toute nouvelle occasion qui se présentera. Il aura aussi intérêt à faire savoir à cette jeune femme les sentiments qu'il éprouve pour elle et de ne pas laisser le contact se rompre. Si ces conseils sont suivis, la réussite est tout à fait envisageable.

Ce second tirage a été effectué avec le tirage des Nornes. Il se référait, lui aussi, à une question portant sur le domaine affectif. Une séparation s'était produite entre le consultant et la femme qu'il aimait.

La passé est symbolisé ici par les runes *Gar, Rad* et *Ur,* toutes trois sorties droites. Le présent est représenté par *Thorn, Feoh* et *Daeg* (cette dernière rune étant sortie renversée). Pour l'avenir, nous avons *Eoh* (renversée), *Is* et *Tyr.*

Le passé est marqué par trois tendances qui se rejoignent. *Gar* indique que la relation, qui existe sans doute depuis un certain temps, reste superficielle, elle est lente à mûrir et il faudra encore attendre avant de pouvoir cueillir les fruits de la réussite. Si la situation ne semble guère se développer, ce qui n'est qu'apparence (si rien d'important ne se passe au niveau matériel, cela ne signifie pas pour autant que les sentiments ne se développent pas), des changements sont pourtant en cours, même s'ils ne se manifestent que peu matériellement. Ces prédictions touchant le passé, on peut penser que l'action requise n'a pas été tentée, sans doute par manque de confiance en soi. La relation est restée surperficielle et, disons, platonique. Cela est dommage car les runes indiquent que la possibilité de réussite n'est pas négligeable.

Pour le présent, *Thorn* confirme l'oracle en insistant sur la nécessité de prendre la décision d'agir. Nous pourrions rappeler l'enseignement de la lame VI du tarot, l'Amoureux, qui s'adapte parfaitement à la présente situation : *"Avance ou bien recule, mais n'hésite point"*. Les problèmes rencontrés sont mineurs et pourraient être facilement surmontés avec un peu de bon sens, de tact et de patience. Il faut agir, mais en douceur et de façon mesurée. Le *wyrd* impose ici au consultant l'épreuve de l'initiative et de la confiance en soi, deux qualités qui lui font défaut dans la situation présente. Il lui faut affronter ces épreuves en parcourant son labyrinthe intérieur. Il lui faut vaincre le dragon ou le gardien du labyrinthe initiatique, c'est-à-dire dans le cas présent, surmonter ses propres inhibitions pour pouvoir agir et aller de l'avant. *Feoh* indique que des changements finiront par se produire, mais *Daeg* (renversée) augure que ces changements ne se feront pas à court terme. Pour l'instant, la situation n'est pas propice à une amélioration, aucune entreprise n'est possible. Il faut s'armer de patience ; les retrouvailles espérées devraient venir, mais plus tard.

Pour le futur, *Eoh* n'annonce rien de bon. L'attente risque d'être longue, ce qui est confirmé par *Is*. Mais *Tyr* offre une promesse de succès si le consultant sait garder courage et opiniâtreté (dans ce contexte, *Tyr* ne peut annoncer une histoire d'amour et le bonheur).

En résumé, nous pouvons dire que la séparation douloureuse que subit le consultant est en partie de sa faute, car il n'a pas su agir au moment où il le pouvait. Il lui faudra encore attendre (sans doute plusieurs mois), mais il finira par retrouver cette jeune femme chère à son cœur. Il est probable qu'à ce moment, l'intérêt de cette jeune femme pour le consultant n'aura pas changé, non plus que les sentiments du consultant à son égard *(Tyr)*. Mais on peut craindre aussi que le consultant retombe dans ses inhibitions et manque encore de confiance en lui et d'audace, auquel cas, les mêmes causes engendrant les mêmes effets, la situation lui redeviendra défavorable. Le conseil donné par les runes est donc que le consultant doit avoir davantage confiance en lui et en ses possibilités et qu'il doit apprendre à oser pour pouvoir agir. Si ce problème est réglé, alors *Tyr* pourra prendre sa signification d'amour et de bonheur. Le jeu en vaut donc largement la chandelle.

Ces deux exemples de tirage (qui sont réels et n'ont pas été inventés pour la circonstance) sont des modèles qui devraient vous permettre de comprendre aisément le processus d'interprétation : dans un premier temps, l'analyse des runes prises isolément ou en groupe, puis une étude globale pour synthétiser en peu de mots l'essentiel de l'oracle. L'important est de saisir l'ensemble du tirage pour en tirer enseignement. Dans la pratique, la conversation avec le consultant ou la consultante vous aidera. N'hésitez pas à lui poser des questions de façon à vérifier que vous ne partez pas sur une fausse piste. Car si l'analyse d'un tirage peut sembler simple, cela n'est pas toujours le cas. Vous ne réussirez sans doute pas du premier coup, l'erreur est tout à fait normale au début. Il vous arrivera souvent de trébucher avant de pouvoir marcher droit. Mais la constance et l'opiniâtreté peuvent venir à bout de bien des obstacles.

Encore un conseil : dans un premier temps, excercez-vous sur vous-même, en n'évoquant que des problèmes mineurs et sans importance. N'abordez la pratique pour autrui, ou se référant à des problèmes importants, que lorsque vous aurez une bonne compréhension du langage des symboles runiques. N'oubliez pas que les personnes qui veulent interroger le destin par l'intermédiaire des runes ont souvent des problèmes réels et importants pour elles. Ces personnes viennent chercher de l'aide, ce ne sont pas des cobayes.

En toutes circonstances, songez que vous manipulez le pouvoir du *wyrd*. Le jeteur de runes est l'enfant spirituel des Nornes. Montrez-vous en digne. Les runes ne doivent pas devenir un jeu de salon, elles sont l'alphabet sacré qu'Odin nous légua pour que nous en fassions bon usage.

Alors, souvenez-vous du précepte :

"Honorer les dieux,
Pratiquer la bravoure,
Fuir le mal."

CHAPITRE IX

RAGNAROK

RAGNAROK

"Les frères tueront les frères,
Les parents détruiront leur propre parenté,
Pervers deviendra le monde,
Adultère et divorce s'y étaleront au grand jour,
Temps du fer, temps du feu,
L'homme s'effondrera, frappé par l'homme.

Je sais une foule de choses et j'aperçois au loin
La fin du monde et des dieux tout-puissants." (1)

Tout commença par des rêves. Balder, le dieu bon, était tourmenté par de terribles cauchemars où il se voyait mort. Inquiet de ce qu'il considérait comme de funestes présages, il raconta ses terreurs nocturnes aux Ases assemblés autour de lui. Tristes de ce danger qui menaçait le meilleur d'entre eux, les dieux voulurent conjurer le mauvais sort. La mère de Balder, la belle Frigg, reçut de tous les êtres et de toutes les choses le serment que Balder serait épargné par l'eau et le feu, et par tous les métaux, par les pierres et les roches, la terre et le bois, les maladies mortelles, par les plantes et tous les animaux. Tous prêtèrent serment.

Mais Odin ne pouvait s'empêcher d'être saisi lui aussi d'un sombre pressentiment. Il sella Sleipnir qui, du fabuleux galop de ses huit pattes, le mena vers la forteresse de Hel, gardienne des morts. Car à l'est de la porte de Helheim, Odin sait trouver le tombeau de la prophétesse Vala. A l'aide de ses chants magiques et de runes tracées, Odin reveilla Vala de son long sommeil de mort et l'interrogea. Les réponses de la prophétesse confirmèrent ses soupçons : à Helheim, on se préparait déjà à accueillir Balder. Ainsi le destin était déjà scellé. Balder devait mourir, et il mourrait de la main de son propre frère Hoder. De sombres jours se préparaient,

(1) Voluspa. Poèmes héroïques de l'Edda. Trad. F. Wagner.

et le combat final n'était plus très loin.

Pendant ce temps, Balder devenu invulnérable s'amusait à recevoir les différents projectiles que les Ases lui lançaient. Qu'importe, puisque plus rien ne pouvait plus lui faire de mal. Pourtant, dans les rangs des dieux, Loki, fils de Laufey, observait la scène et sentait le venin de la jalousie monter en lui. Il se transforma et prit la forme d'une vieille femme, puis se rendit à Fensal, la Salle-des-Marécages, demeure de Frigg, épouse d'Odin et mère de Balder. Il lui rapporta ce qui se passait au Thing.

• *Cela n'a pas d'importance,* dit Frigg. *Rien ne pourra blesser Balder. J'en ai reçu le serment.*

• *Toutes les choses ont-elles juré de l'épargner ?*

• *Il y a une jeune pousse de bois qui grandit à l'ouest du Walhalla et qu'on appelle mistillteinn* (1). *Elle m'a semblé trop jeune et trop faible pour que j'en exige un serment.*

Fort de cette révélation, Loki le perfide partit donc à l'endroit indiqué par Frigg et coupa une branche de gui qu'il tailla pour lui donner la force et la dureté d'une flèche. Puis il revint à l'emplacement du Thing et alla trouver Hoder, le frère aveugle de Balder.

• *Pourquoi ne lances-tu rien ?* demanda Loki.

• *C'est impossible, répondit Hoder, je suis aveugle et je n'ai pas d'arme.*

Loki lui proposa alors de guider sa main, et lui donna la baguette de gui. Hoder, lui qui ignorait le mal, accepta en toute innocence. Et le drame s'accomplit. Guidé par le traître Loki, Hoder jeta le gui vers son frère. La fléchette transperça Balder de part en part. Le rire de Balder le Bon fut coupé net. Un rictus de douleur déforma soudain son beau visage et il s'effondra sur l'herbe verte. La brise qui agite encore ses cheveux pourrait faire croire à la vie. Mais il est mort.

Balder mort... C'est le plus grand malheur qui pouvait arriver aux dieux comme aux hommes. Avec Balder, c'est la jeunesse du

(1) Pousse de gui.

monde qui disparaît. En dirigeant le bras innocent de Hoder, Loki a tué l'espoir du monde. Un monde de paix et de bonheur aurait peut-être pu naître sous l'influence de Balder le Bon. Sa mort rend sans appel la médiocrité de l'âge présent. L'acte irréparable a été commis et rien ne peut plus empêcher le déclin qui s'annonce.

Son meurtre perpétré, Loki s'est enfui. Pétrifiés d'étonnement et de chagrin, les dieux ont mis du temps à réagir, mais l'heure de la vengeance viendra.

Frigg demande à l'assemblée des dieux qui d'entre eux acceptera de se rendre à Helheim pour demander à Hel de permettre à Balder de regagner Asgard contre une rançon. Elle offre ses faveurs à quiconque osera aller trouver la hideuse Hel. Hermod l'Agile sort aussitôt des rangs. Lui aussi est fils d'Odin. Son père lui offre Sleipnir pour qu'il puisse arriver au plus vite au séjour des morts.

Pendant que Hermod chevauche, on prépare les funérailles de Balder. Son corps est porté sur le bûcher funéraire dressé sur son navire, Ringhorn, le plus grand des bateaux d'Asgard. Nanna, fille de Nep et épouse de Balder, assiste à la cérémonie. La douleur ravage son beau visage. Foudroyée de tristesse, la voilà qui s'effondre, sans vie, sur le corps de son époux bien-aimé. Les voici maintenant réunis pour l'éternité, comme ils avaient été unis dans la vie. Poussé par les flots, le navire embrasé par le feu du bûcher, se perd bientôt à l'horizon, dévoré par la mer et la nuit. Le dieu de la jeunesse est arrivé à la demeure de Hel, au sombre pays des morts.

Pendant ce temps, Hermod, au bout de neuf nuits et neuf jours de chevauchée, est enfin arrivé à Helheim. Il a franchi le pont de Gjallar couvert d'or étincelant, qui enjambe la rivière Gjol, la Tumultueuse. Il a interrogé Modgud, la vierge gardienne du pont, et celle-ci lui a appris que Balder est déjà arrivé. Hermod a donc repris sa course qui l'a amené devant la grille qui ferme l'entrée du séjour des trépassés. D'un bond fantastique, Sleipnir a franchi les grilles. Hermod est maintenant dans la demeure de Hel. Il y découvre son frère Balder assis sur un haut-siège. Hermod se hâte d'aller trouver Hel, celle dont la moitié du visage est vivante et l'autre morte. Il la supplie de laisser Balder revenir à la vie. Est-elle touchée par la détresse sincère qu'elle lit dans le regard du messager ? Moins mauvaise que Loki, elle accepte, à condition que toutes les choses et tous les êtres du monde pleurent sincèrement la mort de Balder. Mais s'il s'en trouve un seul qui refuse de pleurer, elle gardera Balder dans son sombre royaume.

Hermod regagne Asgard et rapporte la réponse de Hel. Les dieux alors envoient le message dans tout l'Univers. Tous les êtres et toutes les choses doivent pleurer, ainsi Balder reviendra de Helheim. Bientôt l'Univers entier est rempli des pleurs réclamant Balder. Pourtant, les messagers se heurtent à un refus. Une géante nommée Thok refuse de verser la moindre larme. Que Hel garde ce qu'elle a en son pouvoir ! La géante Thok n'est autre que Loki une fois de plus déguisé. Le dieu du printemps ne reviendra donc pas. L'hiver s'installe sur le monde. Un jour pourtant, la nature reverdira et les fleurs et les ruisseaux seront délivrés de leur prison de glace. Balder reviendra, mais il doit encore dormir de son long sommeil de mort en attendant le combat final du Ragnarok et la nouvelle aube. Vali, fils d'Odin et de Rind, la Terre Dévastée, âgée d'une seule nuit, vengera Balder en tuant son frère meurtrier. Ainsi, l'aveugle Hoder ira rejoindre Balder à Helheim. Mais le vrai coupable est le malfaisant Loki. La vengeance des dieux va s'abattre sur lui, et elle sera terrible.

Craignant la colère des dieux, Loki s'était enfui et se cachait dans la montagne. Pendant la journée il se transformait en saumon pour se cacher dans la cascade Franang. Il pouvait se croire invulnérable ainsi, mais c'était une erreur. La vengeance des dieux n'allait pas tarder à fondre sur lui. Depuis son haut-siège Hlidskjalf, Odin, qui voit tout ce qui se passe dans le monde, ne tarda pas à découvrir la cachette de Loki. Et bientôt, accompagné des Ases les plus résolus à se venger, il partit vers la cascade Franang.

Lorsqu'il aperçoit la troupe, Loki se lève d'un bond et plonge dans l'eau claire. Il se faufile au fond de l'onde et se glisse entre les pierres, mais il ne peut échapper longtemps aux dieux, et bientôt Thor parvient à le saisir. C'en est fini de lui. Les dieux l'emportent dans une grotte. Ils prennent trois pierres plates et font un trou dans chacune d'elles pour y attacher le malfaisant Loki. La soif de vengeance des Ases n'a pas de bornes. Ils s'emparent des deux fils de Loki ; Vali et Nari. Ils transforment Vali en loup et celui-ci saute sur son frère et le dévore. Alors, les Ases prennent les intestins de Nari et s'en servent pour ligoter solidement Loki sur les trois pierres tranchantes. L'une se trouve sous ses épaules, l'autre sous ses reins et la troisième sous ses genoux. Vaincu, Loki cesse de se débattre. Alors, fendant les rangs des Ases, Skadi, l'épouse de Njord, s'avance. Elle n'a pas oublié que Loki a tué son père, le géant Thjazi. Elle s'empare d'un énorme serpent venimeux et le suspend au-dessus de la tête de Loki. Le venin du reptile coule sans fin et ruisselle comme un acide brûlant sur le visage de Loki. Sous l'insupportable souffrance, Loki se tord et fait des efforts désespérés pour échapper au venin corrosif. Ses mouvements désordonnés provoquent des tremblements de terre. Ainsi, quand le sol gémit et que s'ouvrent des crevasses, les hommes peuvent reconnaître les signes de la vengeance des dieux.

Mais le mal est fait, le destin est en marche, rien ne pourra l'arrêter. Avec Balder, c'est la jeunesse du monde qui a disparu. L'âge adulte est venu. Un âge de violence où la médiocrité est la nouvelle foi. Nés du géant Ymir, les dieux, comme les hommes, doivent mourir. Mais la mort est un autre combat, elle n'est pas un fin, puisque de la mort des dieux naîtra un monde nouveau. Le temps est venu du grand combat final. L'apocalypse s'annonce par d'extraordinaires présages.

Tout commence par un longue période où règne en maître Fimbulvetr, l'Effroyable-Hiver. Le dieu du printemps disparu, plus rien ne s'oppose aux assauts des glaces. Aux quatre coins du monde, la neige tombe en armées d'innombrables flocons ventrus. Le gel fige toute la nature et la glace emprisonne le monde. Les animaux, un à un, meurent. Le ciel, la terre et l'océan se dépeuplent. Un vent furieux balaie tout de son souffle glacial, arrachant toits et murs, déracinant les arbres et brisant les navires. Un horrible gris de cendre couvre le ciel et le soleil disparaît, ses puissants rayons avalés par la crasse. Trois terribles hivers vont ainsi se succéder, et nul printemps ne fera reverdir la nature, nul été ne réchauffera la terre glacée. Sur la Terre, la guerre s'étend à tous les hommes. Tout n'est plus que meurtre, viol et pillage. La violence règne sur le monde qui n'est plus que massacres et flots de sang. Les terribles événements qui ravagent la Terre ne tardent pas à s'étendre au ciel. Bientôt le loup Skol rattrape le char de Sol et avale le soleil. Le brasier céleste s'éteint, la lumière et la chaleur disparaissent. Puis, l'autre loup, Hati, dévore la lune. Désormais, le ciel du jour et celui de la nuit sont vides. Il reste encore la pâle clarté nocturne des lointaines étoiles, mais celles-ci disparaissent aussi l'une après l'autre, dévorées par des monstres bondissant à travers l'éther. Alors, le sol se met à trembler, agité de monstrueuses convulsions, d'immenses crevasses s'ouvrent, creusant des gouffres qui plongent jusqu'aux entrailles de la Terre. Les montagnes s'effondrent. Le vent arrache les arbres et brise les chaînes. Sa fureur est telle qu'aucun lien ne peut plus tenir dans le monde dévasté. Sur l'îlot Lyngvi, au centre du lac Amsvartnir, la chaîne merveilleuse Gleipnir se brise elle aussi d'un coup. Le loup Fenrir est libre ! Ivre de vengeance, le fauve monstrueux s'élance et bondit dans l'espace. Dans le désert du ciel, ses yeux luisants et ses crocs étincelants sont les seules sources lumineuses dans la nuit. De la mer folle une immense vague se précipite à l'assaut du rivage. L'océan se précipite sur la terre et submerge tout, nulle digue ne peut résister. Des remous ondulent sous la surface nimbée d'une écume jaunâtre et malsaine. C'est le Serpent de Midgard, Jormungandr. A l'horizon, émergeant de la brume épaisse, une forme sinistre grossit, venant de l'ouest : c'est le navire Naglafar, construit avec les ongles des morts et qui sont joints par des clous qui appartiennent aux trépassés. Malheur à qui meurt sans qu'on lui ait coupé les ongles, et malheur à celui qui trépasse avec des clous en nombre impair ! Entre les vagues échevelées apparaît la gueule monstrueuse du dragon qui lui tient lieu de figure de proue. A tribord arrière de ce funeste vaisseau chargé de fantômes se tient le géant Hrym. Une main sur la barre du gouvernail latéral, il tient de l'autre son bouclier étincelant qu'il élève en geste de défi.

Les imposants remparts de Jotunheim où les dieux avaient emprisonné les Géants à l'aube du monde se sont effondrés. Les brèches vomissent des flots de guerriers géants. Tous ont la haine au cœur, ils se précipitent en un flot furieux, ivres de vengeance. Leur race est antérieure à celle des dieux, eux qui ont été enfantés par le Néant. Ils hurlent d'une joie mauvaise car enfin est arrivé le jour de l'ultime affrontement annoncé par les prophéties.

Déjà, Jormungandr a atteint le rivage. Il se hisse sur la terre ferme en ondulant. Soudain, au sud, un éclair aveuglant déchire le ciel. De l'ouverture béante dans les cieux surgissent les Géants du feu sur leurs chevaux couverts d'écume. A leur tête chevauche Surt, brandissant une épée plus éblouissante que le soleil. Tel un volcan il déverse des marées de flammes. Devant lui flambe un feu gigantesque. Derrière lui gronde un autre brasier. Les fils de Muspelheim se lancent à l'assaut d'Asgard, la forteresse des dieux. Bientôt surgit Fenrir, sa gueule s'ouvre en un gouffre béant. Sa mâchoire inférieure trace un large sillon dans la terre, tandis que sa mâchoire supérieure frôle le ciel. Il dévore tout sur son passage, il souffle des flammes et ses yeux sont deux brasiers intenses. Il est bientôt rejoint par son frère Jormungandr. Voici réunis les terribles fils de Loki et de la sorcière géante Angerboda. Tous deux se lancent à leur tour à l'assaut d'Asgard.

Très tôt, à Asgard, les dieux avaient été prévenus du désastre. Au lever du jour, le coq à crête d'or, qui vit perché sur un des murs d'enceinte du Walhalla, avait jeté un cri bref et perçant. Aussitôt, un autre coq lui avait répondu depuis le royaume des morts. Tous deux ne devaient chanter qu'une fois pour annoncer l'imminence de l'ultime combat. En toute hâte, Odin s'était rendu auprès de la fontaine de Mimir pour demander conseil. Jamais la tête à qui il avait rendu la vie par sa magie ne l'avait trompé. Elle lui enseigna qu'il n'y avait qu'une seule réponse au défi : le combat. Un combat sans repos, sans espoir. Car Odin connaît déjà l'issue du combat. Mais il se doit d'accepter le destin. Il combattra donc en une exaltation furieuse de la force de la vie et du monde. L'heure de l'affrontement est maintenant venue. Soudain, un son puissant et majestueux s'élève dans l'air. Heimdal, l'Ase Blanc, gardien du pont arc-en-ciel Bifrost sonne de son cor Gjallarhorn. Dans Asgard, tous se lèvent. C'est debout, l'épée à la main, qu'ils doivent faire face à leur destin. Huit cents héros sortent par chacune des cinq cents portes du Walhalla où les Valkyries ont conduit ces Einherjar tombés dans d'autres combats.

Sous la terrible cavalcade flamboyante des fils de Muspelheim, le pont Bifrost se brise. L'arc-en-ciel disparaît, brûlé en ses sept couleurs par une lueur plus vive encore. Les Géants se dirigent vers la plaine de Vigrid. C'est là qu'aura lieu le dernier combat. Tous se hâtent vers la plaine. C'est vers ce haut lieu de l'affrontement final que galope le loup Fenrir et que rampe Jormungandr. C'est vers ce champ de l'ultime bataille que se hâte Loki le traître, libéré lui aussi de ses liens, et le Géant Hrym, le pilote du vaisseau funèbre Naglafar. Autour de lui s'avancent les plus affreux des géants, les Thurses du givre, de la neige et de la glace.

Aussi les géants de la montagne sauvage et les monstres à trois pieds et à neuf têtes. Vomis par les profondeurs de Helheim viennent les cadavres décharnés et pourrissants. Ils rejoignent l'armée de Loki le traître, et à leur tête se trouvent l'horrible Hel et Garm, son chien ensanglanté aux aboiements infernaux. Tous se hâtent vers Vigrid où les attendent déjà Odin et les dieux à la tête des héros morts au combat. Quatre fois cent mille guerriers se pressent. Leur long entraînement n'aura pas été vain.

L'heure du Ragnarok a sonné.

A la tête des dieux et des Einherjar chevauche Odin. Il a changé son grand chapeau de berger contre un casque d'or. Il a revêtu sa cotte de mailles et tient dans sa main sa fidèle lance Gungnir.

Tout à coup, il rompt les rangs et se précipite à la rencontre du loup Fenrir. Toute l'armée des dieux s'ébranle tandis que, venus de l'autre côté de la plaine, déferlent les Géants et les monstres. Non loin d'Odin se trouve Thor. Il est aux prises avec Jormungandr qu'il a naguère combattu au fond de l'océan. Il frappe de toute sa puissance avec son marteau Mjolnir. Le monstrueux serpent à carapace d'écailles se tord et gémit sous les coups, mais le combat ne fait que commencer.

Frey, le dieu de la fécondité, n'a plus ni cheval ni épée qu'il a jadis confiés à son messager Skirnir. C'est à mains nues que le fils de Njord combat contre Surt, le chef des Géants du feu. La lutte est rude, les chances inégales, et Frey ne va pas tarder à succomber sous les coups de l'épée du géant qui brûle comme la lave d'un volcan. Le voilà qui vacille. Un dernier coup le jette à terre. La tempête triomphe des récoltes. Les grains vont mourir avant même de mûrir. Frey meurt, et la Nature s'étiole, devient aride et stérile. C'est un désert hostile qui naît de la mort de Frey.

Tyr le courageux empoigne de sa main unique la gorge du chien infernal Garm, le plus effroyable de tous les monstres. Le combat titanesque s'éteint presque aussitôt engagé. Bien qu'à moitié étouffée, la bête lui laboure la poitrine de ses griffes acérées, tandis que ses crocs se plantent dans le cou du dieu manchot. Le chien Garm meurt bientôt, étranglé, mais Tyr succombe lui aussi, égorgé.

Entre Thor et Jormungandr, la bataille fait rage. Le sort ne semble pas vouloir décider encore qui sera vainqueur et qui sera vaincu. Sans répit s'abat le marteau Mjolnir. Mais le char de Thor est renversé. Le terrible serpent enserre de ses anneaux les chèvres Tanngnjost et Tanngrisnir. Le corps broyé, Dents-Grinçantes et Dents-Etincelantes meurent aux pieds de leur maître. La haine au cœur, Thor frappe et frappe encore. De nombreuses fois son marteau s'abat et finit par fracasser le crâne du Serpent de Midgard. Le destin semble avoir fait son choix. Jormungandr tombe lourdement sur le sol. Il est encore agité de soubresauts, son corps sinueux ondule dans la poussière rougie du sang des tués. Dans une dernière convulsion, il crève en crachant des flots de venin. Le fils de Loki a fini de répandre la terreur. Thor recule de neuf pas, épuisé par le combat. Mais le voilà qui chancelle et qui tombe à genoux. Il se tient la gorge et suffoque, empoisonné par le venin pervers du serpent. Dans un dernier râle d'agonie, il s'effondre et lâche son marteau Mjolnir. Plus rapide que l'éclair, la vie s'enfuit de son grand corps meurtri. Il est mort, le plus puissant des Ases.

Le Dieu au marteau n'est plus.

Le destin semble avoir choisi son camp. Les dieux tombent les uns après les autres. Odin transperce le redoutable Fenrir de sa lance Gungnir. Mais le loup monstrueux ne meurt pas pour autant. Sa large gueule s'ouvre et se referme brusquement sur Odin. Le corps disloqué, le père des dieux chancelle en lâchant Gungnir, dans un hurlement de douleur. Odin, le Dieu de la sagesse, celui qui a percé le secret des runes, n'est plus. Et Fenrir s'acharne sur le corps sans vie de son adversaire vaincu et le dévore. Mais Vidar, le Silencieux, se précipite sur le loup. Il pose un pied sur la mâchoire inférieure de Fenrir et de ses mains saisit sa mâchoire supérieure. Il tire de toutes ses forces, écartelant la gueule du loup. Dans un sinistre craquement, Fenrir meurt en hurlant, la gueule arrachée. Celui qui faisait trembler le monde n'est plus.

Presque tous les dieux sont morts maintenant. Heimdal, le Dieu gardien du pont arc-en-ciel Bifrost, se bat contre Loki, le dieu malfaisant. Sa fidèle épée Hofud frappe sans relâche le traître. Mais Loki réplique et rend coup pour coup. Leur lutte domine tout le Ragnarok. Le Protecteur et le Destructeur s'affrontent et s'entre-tuent. Bientôt l'Ase Noir s'écroule sur le cadavre de l'Ase Blanc. La lutte se termine dans ce duel sans survivant.

Le silence s'installe sur la plaine, bientôt rompu par les cris de triomphe des Géants. Les dieux du Nord ne sont plus. Ce matin encore chantait Gullimkambi, le merveilleux coq à crête d'or. Et dans le crépuscule naissant, l'aigle Edgir déchire les corps inertes des innombrables tués. Son bec d'ordinaire pâle est rouge du sang des vaincus.

Alors, Surt répand son feu sur le monde. L'incendie éclate aussitôt et consume les cadavres, les forêts et les cieux. Le monde bientôt n'est plus qu'un immense brasier. Feu et fumée font rage, brûlant et étouffant la vie. L'arbre Ygdrasil tremble, l'axe du monde s'embrase à son tour.

L'Univers entier devient rouge avant de sombrer dans la nuit. Du monde il ne reste rien ou presque : une Terre calcinée voguant comme un vaisseau fantôme dans l'infini des cieux dépeuplés de dieux.

Un monde nouveau peut naître. Car le destin n'est pas immobile, il est une gigantesque roue qui tourne éternellement. Il faudra attendre longtemps, mais la vie reprendra ses droits. C'est de l'océan que viendra le renouveau.

Une terre émerge bientôt, une terre verte porteuse de vie. La terre renaissante porte des bourgeons et des fleurs... Partout la vie refleurit.

Vidar le Silencieux, fils d'Odin et de la sorcière Grid, a survécu au massacre après avoir tué le loup Fenrir. Il est parvenu à échapper au brasier allumé par Surt, et il s'est réfugié au sein des bois impénétrables avec son frère Vali, en qui demeure l'Esprit suprême. La Connaissance a ainsi survécu en se réfugiant dans la forêt primordiale incarnée par Vidar. Car la forêt est le dernier refuge, là où brille éternellement la lumière des dieux. Lorsque l'apocalypse se déchaînait, cette petite lueur vacillante sur laquelle veillaient Vidar et Vali, a permis que se perpétue l'espèce humaine. Dans le sein protecteur de la forêt de Hodmimir, dernier îlot de raison dans un monde devenu fou, un couple a réussi à se cacher. La jeune femme se nomme Lif, la Vie, et son époux Lifthrasir. De la forêt sacrée surgit l'Esprit, il va féconder la terre morte pour la faire renaître. Et la terre du renouveau émerge de l'océan, source de vie. Dans le ciel apparaît un nouvel astre de feu qui répand généreusement sa lumière et sa chaleur. Il est guidé par la fille de Sol. Et cette déesse est plus belle encore que l'était sa mère avant d'avoir été dévorée par le loup Skol.

Comme la vie renaît, la mort reprend ses droits. Il est maintenant deux domaines où se trouvent les trépassés. Ceux qui ont vécu sans honneur se retrouvent à Nastrand, le Séjour-des-Cadavres, immense bâtisse semblable à une antique forteresse percée de portes sombres et basses qui toutes s'ouvrent sur le nord. Les murs de cette sinistre citadelle sont faits de peaux de serpents cousues ensemble. Toutes les têtes de serpents sont tournées vers l'intérieur du palais funèbre et vomissent sans cesse des flots de venin acide sur ceux qui, de leur vivant, se sont rendus coupables de crime ignoble, de parjure ou d'adultère. L'épouvantable vipère-dragon, Nidhog, venue de Niflheim, dévore les corps des morts. Les honnêtes, ceux qui ont vécu dans la noblesse du cœur et de l'âme, reposent dans une autre demeure nommée Brimir. Cette vaste bâtisse se dresse dans la région d'Okolnir. Ils y mènent une existence douce et heurese.

Des géants et des nains ont aussi survécu au Ragnarok. Les premiers se sont réfugiés dans les montagnes dont ils hantent les sommets sauvages saupoudrés de neiges éternelles. Les seconds vivent désormais dans le Nidafell, la Montagne-Obscure. Il reste aussi quelques rares dieux à avoir échappé au massacre. Ils se réunissent dans la plaine d'Idavold, en Asaheim. Ici se trouvaient autrefois Asgard et ses palais aux toits d'or étincelants. Maintenant s'élève Gimlé, l'Abri-de-Feu, où les dieux survivants se souviennent des événements du Ragnarok qui a vu l'anéantissement des anciens pouvoirs. Ils évoquent les méfaits des terribles fils de Loki, le loup Fenrir et le Serpent de Midgard Jormungandr. Ils rappellent la bataille sanglante où tombèrent nombre de dieux et de héros pour tenter d'endiguer la marée dévastatrice des forces du chaos. Ils se souviennent aussi des runes sacrées révélées par Odin le Sage. Leur langage secret va permettre de redécouvrir la conception du monde dieu borgne. Le souvenir du père des dieux ne disparaîtra pas. Son âme traverse encore parfois les airs. On peut l'entendre lors des nuits de tempête quand résonne le martèlement des sabots de Sleipnir, son fabuleux cheval à huit pattes, lorsque passe la Chasse sauvage dans un grondement d'orage. Là-haut, dans les nuages, l'œil unique du vieil Odin surveille toujours le monde.

Les dieux survivants se rassemblent. D'abord viennent les fils de Thor et de sa maîtresse Jarnsaxa. Magni, la Force, entre le premier, sitôt suivi par Modi, le Courage. Ils sont les dignes héritiers du puissant Thor. Et ils possèdent l'arme merveilleuse, Mjolnir le marteau du tonnerre, qui revient toujours dans leur main comme il revenait dans la main de leur père.

Alors, un événement prodigieux se produit. Balder le Bon, le dieu du printemps vivifiant, et son frère Hoder l'aveugle reviennent de leur triste séjour au sombre royaume de Hel. Les fils d'Odin et de la belle Frigg sont de retour. Le sacrifice des dieux n'aura pas été vain, car bientôt le beau Balder va de nouveau répandre les joies du printemps sur le monde.

Voilà aussi Hoenir, le frère d'Odin. Avec lui et Lodur, il avait, il y a si longtemps que les hommes ont oublié, créé le premier couple humain, Ask, le Frêne, et Embla, l'Orme. Lui qui a jadis insufflé la vie et la raison en l'être humain, prévoit désormais l'avenir. Il est devenu le prophète du Renouveau.

Dans la verdure luxuriante qui de nouveau couvre la terre, les survivants retrouvent alors les merveilleuses tables d'or que possédaient jadis, à l'aube des temps, les dieux et les peuples soumis à l'autorité d'Odin.

Tous les survivants sont là, réunis dans leur nouvelle demeure de Gimlé. Ils vont pouvoir enfin jouir du bonheur tant espéré.

Les anciens dieux du Nord sont maudits et oubliés, et leur histoire se termine par un mystère. Car le destin n'a pas encore dit son dernier mot. Le plus mystérieux des Ases est sans doute Heimdal. Le dieu protecteur n'est plus, lui qui s'est entretué avec Loki le destructeur. Le Ragnarok ne saurait être la victoire de Loki. Aussi renaît un monde nouveau et meilleur. Il ne montera plus jamais la garde auprès du pont arc-en-ciel Bifrost, le bel Ase Blanc. Asgard n'est plus. Un autre monde renaît et il va exiger un nouveau dieu pour prendre la place des dieux disparus. Ainsi murmure un vieux chant du Nord, qui évoque le mystérieux Heimdal et annonce la venue de celui qui prendra sa suite :

"Alors survient un autre être
Plus puissant encore,
Mais je n'ose
M'aventurer à le nommer.
Peu voient au-delà des temps
Où Odin
Combattra le loup."

GLOSSAIRE

• AEGIR : Dieu nordique de l'océan, géant de la haute mer. Il est l'époux de Ran qu'il invite souvent à des banquets.

• ALFADIR (Le-Père-de-Tout) : Odin.

• ALFES : Etres aériens et lumineux, par opposition aux Alfes noirs. Ils sont aussi appelés elfes et sont des divinités mineures domestiques qui protègent le foyer des influences négatives.

• ALFAHEIM . Monde des Alfes, qui est aussi la demeure de Frey.

• ALSVINN (Le-Très-Rapide) : Cheval qui tire, avec Arvak, le char de Sol, déesse du soleil.

• AMMA (Grand-Mère) : Epouse d'Afi (Grand-Père) et mère de Karl, le premier homme libre, dans la *Rigsthula*.

• AMSVARTNIR : Lac où est enchaîné le loup Fenrir, sur l'île Lyngvi, jusqu'au Ragnarok.

• ANGERBODA (Fauteuse-de-Mal) : Sorcière géante, maîtresse de Loki avec qui elle engendre le loup Fenrir, Jormungandr le Serpent de Midgard, et Hel, la gardienne des morts.

• ARVAK (Le-Grand-Veilleur) : Cheval qui tire, avec Alsvinn, le char de la déesse du soleil, Sol.

• ASAHEIM : Monde des dieux Ases.

• ASBRU (Pont-des-Ases) : Autre nom du pont arc-en-ciel Bifrost.

• ASES : Dynastie des dieux du ciel indo-européen, dieux de la souveraineté et de la puissance.

• ASGARD (Enclos-des-Ases) : demeure des dieux Ases.

• ASK (Frène) : Premier homme, il forme avec Embla (Orme ou

Aulne) le premier couple humain.

• ATTIBA : Prêtres runiques, en Suède.

• AUDUMBLA (Riche-Vache-à-Cornes) : Vache sacrée qui nourrit le géant Ymir dans les mythes de Création de la théogonie scandinave, à l'origine du monde.

• AURI : Mélange d'eau et de boue dont les Nornes baignent les racines d'Ygdrasil.

• AUSTRI (Est) : Un des quatre Nains qui soutiennent le ciel (la voûte céleste est constituée du crâne d'Ymir).

• BALDER (Seigneur) : Fils d'Odin et de Frigg. Dieu solaire du printemps et de la fertilité, on l'appelle aussi Balder Le Bon. A l'instigation de Loki, il est tué par son frère aveugle Hoder. Ce meurtre provoquera le Ragnarok.

• BEOWULF : Héros légendaire anglo-saxon dont les exploits sont racontés dans la *Geste de Beowulf.*

• BERSERKERS : Secte de guerriers scandinaves d'Odin qui, sous l'effet d'hydromel ou de champignons hallucinogènes, étaient possédés de la fureur de se battre. On les croyait capables de se changer en bêtes sauvages.

• BIFROST (Chemin-Tremblant) : Pont arc-en-ciel qui relie Asgard au milieu du monde.

• BIL : Petite fille enlevée, avec son frère Hjuki, par Mani, le dieu de la lune, pour faire les phases lunaires.

• BILSKIRNIR (Lumière-Décroissante) : Palais du dieu Thor.

• BREIDABLIK (Large-Eclat) : Demeure du dieu Balder.

• BRIMIR : Palais où vivent les honnêtes après le renouveau.

• BRISING : Ruban qui entoure le cou de la déesse Freya.

• BYLGA (La-Houle) : Fille de Aegir et de Ran.

• BYRGI : Source fréquentée par Bil et Hjuki, les enfants enlevés par le dieu de la lune, Mani.

• CHASSE SAUVAGE : Horde aérienne menée par Odin et les Valkyries, elle symbolise la tempête, et deviendra sous l'influence chrétienne une horde de démons ou de damnés.

• DAG (Jour) : Fils de Nott, la Nuit, et de Delling, l'Aurore.

• DISES ou DISIR : Esprits féminins ou déesses tutélaires au service de Freya.

• DRAFN (Les-Vagues-Ravisseuses) : Fille de Aegir et de Ran.

• DROMI : Seconde des chaînes avec lesquelles est attaché Fenrir.

• DUFA (La-Plongeuse) : Fille de Aegir et de Ran.

• EDGIR (Aigle) : Déchire les cadavres lors des comabts du Ragnarok.

• EIKTHYRMIR : Cerf vivant dans les branches d'Ygdrasil, ses andouillers donnent des filets d'eau qui vont alimenter tous les fleuves du monde.

• EINHERJAR : Guerriers morts au combat qui sont accueillis au Walhalla par Odin.

• ELIVAGAR : Douze rivières qui jaillissent de la source Hvergelmir, dans le Niflheim, le monde du brouillard.

• ELVIDNIR (Lieu-de-la-Tempête) : Demeure de Hel, gardienne des morts.

• EMBLA : Première femme, elle forme avec Ask le premier couple humain.

• EOS : Déesse saxonne de l'aurore et du printemps.

• FENRIR ou FENRIS : Loup monstrueux. Fils de Loki et de la sorcière géante Angerboda. Il fut enchaîné par les dieux grâce au sacrifice de Tyr, et ne se libérera qu'au Ragnarok.

• FENSAL (Salle-des-Marécages) : Demeure de Frigg, épouse d'Odin.

• FLYFOT : Nom anglo-saxon du svastika.

• FOLKVANG (Champ-des-Armées) ; Demeure de la déesse Freya.

• FRANANG : Cascade où Loki se cache métamorphosé en saumon, après la mort de Balder.

• FREKI (Vorace) : Un des deux loups d'Odin, avec Geri, le Glouton.

• FREY (Seigneur) : Fils de Njord et frère de Freya. Dieu phallique de la fertilité.

• FREYA (Dame) : Fille de Njord et sœur de Frey. Déesse de l'amour et de la fertilité.

• FRIGG ou FRIGGA : Epouse d'Odin, mère de Balder et de Hoder. Déesse de l'amour sexuel, elle symbolise la terre cultivée.

• FUTHARK : Nom germanique de l'alphabet runique.

• GAEFA : La part de sacré inscrite en l'être par les Nornes dès sa naissance.

• GALDR : Chants sacrés, ou incantations magiques.

• GARM : Chien gardien des enfers qui veille sur Gnipahellir, l'entrée de Helheim où se rassemblent les défunts.

• GEFJUNN : Déesse de la fertilité. Peut-être un autre nom de Freya.

• GERI (Glouton) : Un des deux loups d'Odin, avec Freki, le Vorace.

• GIMLE (Abri-du-Feu) : Demeure des dieux après le Renouveau.

• GINUNGAGAP (Abîme-Béant) : Gouffre qui est à l'origine de la Création et qui sépare le monde du Feu (Muspelheim) du monde de la Glace (Niflheim).

• GJALLAR : Pont qui mène à Helheim, le séjour des défunts.

• GJALLARHORN : Corne d'appel du dieu Heimdal, le gardien

du pont arc-en-ciel Bifrost.

- GLADSHEIM (Séjour-de-la-Joie) : Salle d'Asgard où se réunissent les dieux autour d'Odin.
- GLASER : Forêt proche du Walhalla.
- GLEIPNIR : La troisième chaîne entravant Fenrir. Composée de six parties merveilleuses et inexistantes (bruits de pas du chat, barbe de la femme, racines des montagnes, nerfs de l'ours, souffle du poisson et salive de l'oiseau), elle a été fabriquée spécialement par les Alfes souterrains, ou Nains, et ne se brisera qu'au Ragnarok.
- GNIPAHELLIR : Entrée de Helheim où Garm, le chien ensanglanté, est enchaîné.
- GODHI : Prêtre de le vieille religion nordique.
- GOTTERDAMMERUNG : Crépuscule des dieux. Adaptation populaire et wagnérienne du Ragnarok.
- GRANDEL : Dragon tué par Beowulf dans sa jeunesse.
- GRANI : Cheval de Sigurd.
- GULLINBURSTI (Soie-d'Or) : Sanglier fantastique, offert à Frey par les Nains.
- GUNGNIR (Frémissante) : Lance merveilleuse d'Odin fabriquée par les Nains.
- GUNLAD : Géante, gardienne de l'hydromel sacré de la poésie.

- HATI : Loup qui poursuit la lune pour la dévorer.
- HAVAMAL ou DITS DU TRES-HAUT · Poème nordique attribué à Odin.
- HEIDRUN : Chèvre qui vit dans les branches d'Ygdrasil et dont les mamelles fournissent l'hydromel.
- HEIMDAL : Fils d'Odin et des neuf vagues-sœurs, gardien du pont arc-en-ciel Bifrost. On le nomme parfois l'Ase Blanc. Il devient Rig dans la *Rigsthula*

• HEL : Géante, fille de Loki et de la sorcière Angerboda. Gardienne des Helheim, le monde souterrain des morts.

• HELHEIM : Monde des morts qui ne sont pas tombés au combat, domaine de Hel.

• HERJAFADIR (Père-des-Armées) : Odin.

• HERMOD (Vaillant-au-Combat) : Fils d'Odin, messager des dieux. C'est lui qui va demander à Hel de libérer l'âme de Balder.

• HERNE LE CHASSEUR : Personnage légendaire, survivance populaire de l'ancien dieu aux bois de cerf.

• HILDISVINN (Porc-du-Combat) : Animal accompagnant Freya avec les chats blancs tirant le char de la déesse.

• HIMMINBJORG (Mont-du-Ciel) : Demeure du dieu Heimdal située près du pont arc-en-ciel Bifrost.

• HJUKI : Petit garçon enlevé par Mani avec sa sœur Bil.

• HLIDSKJALF : Haut-siège d'Odin, d'où il regarde le monde.

• HODER : Fils d'Odin et de Frigg. Aveugle, il tue, à l'instigation de Loki, son frère Balder.

• HODMIMIR (Le-Bois-de-Mimir) : Forêt où se cachent Lif, la Vie, et son époux, après le Ragnarok.

• HOENIR : Frère d'Odin qui crée avec lui et Lodur le premier couple humain, Ask et Embla.

• HOFUD (Tête) : Epée du dieu Heimdal.

• HRAFN (La-Spoliation) : Fille de Aegir et de Ran.

• HRIMFAXI (Crinière-de-Givre) : Cheval tirant le char de Nott, la Nuit.

• HUGIN (Réflexion) : Un des corbeaux d'Odin, avec Munin, la Mémoire.

• HVERGELMIR : Source du Niflheim où coulent les douze rivières Eligavar.

• HYDROMEL : Breuvage fait de pommes et de miel, utilisé

comme drogue dans les cérémonies rituelles consacrées à Odin.

• IFING : Rivière qui ne gèle jamais, elle sépare le monde des géants de celui des dieux.

• ING : Dieu saxon de la fertilité, c'est la version saxonne de Frey.

• IRMINSUL : Arbre du monde sacré ou colonne supportant les cieux. Equivalent germanique d'Ygdrasil.

• JARNSAXA : Maîtresse du dieu Thor, elle est mère de ses deux fils Magni, la Force, et Modi, le Courage.

• JARNVID (Bois-de-Fer) : Demeure de la sorcière qui engendra Skol et Hati, les deux loups qui poursuivent le soleil et la lune.

• JORD : Femme d'Odin et mère de Thor, elle symbolise la terre sauvage, en friche.

• JORMUNGANDR : Serpent monstrueux qui entoure la Terre de ses anneaux. Fils de Loki et de la sorcière géante Angerboda, il est le frère du loup Fenrir et de Hel la gardienne des morts. On l'appelle aussi le Serpent de Midgard, ou encore le Mystérieux Dragon du Nord.

• JOTUNHEIM : Le monde des Géants.

• KARL (Homme) : Fils de Amma (grand-mère) et du dieu Righeimdal dans la *Rigsthula,* premier homme libre et maître de lui-même.

• KOLGA (La-Mer-Déchaînée) : Fille de Ran et de Aegir.

• LEDING : Première chaîne forgée par les dieux pour entraver le loup Fenrir.

• LIF (Vie) : Femme qui survit au Ragnarok, avec son époux Lifthrasir.

• LIFTHRASIR (Ardent-à-Vivre) : Epoux de Lif, qui se cache

avec elle dans Hodmimir, après le Ragnarok.

• LJOSALHEIM ou ALFAHEIM : Monde des Alfes de la lumière.

• LODUR : Frère d'Odin qui, avec lui et Hoenir, crée le premier couple humain, Ask et Embla.

• LOFNA : Servante de Frigg, elle écarte les obstacles qui séparent les amants.

• LOKI : Fils de Farbauti, un géant, et de Laufey. Dieu malveillant et sarcastique, sans fonction précise auprès des dieux et qui ne reçut jamais de culte de la part des hommes. Parfois considéré comme le dieu nordique du feu. Epoux de Sigyn et amant de la sorcière géante Angerboda avec laquelle il engendre le loup Fenrir, le dragon Jordmungandr et Hel, la gardienne des morts. On l'appelle parfois l'Ase Noir.

• LYNGVI : Ile au milieu du lac Amsvartnir, où est enchaîné le loup Fenrir.

• MAGNI (Force) : Fils de Thor et de sa maîtresse Jarnsaxa, il est le frère de Modi, le Courage.

• MAÎTRE ou MAÎTRESSE DES RUNES : Personne versée dans l'art runique pour la divination et la magie.

• MANI (Lune) : Fils de Mundilfari et frère de Sol. Il conduıı le char de la lune.

• MANNAHEIM : le monde des êtres humains.

• MEGINGJARDER : Ceinture de force dont Thor se ceint les reins, et qui double sa puissance

• MIDGARD (Enclos-du-Milieu) : C'est le “milieu du monde ”, le domaine des êtres humains.

• MIMIR : Fontaine de la sagesse, où Odin sacrifie un œil.

• MIMIR ; Dieu nordique de la sagesse.

• MIMIR : Tête momifiée avec laquelle Odin converse près de la fontaine de la Sagesse.

- MJOLNIR (Concasseur) : Marteau magique de Thor, fabriqué par les Nains.
- MODI (Courage) : Fils de Thor et de Jarnsaxa ; il est le frère de Magni, la Force.
- MODGUD : Vierge gardant le pont de la rivière Gjol, menant à Helheim.
- MUNIN (Mémoire) : Un des deux corbeaux d'Odin, avec Hugin, la Réflexion.
- MUSPELHEIM : Monde du feu, où règne le géant Surt.
- MYRKVID (Forêt-Sombre) : Elle sépare le monde des Géants et le monde des dieux.

- NAEGLING : Epée de Beowulf.
- NAGLAFAR : Navire fabriqué avec les ongles des morts, il est barré par le géant Hrym.
- NAGRIND ; Grille qui ferme le domaine des morts.
- NAINS : Etres industrieux de petite taille, parfois bienveillants et parfois maléfiques. On les appelle aussi Alfes noirs, et ils vivent sous la terre à Svartalfaheim.
- NASTROND (Rive-des-Cadavres) : Citadelle des morts.
- NERTHUS : Ancienne grande déesse-mère des Germains.
- NEUF MONDES : Les neuf plans de l'existence dans la cosmogonie nordique : Muspelheim (le monde du feu), Niflheim (le monde des brumes), Helheim (le monde des morts qui ne sont pas tombés au combat), Jotunheim (le monde des Géants), Alfaheim (le monde des Alfes de la lumière), Svartalfaheim (le monde des Alfes noirs), Mannaheim (le monde des êtres humains).
- NIDAFELL (Montagne-Obscure) : Lieu où vit le dragon Nidhog.
- NIDHOG (Amer-Rongeur) : Dragon infernal qui vit à Niflheim. Il ronge une des racines d'Ygdrasil.

• NIFLHEIM : Monde du brouillard et du froid glacial. Monde nébuleux de l'arbre sacré Ygdrasil.

• NJORD : Dieu Vane de la mer et du rivage. Père de Frey et de Freya. Epoux de la géante Skadi.

• NOATUN (Clos-des-Nefs) : Demeure de Njord au bord de la mer.

• NORDRI (Nord) : Un des quatre Nains qui soutiennent le ciel.

• NORNES : Les trois déesses qui filent le destin des hommes, et représentent le pouvoir du *wyrd*. Elles se nomment Urd, le Passé ; Vervandi, le présent, et Skuld, l'Avenir.

• ODI (Furieux) : Epoux de Freya.

• ODIN : Fils du dieu Bor et de la géante Bestla, ou issu d'un frène et d'une prêtresse humaine selon d'autres versions. Il est le père de la plupart des dieux Ases, et est considéré comme le *All Father*, le dieu-père. Grand voyageur, il se rend souvent dans les divers mondes composant l'Univers dans la cosmogonie nordique. Il semble qu'il ait usurpé la place de Tyr en tant que dieu créateur. Il reprit à son compte beaucoup de fonctions de Donar, le vieux dieu de l'orage, et de Tyr, dieu du ciel. On lui connaît de nombreux surnoms. Il sacrifia un œil à la fontaine de Mimir, dieu de la sagesse, pour acquérir à son tour la sagesse. Il est aussi l'inventeur des runes qu'il a léguées aux hommes. Il détient la souveraineté divine.

• OETT : “Famille” de huit runes. Il y a trois *oettir* dans l'alphabet runique, chacune étant consacrée à un dieu : l'*oett* de Frey, celle de Hagel et celle de Tyr.

• RAGNAROK (Destruction-des-Pouvoirs) : Combat final entre les dieux et les Géants alliés à Loki et à ses enfants, le loup Fenrir, le serpent Jormungandr et Hel, la gardienne des morts. Il coïncide avec la fin du monde et verra la fin des dieux avant l'émergence d'un nouvel ordre cosmique.

• RAN (Pillage) : Epouse d'Aegir et mère des vagues, elle personnifie la mer traîtresse.

• RAFNAGUD (Le-Dieu-aux-Corbeaux) : Odin.

• RATATOSK (Dents-de-Rongeur) : Ecureuil vivant dans les branches d'Ygdrasil et qui provoque le combat entre l'aigle et le serpent.

• RIG : Nom donné à Heimdal dans la *Rigsthula.*

• RINGHORN : Navire de Balder, sur lequel il est brûlé après sa mort

• SIF : Epouse de Thor, elle personnifie la beauté et la paix. Sa longue chevelure d'or symbolise les moissons. D'un premier mariage, elle est la mère d'Ull, le dieu de l'hiver.

• SIGRDRIFA : Valkyrie qui enseigne le "code d'Honneur" à Sigurd.

• SIGURD : Héros légendaire du Nord. Il s'apparente au Siegfried des Germains et au Sîfroy des Francs. Ses exploits sont relatés dans la *Saga des Volsungs.*

• SKALD : Poète nordique, équivalent du barde celtique.

• SKOL (Alarme) : Loup qui poursuit le soleil pour le dévorer.

• SKULD (Ce-qui-Sera, Avenir) : Une des trois Nornes du destin.

• SLEIPNIR (Glissant) : Cheval à huit pattes engendré par Loki et donné à Odin. Il peut galoper aussi bien sur la terre, dans le ciel, sur la mer ou dans les enfers.

• SLIDRUGSTANNI (Défenses-Menaçantes) : Sanglier de Frey. On l'appelle aussi Gullinbursti (Soies-d'Or).

• SOL (Soleil) : Fille de Mundilfari, et épouse de Glen, un humain. Sœur de Mani, la lune ; son char solaire parcourt le ciel, poursuivi par le loup Skol.

• SUDRI (Sud) : Un des quatre Nains qui soutiennent le ciel.

• SURT : Géant gardien de Muspelheim, le monde du feu. Il symbolise un volcan. Il incendie le monde lors du Ragnarok.

• SVADILFARI (Entrepreneur-de-Pénibles-Voyages) : Cheval du géant qui doit construire Asgard en moins d'un hiver. Il engendre avec Loki le cheval à huit pattes Sleipnir.

• SVALINN (Frais, ou Glacial) : Bouclier que Sol doit placer devant le soleil pour ne pas être brûlée et pour ne pas consumer la terre.

• SVARTALFAHEIM : Monde des Alfes noirs.

• SVASTIKA : Ancienne croix solaire à quatre branches (croix gammée).

• SYN : Déesse du Droit et de la Justice chez les Germains, fille de Sif.

• TANNGNJOST (Dents-Grinçantes) : Une des deux chèvres qui tirent le char de Thor.

• TANNGRISNIR (Dents-Etincelantes) : Une des deux chèvres qui tirent le char de Thor.

• THING : Assemblée judiciaire et législative chez les Nordiques.

• THOR : Fils d'Odin et de Jord. Dieu de la force guerrière, il combat sans cesse contre les Géants avec son terrible marteau Mjolnir. Il s'annonce par un roulement de tonnerre et la lumière des éclairs.

• THRUDVANG ou THRUDHEIM (Domaine-de-la-Force) : Demeure du dieu Thor, située dans un sombre nuage d'orage.

• THULE : Domaine mythique des dieux Vanes, situé au Nord du monde (Hyperborée).

• THULS (Réciteurs-d'Incantations) : Au Denamark, prêtres versés dans l'art runique.

• THUNRAZ : Equivalent germain du Thor nordique.

• THURSES : Géants du froid et du givre.

• TIW : Nom anglo-saxon de Tyr.

• TROLLS : Esprits inférieurs vivant sous la terre dans le folklore populaire, sortes de nains ou gnomes. Ils sont sans doute la version pervertie des géants, comme les Valkyries sont devenues des sorcières.

• TYR : Fils d'Odin. Dieu de la guerre, il est celui qui apporte le courage et l'honneur. Il sacrifie une de ses mains pour que les dieux Ases puissent attacher le loup Fenrir.

• URD (Ce-qui-Fut, Passé) : Une des trois Nornes du destin.

• URDAR : Fontaine des Nornes, située sous une racine d'Ygdrasil.

• UTGARD (Enclos-du-Dehors) : Demeure des Géants.

• VALA : Prophétesse qui récite la *Voluspa,* premier chant de l'ancienne *Edda.*

• VALFADIR (Père-des-Occis) : Odin.

• VALI . Fils d'Odin et de Rind, la terre redevenue infertile. Il venge la mort de Balder.

• VALI : Fils de Loki. Transformé en loup, il dévore son frère Nari avec les intestins duquel sera attaché leur père Loki.

• VALKYRIES (Désignant-ceux-qui-doivent-mourir) : Esprits féminins recueillant les âmes des héros morts au combat et qui les conduisent au Walhalla. Filles d'Odin, elles chevauchent avec lui à la tête de la Chasse sauvage.

• VANAHEIM : Monde des dieux Vanes.

• VANES : Dieux et déesses de la protection et de la fertilité. Après une guerre contre les Ases, ils finissent par s'unir à eux.

• VE : Avec ses frères Odin et Vili, il tue le Géant Ymir dont le corps servira à former l'Univers.

• VE : Lieu saint ou sacré, temple ou sanctuaire païen.

• VERVANDI (Ce-qui-Est, Présent) : Une des trois Nornes du destin.

• VESTRI (Ouest) : Un des quatre Nains qui soutiennent le ciel.

• VIDAR (Silencieux) : Fils d'Odin et de la sorcière Grid. Dieu de la forêt. Il tue Fenrir après que celui-ci ait dévoré Odin.

• VIGHUGR (Esprit-de-Lutte) : C'est la fureur de vivre qui illustre la psychologie nordique du destin, où l'être se fait l'agent volontaire et lucide du *wyrd,* de l'inévitable. Ce n'est pas une acceptation passive du destin, mais au contraire un respect du sacré et de la vie.

• VIGRID (Lieu-du-Combat) : Plaine où se déroule la bataille finale du Ragnarok.

• VILI : Avec ses frère Odin et Vé, il tue le géant Ymir.

• VOLUND : Nom que porte Wayland dans l'Edda.

• VOLUSPA : Premier chant de l'ancienne Edda.

• VOLVA : Voyante.

• WALHALLA (Hall-des-Occis) : Demeure de Gladsheim où Odin, entouré des Valkyries, reçoit les héros tombés au combat. Lieu où résident les guerriers morts. Ceux-ci s'entraînent pour la combat final du Ragnarok.

• WAYLAND : Forgeron des dieux.

• WEIRS SISTERS (Sœurs-du-Destin) : Trois sorcières vénérant la triple-déesse Hécate dans le *Macbeth* de Shakespeare Ce sont les Nornes.

• WICCAE : Terme anglo-saxon désignant la sorcellerie, c'est-à-dire la survivance post-chrétienne de la vieille religion du paganisme.

• WIZZARD (Homme-Sage) : Terme médiéval désignant un sorcier ou un magicien.

• WORM (Dragon) : "La terreur originelle qui hante la poussière". Dragon gardien de trésors anciens et de tertres funéraires qui fut tué par Beowulf. On l'appelle aussi Celui-qui-

Vole-Loin, ou encore le Sinueux.

• WYRD : Destin.

• YGDRASIL : Arbre sacré, Axe du Monde et Arbre de Vie dans la mythologie nordique (correspond à l'Irminsul germain). Traditionnellement considéré comme un frêne, c'est sans doute en réalité un if.

• YMIR : Géant de l'aube des temps. Tué par les trois dieux frères Odin, Vili et Vé, son corps fut utilisé pour former l'Univers. On l'appelle aussi Aurgelmir.

APPENDICE

Vous trouverez, en dernière page, la reproduction d'un jeu de cartes runiques. Vous pouvez photocopier ce document sur bristol épais ou sur carton pour une meilleure maniabilité. Et, si vous le souhaitez, le mettre en couleur.

L'idéal serait pourtant que vous confectionniez vous-même votre propre jeu de runes. Avec un peu d'habileté manuelle et d'applications, cela est facile. Si vous en avez la possibilité, fabriquez votre alphabet runique dans du bois de noisetier, comme le faisaient les anciens Germains. Sinon, un beau bois fera l'affaire, quelle que soit son essence (mais, de grâce, évitez le contreplaqué, le plastique ou n'importe lequel de ces matériaux modernes si impropres à l'usage runique).

Découpez vingt-cinq rectangles de 3 centimètres sur 5 centimètres, par exemple, dont vous arrondirez les coins pour les rendre plus agréables à manipuler. Il vous suffira ensuite de peindre les caractères runiques, ou de les graver à l'aide d'un appareil à pyrogravure.

N'oubliez pas, le cas échéant, de marquer les runes qui, une fois renversées, présentent le même signe (comme *Is* ou *Daeg*, par exemple), de façon à savoir si la rune est sortie droite ou renversée. Vous pouvez aussi peindre les runes sur des petites pierres plates choisies pour leur forme bien adaptée, des galets, par exemple.

Quelle que que soit la façon choisie, faites ce qui vous convient le mieux, ce qui est le plus en harmonie avec vous-même.

BIBLIOGRAPHIE SOMMAIRE

ANDERSON R.B. : *Mythologie scandinave* (Paris, 1886)
BANNIARD M. : *Le haut Moyen Age occidental* (PUF, Que Sais-Je ? n° 1807)
BARDET Vincent et HEINGARTNER Franz : *L'épopoée nordique et germanique (Le secret des runes), in L'Europe Païenne* (Seghers, 1979)
BLUM Ralph : *The book of Runes* (St Martin's Press, 1982)
BOYER Régis et LOT-FALCK Eveline : *Les religions de l'Europe du Nord* (Fayard/Denoël, 1974)
BRANSTON Brian : *The Lost Gods of England* (Thames & Hudson, 1957)
DICTA ET FRANÇOISE : *Mythes et tarots* (Mercure de France, 1983)
DUMEZIL Georges : *Les dieux des Germains* (PUF, 1959)
DURAND F. : *Les littératures scandinaves* (PUF, Que Sais-Je ? n° 1586)
ELLIOTT R. : *Runes* (Manchester University Press, 1963)
Geste de Beowulf (Saga épique anglo-saxonne, VIIIe siècle)
HAUDRY J. : *Les indo-européens* (PUF, Que Sais-Je ? n° 1965)
HISTORIA Spécial n° 8 : *Les barbares et la chute de Rome* (novembre-décembre 1990)
HISTORIA Spécial n° 16 : *Vikings, Angles et Saxons* (mars-avil 1992)
HOWARD Michael : *Runes* (Albin Michel, 1987)
KEMBLE J.M. : *Anglo-saxon Runes* (Andrew Publishing Co., 1976)
LACARRIERE Jacques : *En suivant les dieux* (Philippe Le Baud éditeur, 1984)
LES DOSSIERS D'ARCHEOLOGIE n° 170 : *Les Vikings* (avril 1992)

L'encyclopédie de l'astrologie (rubrique sur les runes dans le chapitre "Destin et fortune", ALP 1990)
LOUTH Patrick : *La civilisation des Germains et Vikings* (Hachette, 1968, Rééd. Famot, 1976)
MABIRE Jean : *Les dieux maudits* (Copernic, 1978)
MAGNUSSON Magnus : *Les Vikings* (Atlas, 1976)
OSBORN M. et LANGLANDS S. : *Runes Game* (Routledge & Kegan Paul, 1982)
STURLUSON Snorri : *Edda* (XIIIe siècle)
TACITE : *La Germanie* (Les Belles-lettres)
WILSON David M. : *Les mondes nordiques* (Taillandier, 1980)

TABLE DES MATIERES

Achevé d'imprimer en mars 1996
sur presse CAMERON
par Bussière Camedan Imprimeries
à Saint-Amand-Montrond (Cher)

N° d'impression : 1/671.
Dépôt légal : février 1993.

Imprimé en France